JÜRGEN SCHREIBER

Meine Jahre mit Joschka

JÜRGEN SCHREIBER

Meine Jahre mit Joschka

Nachrichten von fetten und mageren Zeiten

Econ

Econ ist ein Verlag der Ullstein Buchverlage GmbH

ISBN 987-3-430-30033-9

© Ullstein Buchverlage GmbH, Berlin 2007
Alle Rechte vorbehalten
Gesetzt aus der Sabon und Franklin
bei LVD GmbH, Berlin
Druck und Bindung: Bercker, Kevelaer
Printed in Germany

Inhalt

Am Start	7
I. Beschleunigung	17
II. Heimatroman	55
III. Alternative Bewegungslehre	87
IV. Body-Bilder	111
V. Berühmte und Berüchtigte	155
Jürgen Schreibers Jukebox	197
Literatur	201
Chronik	203
Dank	207

Am Start

Freunde waren wir nie.

Aber als er auf der Bildfläche erscheint, ist er der, auf den wir lange gewartet hatten. Joschka Fischer ist fünfunddreißig Jahre. Er ist ein toller Hecht, er ist eine Lusche. Er ist cool, er ist uncool. Er ist radikal, er ist spießig. Er ist mutig, er ist feige. Er ist treu, er ist treulos. Er ist gerissen, er ist einfältig. Er ist zum Knuddeln, er ist zum Davonlaufen. Er kräht wie der stärkste Hahn auf dem Hof. Er hatte uns grade noch gefehlt. Er war unser Mann.

Entgegen anderslautenden Berichten musste man Fischer in Frankfurt nicht unbedingt kennen, mochte er auch als bekannt voraussetzen, dass man ihn kannte. Am Main ist Joschka immer nur ein Gerücht gewesen. Ein selbsternannter Sponti, was immer das sein sollte, eine sehr lokale Berühmtheit, aber auch nicht zu sehr. Anfang der Achtziger war seine Zeit eigentlich schon vorbei. Auslaufmodell! Eine neue Generation von Hausbesetzern und Freaks wollte mit Antiimperialisten und Barrikadenkämpfern seines Schlags lieber nichts zu tun haben. Erstaunlich oft redeten sie in ihren Zirkeln »vom Fischer, mit Verlaub, als Arschloch«. Trotzdem kam ich an ihm nicht vorbei. Als Jungredakteur quälte ich mich durch seine Revolutionsphantasien und Weltdeutungen in entlegenen Gazetten, bei einem Zausel an der Bockenheimer Warte aus Mitleid gekauft.

Der Apostel des Zukünftigen wuselte mit Alarmgesicht herum. Die Fluppe tief im Mundwinkel, geisterte er durch die »Szene«. Unmöglich, dieses Lächeln zu verfeinern. Es blieb das Lächeln eines Boxers. Bantamgewichtler, würde ich sagen. Niemand, er selbst am allerwenigsten, konnte ahnen, dass ein Protagonist der Sponti-Misserfolgskultur aus den wüstesten Straßenschlachten als leitender Angestellter des Staates hervorgehen würde. Mit dem Tempo eines Videoclips drängte er ins Pantheon der Unsterblichkeit. Für das Publikum war Fischer großes Kino, zu Beginn ein Roadmovie, am Ende Staatstheater. Mir wäre eine Rock-Oper lieber gewesen, Rio Reiser von »Ton Steine Scherben« hätte »Wenn ich König von Deutschland wäre« singen und den Part des linksradikalen Playboys geben sollen.

Es ist der März 1983. Plötzlich ist Fischer in den Deutschen Bundestag gewählt. Das musste man sehen. Ich fahre hin. Die Grünen gelten als seltsame Spezies auf noch unerforschtem Gebiet. Journalisten nähern sich ihnen wie einem frisch entdeckten Stamm, den Rauschebärte und Gesundheitsschlappen kennzeichnen. Joschka steht in Bonn mit einem Häuflein sichtlich kregler Frauen und Männer am Rhein. Kameras klicken. Hatten *sie* sich verlaufen oder ich mich?

Ich rekonstruiere mir die Stunde der Exoten anhand eines hinreißenden Farbfotos aus dem Ressort Zeitgeschichte, Abteilung Bonner Republik, Unterabteilung Protestgeneration. Der vor-digitale Schnappschuss mobilisiert die abrufbare Erinnerung, das Wiedererkennen wirkt zugleich museal und irreal. Ein Stilleben der alten BRD, ein Figurenensemble albumhafter Qualität. Die Pilgerschar macht durch eine dort sonst selten anzutreffende Fröhlichkeit den staatsgefährdenden Eindruck Erwachsener in der zweiten Kindheit.

Der Auftrieb war schwerlich zu überbieten: Der erstmalige Einzug der Grünen ins Parlament. Feministinnen, Dritte-Welt-Spezialisten, Ostermarschierer, Öko-Sozialisten, Anthroposophen, Graue Panther, K-Veteranen, Sektierer, Realos, Fundis. Mit den Etiketten war wenig anzufangen, die Archetypen der alternativen Gründergeneration mit ihren Fünf-vor-zwölf-Gesichtern hatten sich versammelt. Je greller das Outfit, desto tragischer die Biographien. Mit gesammelter Energie umschleichen sie den etablierten Betrieb, schicken sich an, im Parlament »Die Ohren der Bewegung« zu stellen. Nicht nur für Bonn eine Sehenswürdigkeit. Für die Beamtenstadt waren sie Hippies. Für den Bundestag eine Risikogruppe.

Weil sie nun schon mal am Regierungssitz sind, halten die Pazifisten für die »Inis« (Initiativen) daheim Plakate gegen Raketen in die Kameras. An dieser Stelle, in diesem Jahr Anzeichen von Aufsässigkeit. Am Abgeordnetenbau (der immer an eine Klinik denken ließ) zuckt die Digitaluhr mit leuchtender Temperaturanzeige. Mancher grünen Reportage wird sie als Stimmungsbarometer dienen. Vor dem Eingang III erhebt sich auf einem Relief Phönix mannshoch aus der Asche. Kein schlechtes Omen für die Ankunft der Neuen. Die Medien berichten von einem »friedlichen Einzug« und verraten, mit Schlimmerem gerechnet zu haben.

Auf den ersten Blick dachte ich an einen Ausflug der Lehrergewerkschaft, mit Jute-statt-Plastik-Beutel, verblühter *flower power*, einem Sortiment Gute-Gesinnung-Buttons. »Schwerter zu Pflugscharen« ist der Renner. Die Mädels für die Klassenfahrt frisch geföhnt, von einem unsichtbaren Regisseur in schlabbrigen Wohlfühllook gesteckt. Petra Kelly, die grüne Schmerzensfrau mit ihren fragenden Augen, Gerberastrauß im Arm, schwor ewige Treue: »Wir werden die Bewegung niemals verraten!« Tapfer gestattet Bundestagspräsident Rainer Barzel, CDU, für die Premiere »Toleranz« beim Outfit. Er bittet allerdings, »keine Tiere« ins Hohe Haus mitzubringen. CSU-Innenminister Friedrich Zimmermann stellt die Erwägung an, der Bundestag benötige zukünftig neben der Geschäfts- auch eine Kleiderordnung.

Das größte Interesse gilt dem zentral stehenden Herrn. Der einzige Krawattenträger. Ist er der Rektor? Es gelingt Otto Schily nicht, die Freundinnen und Freunde fürs Erinnerungsfoto in Reih und Glied zu arrangieren. Sie scheren sich keine Sekunde ums Protokollarische. Der Albtraum jedes Lichtbildners: Einer kehrt ihm den Rücken zu. Links von Schily baut sich Parkaträger Eckhard Stratmann mit Umhängetasche auf, bei Studienräten große Mode. Er ist Studienrat. Im Plenum sollte er sich mit den Worten einführen: »Liebe Bürgerinnen und Bürger im Lande, ich bin der Abgeordnete Eckhard Stratmann aus Bochum.« Rechts sucht der ranke, schlanke Joschka die Nähe Schilys. Das Kinn gereckt, guckt er dem prominenten Strafverteidiger über die Schulter beim Versuch, Kontakt zu den Reportern herzustellen. Joschka hatte verbesserungsfähige Manieren, war aber äußerst fotogen. Politik ist ein Kampf um Bilder. Fischer gewinnt den Kampf.

Dies ist der Moment: Die Eroberung der Zitadelle. Alternative kennen das Bundeshaus bisher überhaupt nur als Bannmeile ihrer

Protestmärsche. Bis an die Zähne mit Transparenten bewaffnete Grün-Wähler skandierten: »Nie wieder Krieg!« Über dem Treiben der achtundzwanzig Alternativen und ihrer Sympathisanten schwebt unsichtbar, aber riesengroß, ein Transparent mit der Parole »Avanti dilettanti«.

Zur grünen Premiere entwickelt sich das Tief Diana bei Island zu einem ausgedehnten Sturmwirbel. Das Tief Eva lagert noch über Korsika. In Bonn ist es wolkig bei 14 Grad. Aus der City schlängelt sich die grüne Raupe am 29. März mit Tamtam Richtung Südwesten die 4 Kilometer zum Parlament, nicht frei von Elementen eines Karnevalsumzugs. Solle mer se roilasse? Unterwegs trommeln die Trommeln, die Rasseln rasseln, nur die Schalmeien fehlen. Nie zuvor sah die Stadt Vergleichbares. Hier kam keine Führungsreserve, hier kamen Störenfriede. Das war ja das Tolle. Lange hatten wir uns auf den Beginn der Vorstellung gefreut. Gern hätte ich die Aufführung bedichtet und »Ballade der Verheißung« darübergesetzt.

Im Tross Gleichgesinnter symbolisiert ein Globus den Auftrag zur Rettung von Mutter Erde, mickrige Nadelbäume das Waldsterben. Die Transportkosten übernimmt die Fraktion »zur Hälfte«. Bei aller Buntheit eine »Latschdemo«, die dem geübten Frankfurter Krawallbruder Joschka sonst von Herzen widerstrebte.

Er war die andere Preisklasse. Lässig, sportiv, tough. Kraftvoll wäre ein schwaches Wort. In zerklüfteter Laufbahn ist er bereits Fotolehrling, Taxifahrer, Antiquar, Putzmacher, Müßiggänger, Band- und Hilfssachbearbeiter gewesen. Er wollte viel, probierte einiges, ausgenommen Erfolgversprechendes. Joschka konnte quasseln, schien aber keine besondere Begabung zu haben. Seine wenig vertrauenerweckende Prosa strotzte vor Wichtigtuerei. Er redete und redete, als hätte er nie etwas anderes gelernt. Hatte er auch kaum. Davon abgesehen, dass er das rote Banner hochhielt, gebrach es ihm sichtlich an einer zündenden Idee für einen Brotberuf. Ehrgeiz war nicht zu erkennen, schon gar kein brennender. Fischer war von daheim ausgebüxt, brach Schule und Lehre ab, was man wohl für ausgesprochene Fluchtreflexe halten muss, hatte eigentlich keinen Schimmer, was er treiben wollte, außer Nein zu sagen. Gleichwohl dachte Joschka nicht in kleinen Begriffen von sich, denn er war ein Agent des richtigen Bewusstseins. Die Alternative Politik kam grade recht.

Für das Geschichtsbuch posiert der Seiteneinsteiger in der zweiten Reihe, fortan der »Abg. Fischer (Frankfurt)«. Er trägt die theatralische, für den frischen Tag zu leichte Kostümierung seines Ungenügens, die man nach wenig glorreichen Jahren geradezu von ihm erwartete. Der Kragen des braunen Cordjacketts ist hochgestellt, darunter Pullover und Jeanshemd. Die üppige Matte mit »Nackenspoiler« reicht bis zum Genick. Löckchen ringeln sich am Ohr, ein klarer Fall für den im Amtsblatt der Linken – dem Frankfurter Stadtmagazin *Pflasterstrand* –, fleißig seine Dienste offerierenden »linksradikalen Friseur Harald«. Lebt er eigentlich noch? Wie er so dastand, hätte ich Joschka für einen Halbstarken gehalten. Nun vermeldeten die Medien, der »Buchhändler Josef Fischer« sei zum parlamentarischen Geschäftsführer gewählt worden. Die *news* kostete mich ein solidarisches Zwinkern. Denn Buchhändler war weit untertrieben für jemand, der im Marx-Kollektiv »gedruckte Waffen«, also Bücher, verscherbelt hatte.

Bonn war ein böhmisches Dorf, nennt sich »grünste Hauptstadt Europas«, meint das aber nicht politisch. Von Bonn weiß Fischer nichts. Bonn weiß von Fischer nichts. Man geht nicht fehl in der Annahme, dass die Feindlichkeit der Umgebung sein Erwachsenwerden markiert. Keine zwei Jahre zuvor hatte er tastend die Fühler nach dem Neuen ausgestreckt. Die Reste seiner Gruppe »Revolutionärer Kampf« legten in der Marx-Buchhandlung die Marschroute fest, um »die Grünen zu usurpieren«. Ein Mitstreiter berichtet, eigentlich sei ihnen die Bewegung »zu weinerlich und naturbeseelt vorgekommen, aber in diese Richtung wendeten sich jetzt die Massen. *If you can't beat'em, join'em!* Und so war es dann ja auch«. Mehr und mehr Spontis sickern bei den Alternativen ein. Handstreichartig besetzt der bis dahin wortgewaltige Verächter des »Systems« mit Witterung fürs Opportune und Symptomatische ein Jahr später den umkämpften Listenplatz drei in Hessen.

Joschka eiert bei der ideologischen Rechtfertigung ziemlich herum: »Die Perspektivlosigkeit, das Rumhängen, das Nicht-wissen-was-tun wird immer unerträglicher. Die Luft im Getto ist zum Ersticken, und die Wirklichkeit hat sich durch unseren Rückzug auf uns selbst auch nicht verändert.« Was er dann mit einem »existentiellen Bedürfnis« umschrieb, verschleierte ihre Bedeutungslosigkeit und lautete im Klartext: Die Linke ist sowieso am Ende und die Szene notorisch knapp bei Kasse. Ein Impuls zum kometenhaften Aufstieg. Vollzogen wurde Joschkas Initiation bei der denkwürdigen Nominierung in der Mensa der Kasseler Hochschule. Der Grünen-Mitbegründer Joseph Beuys hatte just dort zur 7. Kasseler documenta seine soziale Skulptur »7000 Eichen« inszeniert. Damit begann er symbolisch das »Zupflanzen der Erde«. Seine neunzehn Bäume am grünen Tagungsort sind inzwischen fast 15 Meter hoch. Die Parteigründung war getan, das Anfangschaos ausgestanden, Fischer nutzte die Gunst der Stunde, zockte durch und wurde Bundestagskandidat. In der autogerechten Metropole regierte Hans Eichel, den ich damals als »ewiges Jungtalent der SPD« porträtierte und es wieder genauso täte. Seine Fraktion führte den Spitznamen »IG Blech«. Fischer sollte Eichel bis zur Wahlniederlage 2005 nimmermehr loswerden.

Wer immer Joschka das Tau zuwarf, er hat danach gegriffen. Dem großen Disputierer vor dem Herrn fehlte nicht nur ein Aktienpaket. Ihm fehlte überhaupt jede ausgeklügelte Zukunftsplanung, vom festen Wohnsitz, »Lappen« (Führerschein), Taxilizenz und ADAC-Schutzbrief abgesehen. Später leistete er sich noch einen Systemtipp. Besitz belastet, er tat so, als nähme er den sehr begrenzten Vorrat an gesetzlichen Zahlungsmitteln mit dem Schwung des Jungen sorglos: »Den Begriff des Vermögens hat es bei mir nie gegeben.« Gleichaltrige machten sich in die Werbebranche davon, legten Examen ab, tendierten zur Verbeamtung, liebäugelten mit einer Immobilie im Nordend. Wollte er nicht als einer dieser Taxler enden, die einen nachts mit ihren Polit-Sagen vollsülzen, musste er endlich mehr bringen als den King von Bockenheim.

Gelang ihm denn nichts? Erhaben über die alternative Bewegung, lachten sich seine Spontis erst »schepp« über die »grünen Mäuse«. Plötzlich war ihr Fischer selbst eine grüne Maus, von der jähen Ambition sogar in gewisse Atemlosigkeit versetzt. Am Wahlabend stieg er als verkrachte Existenz ins Bett. Am Morgen sei er »als Abgeordneter aufgewacht« und alsbald mit dem roten Lada in die Bundeshauptstadt gebrettert. Den Satz schrieb man als Chronist gern auf. Schon damals stand auf seiner Stirn, Journalisten aller Länder, verschont mich mit euren dämlichen Fragen.

Nie mehr waren wir so jung wie bei ihrer Ankunft am Regierungssitz. 5,6 Prozent Wählerstimmen für die »Anti-Parteien-Partei«, ein in Dezibeln messbarer Paukenschlag. Alle waren herrlich aufgeregt. Alles hatte eine Bedeutung. Alle meinten, jetzt geht die Post ab. Ungezähmt wie ein Wurf Welpen tollten sie vor dem Bundestag herum. Diese paar Hanseln schafften mit ihrem Trara eine seltsame Illusion von Optimismus. Wir sahen in ihnen etwas, keiner hätte genau sagen können, was. Vielleicht hatte die Graswurzelrevolution begonnen. Vielleicht waren sie bessere Volksvertreter. Vielleicht würden sie ihre Ankündigungen erfüllen. Morgen, spätestens übermorgen wollten wir mit intensivem Grün überschüttet werden.

Oder warum hatten wir die mit gehörigem Sendungsbewusstsein gedopten Volksvertreter sonst in die Hauptstadt der verlorenen Zuschüsse entsandt? Wenn das Leben schon vergehen musste, dann sollte es von nun an anders vergehen. Das wichtigste Ziel in den Jahren von Nachrüstung und Nato-Doppelbeschlüssen lautete: »Frieden schaffen mit weniger Waffen!« Für die Newcomer galt strikt Kapitel II, Absatz 4 eines »Gutachtens« zum Stand der Dinge: »Der grüne Einzelkämpfer – Stachel im Fleisch der Etablierten!«, lautete kurz und schmerzhaft ihr Auftrag.

Ich erzähl mal was von Träumen. Vom Frühling der Erwartung. Den Märzphantasien. Der heiteren Unberührtheit des Auftakts, dem beschwingten Aufbruch, erfüllt von Zukunft, guten Gedanken, heiligen und profanen. Dem süßen Irrglauben, die Umstände hätten sich für uns gefügt. Dem unwiderstehlichen Drang, sich in Spinnereien zu verlieren. Dem Gefühl, dass es ein gutes Ende nimmt. Der erregenden Unruhe. Nie wieder verdichtete sich die Grünen-Geschichte so übermächtig in einem Augenblick. Die Gaudi verdeckte die latente Verunsicherung durch Bonn, wo die politische Versuchung lauerte. Ungeheuer verlockend, jetzt würde der Bundestag »instandbesetzt«, endlich würde es um Argumente gehen, nicht nur um Besitzstände, Machterhalt und Ideologie des vertrauten Panoptikums. Die Minute vor dem Anpfiff war die schönste, reinste, stillste, unbefleckteste, übergeschnappteste, unbändigste. So sehen die Tage aus, die eine Republik verändern! – Sehen so die Tage aus, die eine Republik verändern? Das Schwerelose verleiht dem Andenken einen Zauber, der ihm nicht zukommt. Man wünscht, die Zeit bliebe stehen.

Mit diesem albernen Beginn setzt der Film mit Fischer ein. Wir stehen noch vor dem Bundeshaus. Seit dem Umzug nach Berlin starren die Überwachungskameras ins Nichts.

Hatte Joschka den Blues? Oder warum nuschelte der Frankfurter Grüne mit der Mitgliedsnummer 123 ungnädig in den Dreitagebart? Die gequetschte Stimme sollte ihn noch weit tragen. Sie klang rau, gepresst, alles andere als einschmeichelnd. Besondere Verkaufslyrik hatte er nicht zu bieten. Dem Startenor fehlte die volltönende Lage, immer kratzte irgendwas und schepperte. Seine Willensstärke teilte sich beim Reden aber sofort mit. Irgendjemand sagte, es gibt Stimmen, die man sieht. Joschkas gehört in diese Kategorie. Die Augen flackerten unruhig, als ob er etwas zu verbergen hätte. Er sah manchmal verheult aus, kniff die Lider zur Scharfeinstellung zusammen, was man vorsichtshalber als Warnsignal deutete. Dabei verursachten Kontaktlinsen die Reizung. Flugs klaubte er die Haftschalen zur Reinigung heraus, ohne sich daran zu stören, dass wir in der Kneipe bei der Suppe saßen.

Es war ganz okay. Fischer hatte Launen, sollte sich als unberechenbar erweisen, manisch im Belehren und Besserwissen. Er stieß wie Gerhard Schröder die Fäuste tief in die Taschen. Nahm der Sohn des Proletariats sie zur Begrüßung überhaupt aus dem Sack, war ich bereit, den kühlen Händedruck für ehrlich zu nehmen. Beim geknurrten, kaum zeremoniös zu nennenden Gruß sah er einem nicht mal ins Gesicht, sondern an einem vorbei. Sofern dieser später beliebteste deutsche Politiker überhaupt Charme besaß, war er waffenscheinpflichtig.

Die Euphorie war nur kurz. Bald rangeln die taufrischen Alternativen todernst um Posten und Pöstchen. Ausgerechnet ihr Radikalster erweist sich als besonders geschmeidig im Hin und Her seiner Anschauungen und bringt es zum Held der Bewusstseinsindustrie. Erst im Laufe der Jahre stellt sich heraus, dass auf die Grünen ebenso wenig Verlass ist wie auf die alten Wortbruch-Politiker. Beim Parlamentseinzug ist ein heiteres Bild auf die reinweiße Fassade des Abgeordnetensilos an der Görresstraße projiziert. Es war ein Bild, sonst nichts.

Zwei Jahrzehnte gehen ins Land. Die Revers werden schmaler, breiter, länger, kürzer, wieder schmaler. Schröder und Fischer sind abgewählt. Ihr Stück endet schleppend, Rot-Grün hat das Verfallsdatum überschritten, sinkt dem Ende entgegen. Leise schleicht der siebenundfünfzig Jahre alte Fischer vom Hof. Verbraucht, zerknittert, übermüde und überwach zugleich. Um einen Doktorhut aus Haifa und eine Grunewald-Villa reicher, nach sieben mausgrauen Jahren Rot-Grün hundert Jahre Einsamkeit im Blick. Sinnbild seiner eigenen Verwandlung, trollt sich der frühere *streetfighter* mit jenem steifen, zeremoniellen, für mich lächerlichen Ernst von der Bühne. Den hatte er – unbeeindruckt von Namen und Titeln – früher am Establishment belächelt, verachtet und gegeißelt.

Joschka verkörperte wie kein Zweiter die Hoffnungen meiner Generation. Linke können Erfolg haben, er war der lebende Beweis. Viele von uns identifizierten sich deshalb mit ihm. Aber auch die »Protest-Partei« wollte bald bloß den Gesetzmäßigkeiten der menschlichen Natur folgen. Keinen Deut besser, sollten ihre Überzeugungen im Alltag verebben, verwässern, versinken. Auch die Laufbahnen der Protestler mündeten schlussendlich in Absetzbewegungen, in lauter kleine Fluchten auf dem Weg zu satten Pensionen. Mit dem lebendigen Grün war es vorbei, noch ehe es begann. Die wichtigen Attaché-Mappen, die polierten Limousinen, die Beschwichtigungsrhetorik auf allen Kanälen überblenden das unschuldige Siegerfoto von 1983.

Wie hatte Fischer es einst überhaupt geschafft, unsere Ideale und Wünsche mit seiner Person zu synchronisieren? Wegen seiner Unerschrockenheit, wegen seines unwiderstehlichen Sounds, von mir aus wegen seiner kessen Lippe hatten wir ihn für standhaft gehalten. Wir hatten geglaubt, unsere Zukunftsängste seien gut aufgehoben. Längst fragte ich mich: War die Hingabe an eine Idee falsch gewesen oder ihre Projektion auf Fischer?

Ich weiß nicht warum, früh schon legte ich eine Kladde »Fischer, Joschka« an, hortete in Klarsichthüllen, was abseitig erschien, ohne zu überblicken, dass die kleinsten Einzelheiten seines Aufbruchs werweiß-wohin irgendwann irgendwen interessieren. Mit der Buchführung fuhr ich fort, als es schon eine Weile her war, dass wir den gleichen Ton pflegten. Kaum war er zum Außenminister erkoren, verwandelte sich unsere frühere Gemeinsamkeit in eine vertrauliche Traurigkeit, die aus einer beträchtlichen gemeinsamen Wegstrecke – er als Politiker, ich als Journalist – resultierte.

Viele Jahre war ich berichterstattend gewissermaßen durch fette und magere Zeiten mit ihm gegangen, nahm amüsiert oder erbost Anteil, näher, ferner, je nachdem. In unseren besseren Phasen teilte ich Erfolge und Scheitern mit ihm. Wurde es eng, bangte ich mit oder warf mich schreibend für ihn in die Bresche. Nun konnte ich das Herumeiern nicht mehr ab, es reichte mir, ihn im Reichstag Hof halten zu sehen. Distanz hatte sich in unser Verhältnis geschlichen. Sah ich ihn, begegnete mir ein Unbekannter und ich suchte das Gesicht, das ich kannte. Zu Joschkas Kreis hielt ich Kontakt, keiner wagte ihm auszurichten, warum ich ihn dick hatte.

Dieses Buch handelt von der entschwundenen Zeit. Es handelt von der Mühe der Vergeblichkeit, es handelt von Wünschen, Gewinn und Verlust. Fischers Geschichte ist eine Geschichte der Leidenschaft und der Selbsttäuschung. Es ist eine Geschichte der Unrast, die, bei höchster Geschwindigkeit, zum Stillstand führte. Es ist nicht seine Geschichte. Es ist unsere Geschichte. Sentimental ist sie auch.

Teil I Beschleunigung

»So kann es unmöglich bleiben sollen;
es muß, o, es muß alles anders, und besser werden.«
Johann Gottlieb Fichte

Höchste Zeit

Es war unmöglich, von Fischer nicht geduzt zu werden. Also waren wir Joschka und Jürgen. Sooft ich an meine Jahre mit ihm denke, spule ich mir den Streifen zurück. Totale vom Abgeordnetenhochhaus Tulpenfeld, Zimmer 519, da lernten wir uns kennen. Im »Raumbelegungsplan, Stand: 10. Februar 1984« ist Fischer für dieses Zimmer eingetragen, nachzuschlagen im »Grünen Gedächtnis«, dem Parteiarchiv in der Ostberliner Eldenaer Straße. Der restaurierte Bau des ehemaligen Zentralschlachthofs hat für ein Buch über den Metzgersohn Joseph Martin Fischer einen eigenen Reiz. Von der Brandmauer des Nachbarhauses leuchtet der fünfzackige Anarchistenstern in den Lesesaal. Den wäscht kein Regen ab. Das kennt man schon aus Frankfurt.

In den Achtzigern schrieb ich für das Öko-Magazin *natur*. Das musste man einfach abonniert haben, die Fortschreibung alternativer Blätter auf Hochglanzpapier. Für journalistisches Spitzenniveau bürgte Herausgeber Horst Stern. Vom populärsten Botschafter der Ökologie zu Joschka vorgeschickt zu werden war wahrlich keine schlechte Empfehlung. Er erreichte mit der ARD-Erfolgsreihe »Sterns Stunde« Einschaltquoten eines Rudi Carrell, gehörte zu den wichtigsten Reportern Deutschlands, akkurat, empfindsam, rundum belesen. Stern bewies sich ebenso als fabelhafter Romancier. Seine »Bemerkungen über den Rothirsch« und die trendsetzende *natur* hatten ihn auch zu einem Idol des Großstädters Fischer gemacht. Der fiel sonst höchstens durch die übliche Freak-Vorliebe für Hundemischlinge auf. Etwa die »Mine«, eine Kreuzung zwischen »Spitz, Neufundländer, Schäferhund oder so«.

Mit trauerumflortem Blick schaute Horst Stern aus dem Bildschirm, trug in unverkennbarem Timbre faszinierende Prosa vor. Er nahm sich mit ergreifenden Sätzen der Pferdeseele an, »die aus dem seidig bewimperten großen Auge selbst zu den Unsentimentalen zu sprechen scheint und ihnen die Hand, sie wissen nicht, wie und warum, streichelnd an Stirn, Nüstern und Hals des Pferdes zieht«. Man versteht, warum die Grünen um seine Gunst buhlten, ihn unbedingt eingemeinden und gern von seinem Ruhm profitieren wollten. Wie ich jetzt feststelle, teilten er und Fischer den sich bis ins Tintenschwarze steigernden Pessimismus. Bei Joschka gipfelte er in dem Satz: »Die Ökologie macht uns zu Wissenden und belässt uns dann in der Leere dieses Wissens.« Sterns dickflüssige Melancholie schloss mit dem Urteil: »Beweise ermüden die Wahrheit!« Mein Chef litt an der Welt, brach mit dem Journalismus, verstummte. Am Tag, an dem ich über diesem Kapitel sitze, ist sein vierundachtzigster Geburtstag. Seine frühere Assistentin Ulrike B. bringt mich im Gespräch auf diese merkwürdige Verschränkung. Schwäne flogen im Keil übers Haus. Das hätte ihn gefreut.

Wir hatten die Durchhalteparolen satt, die verbrauchten Appelle des »Weiter so« in Neujahrsansprachen. Wir hatten genug von entmutigenden Gestalten: die Helmute Schmidt und Kohl, die Zimmermänner, Stoltenbergs, die Wörners und Apels. Wir glaubten an den Fortschritt der Vernunft, wir glaubten an eine Alternative, also glaubten wir an die Zukunft, wollten sie neu erfinden, jeden Tag. Wir rannten gegen die Mauern an. Wir waren überzeugt von der Veränderbarkeit. War Fischer es auch? Es wäre heute einfach, die Urgrünen, die da im flimmernden Gewirr des Medienrummels standen, des Versagens zu bezichtigen. Das Missverständnis begann schon damit, das muntere Vorspiel mit Stärke zu verwechseln. Wir waren über dreißig Jahre alt, wollten uns nur nicht eingestehen, dass es immer anders läuft. Ein Wahnsinn zu meinen, wir könnten den Betrieb übernehmen. Stattdessen übernahm der Betrieb uns.

Bei einem Bundestags-Hearing war davon die Rede, 34 Prozent des deutschen Waldes seien auf den Tod krank. Die Debatte über die Schuldigen tobte. Der Terminus »Waldsterben« fand Eingang in den internationalen Sprachgebrauch. Boden, Luft, Wasser betrafen unser Leben. Die Linke entdeckte das Thema Raubbau an Umwelt und Natur. Endzeittexte hatten Konjunktur. Es war höchste Eisenbahn für neue Bündnisse und neue Gesichter. Es war höchste Zeit, das Lexikon unserer hehren Ansprüche und Begriffe zu erweitern. Es war höchste Zeit, die Verhältnisse »zum Tanzen zu bringen«. Es war höchste Zeit, der »Atommafia«, der »Automafia«, der »Straßenbaumafia« die Stirn zu bieten.

1983 ist das Jahr des Personal Computers. Im Januar kürt das *Time*-Magazin nicht den »Mann des Jahres«, sondern den PC zur *machine of the year*. Die DDR begeht das »Karl-Marx-Jahr«. »Die flambierte Frau« mit Gudrun Landgrebe im schwarzen Ledergeschirr kommt in die Kinos. Amerikas Präsident Ronald Reagan fordert ein neues Verteidigungskonzept gegen Atomraketen. So weit die Nachrichtenlage.

Sprechblasen im Bonn des Bundeskanzlers Helmut Kohl. Er sollte noch fünfzehn Jahre »aussitzen«. Sprechblasen in München. Sein Erzrivale Franz Josef Strauß erklärt, in Bayern bleiben zu wollen. Sprechblasen in Stuttgart. Baden-Württembergs Ministerpräsident Lothar Späth verkündet, er halte am »Bau des Kernkraftwerks Wyhl fest«. In der BRD strahlen elf Atomreaktoren. Sprechblasen in Berlin. Dort hat Helmut Schmidt 1979 auf dem SPD-Parteitag den ominösen »Antrag 500« zum weiteren Kernkraftwerksbau durchgedrückt. Die Initialzündung für die Grünen.

In diesen Jahren, die keiner mehr kennt, hätte man an einem Tag gleichzeitig bei Großdemos gegen den Ausbau des Rhein-Main-Donau-Kanals, gegen Aufrüstung und gegen Pläne für atomare Wiederaufbereitungsanlagen in Nordhessen oder in der Oberpfalz Flagge zeigen können. Damit sich der weite Weg lohnte, zündeten Pyrotechniker aus Frankfurt bei der nächsten Gelegenheit in Brokdorf gleich eine Polizeikarre an. Sie wurden nie erwischt. Heute hier, morgen da, die Routen nach Gorleben hatte man drauf. Ein ruheloser Treck, niemand wollte die »Freie Republik Wendland« verpassen.

Es war keinesfalls geprahlt, Fischer gab zum Besten, es habe kaum ein Wochenende gegeben, »wo ich nicht für den ›gerechten Widerstand‹ irgendwelcher Völker auf diesem weiten Erdenrund auf die Straße gegangen bin«. Manchmal habe man bereitwillig Kopf und Kragen riskiert.

Alarmismus. Tatsächliches, vorgestelltes, drohendes, hereingebrochenes Unheil allerorten: der »Yankee-Imperialismus«, die Nato, die

Atomkraft, die Spekulanten, die Befreiungskämpfe in den Ländern des Trikont, die Sache der Palästinenser, die portugiesische Nelkenrevolution, die Diktaturen Griechenlands und Spaniens, eine dichte Folge von Konflikten. In einschlägigen Treffs mit sprechenden Namen wie »Größenwahn«, »Flammendes Herz« und »Schrottkopp« konnten die Strategen beim »Sauer Gespritzten« die Schlachten gewinnen. Biotope wuchsen, sie mussten »Lebensbaum« und »Kraut & Rüben« heißen. An der etwas anderen Konsumfront kuschten die Gäste brav vor dem »Kneipenkollektiv«, das jede Bestellung persönlich nahm. Die Teams sollten noch einige Jahre üben, um den aggressiven *drive* zu unterdrücken, aber dann in angesagten Sterne-Lokalen klitzekleine Häppchen für große Geldbeutel zelebrieren. Der schleckige Joschka hätte sich als *padrone* gut gemacht.

Die Linke, Fischer mal ausgenommen, hatte Junk-Food satt, kaute aus Solidarität mit den Ökobauern bei Vollmond ausgesäten Grünkern, aber bitte hundertmal. Jeder schaffte sich die superteure Steinmühle von Schnitzer an. Ich mahlte fürs Müsli fünf Sorten Getreide. Kommissbrot hieß jetzt Biobrot. Nach der Reaktorkatastrophe von Tschernobyl florierte der Handel mit stapelbaren Keimschalen aus Ton. In den Küchen säuerte der Kefirpilz. Mit Schaudern denke ich an das gefräßige Viech, das wie ein Haustier gepflegt werden wollte, das man wässern und mit Milch füttern musste. Der kleine Freund wurde zum Gradmesser, wer nur schmarotzte oder sich in die WG »einbrachte«.

Lauter finale Themen, klare Fronten. Hier die Retter, da die Zerstörer. In der nimmermüden Frankfurter Erregungskultur war man Teil der Lösung oder man war Teil des Problems. Jeder Alternative verlangte sich den alltäglichen Widerstand ab gegen »Konsumterror, Bullenterror, Psychoterror«. Das trieb manchem Genossen die Verbiesterung ins Gesicht. Jede Reportage führte mich in die Grauzone. Mal war ich abgestoßen, mal angezogen. Klasse Sponti-Frauen im mannbaren Alter, mit ausgeleierten Nickis aus der Kinderabteilung von Karstadt, brachten uns hanebüchene Parolen bei: »Machen wir den Bossen Dampf. Frauen machen Klassenkampf!« Die scharfen Weiber – man sagte scharf und man sagte die Weiber – hatten bleiches Makeup aufgelegt und das Henna mehr aufgefrischt, als unserer Konzentration gut tat. Fortsetzung folgt. Aber das wird ein anderes Buch. Die

Hexenaugen mit schwarzem Kajalstift vergrößert, fielen sie im Schwarm ein. Reingenäht in maßgeschneiderte Lederbuchsen aus gegerbter Rinderhaut. Raffiniert die geschnürte Seitennaht. Die Dinger waren sexy. Das wussten die Weiber. Leider druckte keine Zeitung ihre feministische Forderung »Weg mit dem Justizpimmel!«.

Liebe machen war vorher ein Kampfsport. Nun durfte man sich zum Schmusen »fallen lassen« und ließ sich fallen. Die Szene war trotz der Selbstzerfleischung im »Mann-Frau-Diskurs« eine hocherogene Gefahrenzone. Jagdrevier einer jedenfalls illustren Gesellschaft von Frauen und Männern, die sich gegenseitig gern Beute waren. Wer nicht vom Clan war, sollte besser die Finger davon lassen.

Nochmal: Wir hatten genug von den Faxen. Die Lage war mies, doch ein guter Mensch zu sein war echt herrlich. Und überhaupt: »Wer sich nicht wehrt, der lebt verkehrt!« »Stromklau« galt als klammheimliche Rache an den Atom-Profiteuren. Eine Stecknadel genügte zur Zählermanipulation. Lange bevor Joschka sich in Außenamts-Kommuniqués verlor, ging es bei uns bereits um Gott und die Welt. Die Fahrgemeinschaften ruckelten ohne schlechtes Gewissen über Abgasfahnen mit einem 65er Schrott-Käfer zur Demo. Die Rostlauben spotteten jeder Beschreibung. Kippen schmiss man auf den Boden. Der Motor sprang nie an. Grundsätzlich wurde am Berg geparkt. Die Heizung lief sommers auf Hochtouren, streikte im Winter. Das ausgeleierte Uher-Bandgerät, mit Draht ans Radio gefummelt, spulte zum tausendsten Mal Janis Joplins »Oh, Lord, Won't You Buy Me A Mercedes Benz?« ab. Parka, gelber Friesennerz, Pudelmütze, Armeeschlafsack, ein bisschen Wäsche, Zahnpaste, Zitronensäure gegen das Tränengas, mehr brauchte man nicht. Zur Gedächtnisstütze für unsere Camper: »Hammer & Heringe mitnehmen!« Die Fenster runtergekurbelt, man war aufgekratzt bis zum Überschnappen. Nichts ließ sich mit dieser Wagenladung vergleichen. Unmäßige Gefühlsstürme, bis man sich den waffenstarrenden Sondereinheiten in Kalkar oder an der Startbahn West gegenübersah, sich ihrer Übermacht stellte und Mühe hatte, den kreatürlichen Fluchtimpuls in sich niederzuringen.

»Angst und Wut!« überall. Das gängige Graffito auf vielen Hauswänden. Furcht war es, die uns zusammenschweißte. Wir liebten das Pathos des Widerstandes. Trotzdem überall Angst. Die Angst von

Freund Peter auf der mit Atomraketen bestückten Heilbronner »Waldheide«. Als Bub sah ich in den Tümpeln Kaulquappen wimmeln, jetzt stationierten die Amis dort Raketensprengköpfe. Die Angst von Ina bei der Demo gegen den »Schnellen Brüter« in Malville. Ein Lehrer starb bei der Schlacht. Dann der unbestimmte Bammel in der Plutonium-Giftküche von La Hague bei einer Reportage-Erkundung für *Geo;* schon die Januarstürme am Atlantik zerrten an den Nerven. Wir hatten Angst und Wut bei Demos in Biblis, in Wackersdorf, im Westend. Mein Gott, wir hatten die Hosen voll. Dagegen handgeschriebene Plakate: »Mut wächst überall!«

Keine Ahnung, was Joschka im Oktober 1983 machte, unsereins reihte sich mit der halben *natur*-Redaktion in die »Menschenkette« ein, der Höhepunkt des Protestes gegen die Nato-Nachrüstung. Über Stock und Stein reichte das Band die 108 Kilometer vom European Command der US Army in Stuttgart zu den atomar bestückten Wiley Barracks in Neu-Ulm. Am südlichen Ende sprach auf dem Stuttgarter Schlossplatz Rezzo Schlauch, nördlich davon waren wir vom »Aktionskomitee« für das Teilstück bei Jungingen auf der Schwäbischen Alb eingeteilt. Kurz danach luden die Amis den kreglen Rezzo zum Besuch ein. Viel später stellte sich heraus, dass die CIA ihm die Aufwartung machte.

»Was gilt die Wette, wir schaffen die Kette!« Bis sich die 250 000 Teilnehmer an der Hand nahmen und die von Mund zu Mund gehende Siegesmeldung endlich ankam, waren wir fast erfroren. Trotzdem. Wir waren von Stolz durchdrungen an diesem, wie wir dachten, Tag, der es den Bonnern richtig gezeigt hatte. Der VfB Stuttgart musste eigens das Südderby gegen den Erzrivalen Bayern München auf siebzehn Uhr verlegen. Auf dem Heimweg kam das Ergebnis rein, 1:0 für den VfB. Das Echo des Protestes hallte noch über die Wacholderheiden, da trafen die Pershing-II-Raketen im US-Depot Mutlangen ein.

Eine total verrückte Zeit. Strömungen, Wirbel, Experimente, trotzige Begeisterung. Die Utopie schien greifbar nah. Für die Recherchen überfliege ich Ernst Blochs *Prinzip Hoffnung*, stw-Band 3. Ein Buch, vom Lesen zerschlissen wie die grüne Programmatik. Längst lässt sich der Faktor Fischer mit Blochs Elegie der Vergeblichkeit seiner »Tübinger Vorlesung« verknüpfen: »Kann Hoffnung enttäuscht werden?« Sie kann. Und wie.

Kleider machen Leute

Dem Politiker Fischer näherte ich mich ziemlich vorsichtig. Ein gutes Jahr älter als er, hatte ich für Berufsjugendliche seines Schlages wenig übrig. Dass er ein Berufsjugendlicher war, stand außer Zweifel. Pechsträhne würde ich nicht nennen, was hinter ihm lag. In ihm brodelte die Resthitze einer völlig unausgeglichenen Sponti-Anarcho-Temperatur. Was sollte man auch von jemand halten, der in Bockenheim als »postproletarischer Berufsrevolutionär« galt? Was war das denn? Bockenheim war die billigere Seite Frankfurts, die Negativzone. Was das Monetäre anbelangte, ein Katastrophengebiet.

Der Kerl war zudem pampig, kannte keine Respektdistanz. Hätte er sie gekannt und eingehalten, säße er womöglich immer noch an der Kasse des Marx-Antiquariats in der Jordanstraße. Glatt zu übersehen, so wie ich ihn übersehen haben muss. Frechheit siegt. Der Abgeordnete bildete sich ein, mit dem Wort »Clochard« auf dem T-Shirt könne er provozieren. Na und. Schon der Aufdruck ruinierte, was damit bezweckt werden sollte. Räuberzivil fand er witzig. Andere aus der Sponti-Truppe liefen mit dem Slogan »Fressen, Ficken, Fernsehen« herum, freilich mit einem Stolz, der aufgesetzt war.

Zum Einheitslook seiner Zunft gehörten Lederjacken mit schräg geschnittenen Taschen, rund gepolsterten Schultern, möglichst mit Ärmelreißverschluss, womöglich mit Nieten. Die Monturen fand ich obermies. Das in seinen Kreisen bevorzugte Flohmarkt-Design, fadenscheinige Kombinationen Marke Sachsenhäuser Mainufer, vertrug sich schlecht mit meinem Geschmack. Die zum Kult erhobene Verweigerungsästhetik, bis zum Überdruss recyceltes Ganoven-Design, ungebügelte Streifenjacketts mit hochgekrempelten Ärmeln, signalisierten nicht etwa Tatkraft. Die Kittel waren zwei Nummern zu groß. Geld für den Schneider sparte man sich. Zur Konfektionsware gesellten sich unansehnliche Hemden vom Wühltisch. Seinesgleichen sah ich ein paar Mal zu oft mit verfärbtem Unterhemd, untrügliches WG-Erkennungsmerkmal. Das konnte ich nicht mehr originell finden.

Am 12. April geboren, fällt Joschka in das Sternzeichen Widder, mit dem der Tierkreis beginnt. Widder kennzeichnet in der Astrologie »das Etwas-in-Gang-bringen-Wollen, die unbefangene Expansion und das unbekümmerte, unreflektierte Sich-durchsetzen-Wollen, um jeden Preis, das als rücksichtslos beeindrucken kann«. Wassermänner wie mich kennzeichnet demnach »eine leise Verachtung all denen gegenüber, die sich auf Kosten ihres Eigen-Seins anpassen«. Wassermänner würden das »nur als Schwäche sehen«. Trotz landsmannschaftlicher Verbundenheit, das konnte nicht gut gehen mit uns.

Ich gefiel mir in (unbequemen) Pferdelederschuhen, Button-down-Hemden aus Popeline mit College-Krawatten, abartiger Yuppie-Kluft aus dem Bankenviertel aus Sicht der Fischer-Crew. Das galt so lange, bis der Spätstarter in den Neunzigern ebenfalls in edlem Zwirn daherkam. Eben der Fischer, der in seiner ersten Plenarrede den Altparteien das schiefe Bild vorgehalten hatte, sie »verschanzen sich hinter Schlips und Kragen«. Wir kannten beide den Mangel, jeder von uns hatte eine eigene Art, sich zu inszenieren, um den kleinbürgerlichen Käfig hinter sich zu lassen.

Meinen ersten grauen, scheußlich kratzigen Anzug von »Grey Flanell« trug ich übrigens an einem Wahlabend im Frankfurter Römer. Das Spukschloss mit Treppengiebeln platzte aus allen Nähten, ich zerfloss im schweren Wollstoff. Es war der Abend, an dem Ober-Sponti Cohn-Bendit rustikal an der Rathaus-Glastüre rütteln musste, damit die Pförtner ihn überhaupt einließen, obwohl die Grünen den Sprung ins Stadtparlament geschafft hatten.

Jedenfalls, zum Gespräch mit Fischer legte ich einen Binder von Holliday & Brown um. Das gute Stück hängt noch bei mir im Schrank. Joschka zu Ehren hatte es grüne Streifen. Mit einiger Phantasie eine Försterkrawatte. Den Abgeordneten durchrieselte schon die eigene Bestimmung. Für solche Ironien fehlte ihm jeglicher Sinn.

Wie man's nimmt. Zuletzt übertraf der Vizekanzler, tadellos im Schnitt, jedoch dramatisch overdressed mit Anzug, Weste und tipptopp gewienertem Schuhwerk, alle meine Vorstellungen. Bei einem von Johannes Rau im Schloss Bellevue veranstalteten Essen für Israels Präsident Moshe Katsav hätte es mich nicht gewundert, zu »Stubenküken mit Leipziger Allerlei« Fischers Hemdbrust knistern zu hören. Hinzu kamen die eine Spur zu klassischen Schlipse (die man selbst nie kaufen würde), die knollengroßen Manschettenknöpfe. Vom Scheitel bis zur Sohle überdeutlicher Stilisierungswillen.

Jacke wie Hose. Der Spätzünder hatte begriffen, Kleider machen

Leute. Sich in Schale zu werfen erleichtert es mindestens, noch bedeutender aus der Wäsche zu gucken. Makellos langweilig gewandet, zugeknöpft, aber grundsolide – der Prototyp des neuen Grünen, wie ihn die Welt erleben sollte. Jeder Zoll der Herr Vizekanzler, von Kopf bis Fuß Ausdruck seiner Rechtschaffenheit. Er tat mir leid, war mir aber nach dem Kostümwechsel recht unheimlich, umso mehr, da sich bald die Kriegsaura mit Fischers Namen verband. Jedes Mal schob sich das Gegenbild Joschkas davor, den ich in den Neunzigern zum Kicken in seiner Frankfurter Wohnung abholte. Mit nacktem Oberkörper kam mir der Politiker auf der Treppe ungeniert in der Unterbuchse entgegen, für Sportler nichts Besonderes, obwohl wir nicht grade Waschbrettbäuche hatten. Nun bewies mir die gediegene Anmutung nur, dass Fischer – im Gegensatz zu Schröder – über keinen eigenen Geschmack verfügte. Seiner war beim Schneider der Macht geliehen. So demonstrativ konservativ, wie es ein Konservativer nie wäre. Die Ausstaffierung tarnte einen Außenseiter und verhüllte dessen Herkunft.

Im *Versuch einer Naturgeschichte menschlichen Erkennens* seines Lehrmeisters Jürgen Habermas hätte der Emporkömmling studieren können: »die repräsentative Erscheinung, die sich der *nouveau riche* zulegen will, wird zur Komik des bloßen Scheins«. Der Auftritt als Elégant verleugnete das Eigene, ging einher mit der Verfeinerung seines politischen Geschmacks. Die Fallstudie würde man zu gern lesen, die Fischers Handeln in Bezug setzt zur Kleidung. Als *streetfighter* überlässig, als Außenminister überlangweilig, auf jedem Level die Überbetonung des Signifikanten. Der angeblich so Unkonventionelle folgte stets einer Konvention.

Geschichte wird gemacht

Ich war als Berichterstatter unterwegs. Da raste Ende 1981 bei einer nächtlichen Randale ein Taifun durch die Frankfurter Freßgasse. Das Zentrum war nicht auszumachen. Zuerst meinte ich in der nächtlichen City nur ein Huschen Vermummter wahrzunehmen. Bis im spukhaften Tempo ein Spinnennetz von Rissen die Schaufensterfronten von fünfundzwanzig Drogerien, Banken, Fotogeschäften,

Feinkostläden überzog. Glas krachte zu Boden, »Tumultschäden«, die keine Versicherung ersetzte. Hitze stieg aus dem Pflaster. So was kannte man nur aus Harlem-Krimis. Es geschah in der Goethe-Stadt Frankfurt.

Schritte. Schreie. Befehle. Sirenen jaulten. Gemeinhin riecht es in der Freßgasse nach Suppe und Bratwurst. Jetzt roch es nach Ärger. Nie zuvor war ich dermaßen nah in eine Gewalteruption geraten. Panik stieg in mir hoch. »Wie im Bürgerkrieg« urteilte die *Abendpost*. Wegzulaufen empfahl sich nicht, die anrückende Polente hätte das leicht missverstehen können. Nicht nur einmal wurden meine Kollegen verkloppt. In Hausnummer 8, Geburtsadresse des Struwwelpeter-Dichters Heinrich Hoffman, erwischte es die Firma »Teleradio«. Edle Braun-Anlagen flogen auf die Straße. Am Tag danach senkte man die Preise zum krawallbedingten Sonderverkauf. Ich staubte für mich einen unerschwinglichen Braun-»studio system RS 1 synthesizer« sowie ein »studio system PC 1 integral« mit Kassettendeck und Plattenteller im Stahlgehäuse ab. Samt Boxen eine Zeche von weit unter 1000 statt weit über 2000 Mark. Das matt lackierte Gerät klingt immer noch super.

Zum Schreiben über meine Jahre mit Joschka hole ich mir damit den Soundtrack unseres Aufbegehrens ins Zimmer, das zum Echoraum des Vergessengeglaubten wird. Auf der Suche nach dem alten schönen Gefühl verwebt Musik die Ereignisse mit den Stimmungen. Fischer stand auf Bob Dylan. Obwohl ich seinem Geschmack nie traute (und wir uns über Bands sofort in die Haare gekriegt hätten), lege ich das Album »Modern Times« auf. Mein Lieblingsstück »Ain't Talking Just Walking«. Nicht reden, nur laufen.

Auf unseren Protestcharts stand Frankfurts »Sogenanntes Linksradikales Blasorchester« mit dem grandiosen Heiner Goebbels ganz oben. Ich lasse mich gern von ihrem Arbeiterlied »Rote Sonne« antreiben: »Am Tag, als ich geboren wurd' / Da wurd' es mir schon klar / Dass das Leben nicht so weitergeht / Wie es ist und war ...« Der Komponist schilderte im Interview zu seinem Fünfzigsten, das Blasorchester sei bei brenzligen Demo-Situationen von Joschka und Dany nach vorn delegiert worden, »um ein bisschen mit Musik die Situation zu entschärfen«. Auch Goebbels' Performance-Gruppe »Cassiber« haut mich immer noch um. Freejazz, Freerock, wie soll man das bezeichnen. Kein Stück tröstete mich in den Gezeiten von Liebe und Trennung mehr als ihr auf einer Bach-Kantate basierender Sprechgesang »Ach, heile mich«, kurze 6:30 Minuten in der Langfassung.

Ich bin kein Vinyl-Geier. Doch die Platte »Monarchie und Alltag« der Punk-Band »Fehlfarben« hob ich auf. Ich muss erst den Staub von der Hülle blasen, es ist die Hülle mit dem Zitat »Zehn Millionen Fernseh-Zuschauer können sich nicht irren!« Auf der B-Seite der Titel »Ein Jahr«. Nach einem Vierteljahrhundert braust mit 50 Watt der leicht zerkratzte Ska-Takt durch die Stube, ruft sofort wieder den Sturm wach und beamt mich in die Demo-Phase zurück: »Keine Atempause, Geschichte wird gemacht. Es geht voran!« Unser Schlachtruf, auf Platte gepresste Erinnerung an Verflossenes, Erinnerung an verlorene Landschaften, dem Untergang geweihte Natur, verlorene Töne für verderbliche Träume! Letztlich die Titelmelodie unserer Niederlagen.

Niemand, der einen Fuß in die Frankfurter City setzte, entkam dem vielfach hinausgeschrienen »Es geht voran!«. Immer unter meinem Fenster in der *Frankfurter Rundschau* vorbei, schallte es bei Demos ohrenbetäubend durch die Hochhausschluchten. Die Stadt konnte den Toptitel schon als Fluch empfinden. Zur Hebung der Kampfmoral sind die auf LKW-Pritschen montierten Verstärkerboxen bis zum Anschlag aufgedreht. Bedrohlicher Lärm schlägt auf die Polizisten ein, dass ihnen der Mut sinke. Tat er aber nicht. Obwohl am *Rundschau*-Stammsitz kein Stein auf dem anderen blieb, komme ich nie durch die Große Eschenheimer, ohne dass es wummert: »Es geht voran...«!

Reminiszenzen

Unterredungen mit Spontis konnten jeder Beschreibung spotten und ausgesprochen unersprießlich verlaufen. Das lernte ich schon in Frankfurt. Fischer zumal ging der Ruf voraus, er höre sich am liebsten selbst zu. Den Zynismus des Obercoolen beherrschte er auch. Vom Einlesen in seine gesammelten Texte, niedergelegt in Postillen wie *Pflasterstrand* oder dem unter Ausschluss der Öffentlichkeit erschienenen Organ *Autonomie*, behielt ich den bleibenden Eindruck: Da war einer auf Beachtung aus, hatte seinen Bloch, seinen Wilhelm Reich gepaukt und natürlich einen Boxenstopp bei Marcuse eingelegt. Sein Kauderwelsch ließ ahnen, er testete die Grenzen aus. Fischers unausgegorene, bisweilen altkluge Beiträge trafen ein vorherrschendes Grundgefühl von der Rätselhaftigkeit der Zeit. Von 1978 stammt sein Befund: »Diese Identität hat sich in einem magischen Kreis verfangen, aus dem es keinen Ausweg, allerhöchstens Flucht gibt: Flucht in den Beruf, Flucht in den Untergrund, Flucht ins ferne Land, Flucht in die Drogen, Flucht in den Selbstmord. Man kann nichts machen, und wenn man etwas macht, macht man sich kaputt.« Er fühlte sich noch 1984 nicht wohl in seiner Haut »als deutscher Untertan«. Schwarze Romantik, da und dort wie angekifft. Wer hätte das nicht nachempfinden können.

Meine journalistische Erfahrung mit seinem Gegenmilieu war insgesamt nicht die allerbeste. Die Hausbesetzerfraktion hatte es sich angewöhnt, Sympathisanten wie mich herauszuklingeln, sobald die »Bullen« zu einer Räumung im Frankfurter Westend anrückten. Ich bekam nie heraus, wer mich aus dem Bett holte. Nach einem überstürzten Aufbruch sehe ich mich noch immer mit Cohn-Bendit vor irgendeiner dieser Villen stehen. Dann durften wir nützlichen Idioten von der aus vollem Herzen verachteten »bürgerliche Presse« den mit Schlagstöcken anrückenden Polizisten auf die Finger sehen und möglichst Solidarisches über die schwindende Sponti-Population vermelden. Die Szene strich gern um Journalisten herum, schwankte zwischen Misstrauen, Neid, Ranschmeißen; beide Gruppen blieben spannerhaft aufeinander bezogen. Bei allem Spreizen – sie buhlten um Artikel, lasen geschmeichelt von sich in den geschmähten Blättern, hätten uns gern zu Komplizen gemacht.

In einer von Signallichtern bläulich gefärbten, von Martinshörnern widerhallenden Finsternis verwechselten die Besetzer der Bockenheimer-/Schumannstraße meinen Kollegen B. mit einem Zivilbullen, übergossen ihn von oben mit Farbe. Pech, er trug den nagelneuen Ledermantel. Dessen ungeachtet gingen die Demonstranten von unserer bedingungslosen Unterstützung im Kampf gegen die ehrenwerte Familie von Spekulanten aus, vornehmer: Immobilien-Kaufleuten.

Das Frankfurter Westend unter Belagerungszustand. Polizisten, unruhig wie Hunde, bezogen Posten. Zu viele Einsatzwagen schossen um die Ecke. Spiegelnde Fensterscheiben verdoppelten die Mannschaftsstärke. »Von Bullen verseuchtes Gebiet!«, witzelten die Spontis unfroh. In unserer schnell geschnittenen Sequenz finden zwischen Dunkel und Du-siehst-mich-nicht Razzien amtlicher Türeintreter statt. Die Herren hielten sich in der Phase eskalierender Repression an keine Sperrstunde, entwickelten eine Vorliebe für unschöne Auftritte. Mancher WGler war geeicht, im überreizten Klima nachts auf die Schritte der Ermittler zu lauschen.

Wer auch immer meinen Namen in die Telefonkette reingesetzt hatte, er meinte es nur halb gut mit mir, auch wenn die Szene ungelogen die höchste Dichte attraktiver, manchmal auch nur herausfordernder Mädchen aufbot. Bei Debatten saßen sie nicht auf Stühlen. Sie turnten grundsätzlich auf den Lehnen, den Windbeuteln aus dem Rathaus um Klassen überlegen, allzeit bereit, ungeladen in amtliche Sitzungen hereinzuplatzen und das Wort an sich zu reißen. Rassigere Geschöpfe als die »Wohlstandskühe«, die sie aus durchsichtigen Motiven verachteten. In meiner Bildeinstellung erscheinen sie mit ihrer frechen Klappe, als wäre es gestern gewesen. Ich gebe zu, das nahm uns Journalisten für die »Instandbesetzer« ein, die sich von keiner Strafandrohung abschrecken ließen und unbekümmert in Nischenexistenzen verbarrikadierten.

Vorher war die Rede davon, Geld sei scheu wie Rehe. Jetzt fletschte es die Zähne. Wohnhäuser des 19. Jahrhunderts fielen reihenweise. Privat führten die »Profitgeier« uns Journalisten gern die gediegene Bürgerlichkeit ihrer eigenen Salons vor. Kaum waren im Goldrausch die Wolkenkratzer-Claims abgesteckt, folgte den Bomben der Alliierten eine zweite Zerstörung im Frieden.

Der Himmel über Frankfurt, im Übermaß erleuchtet von den Logos der Titanen. Alles, was in Deutschland potent ist, und nicht nur in Deutschland, kämpft um die Skyline. »Ausdruck für die Akkumulation des Kapitals in der BRD« hieß das mit Marx- und Engelszungen. Ohne diesen Gravitationseffekt wäre Fischer mit seinem Allerweltsnamen freilich einer von vielen im örtlichen Adressbuch geblieben. Die Szene gab Ende der Achtziger den Widerstand gegen die vorerst dreiundzwanzig Geldtürme auf und ersetzte ihn durch eine verquaste »Metropolendiskussion«. So rationalisierte die Bewegung ihren Bankrott und lud das Elend wenigstens mit Bedeutung auf. Der Niedergang des Protestlagers, das den Sponti-Führern aufs Wort gehorchte, fällt zusammen mit dem Aufblühen eines neuen Narzissmus. Im Glanz des falschen Silbers immer neuer Glaskästen konnte dieser sich selbst bespiegeln. Auf der Titelseite des *Pflasterstrands* flogen vordem unter der vielsagenden Überschrift »Prosit Neujahr« die verdammten Tower in die Luft. Jetzt wurde der Untertitel »Zeitung für Bank- und Krankfurt« gegen »Frankfurt Journal« ausgetauscht, gesetzt in dynamisch-schlanker Futura. Jetzt fand man die in ihren illuminierten Türmen reflektierte Finanzmacht bestechend. Sie abzuschaffen war bis dahin vornehmste Pflicht des Revolutionärs nach Frankfurter Fasson gewesen. Die Linke gewann windumtosten, lächerlich möblierten Plätzen zu Füßen der Wolkenkratzer urbanen Schick ab. In Feinstaub eingehüllte, nach Büroschluss tote Bereiche heißen neudeutsch »Plaza«. Hehre grüne Beschlüsse – »Kein Haus höher als ein Baum!« – wurden Makulatur. Bald auch der *Pflasterstrand*. Alternative Kneipiers profitierten von der neuen Angestelltenkultur.

Der Bonner Fischer war alles andere als mein Favorit für eine Reportage. Obwohl Joschka redete wie ein Buch, war es noch niemandem gelungen, in das Dunkel seines Getriebenseins hineinzuleuchten. Auch die besten Joschka-Porträts sind über Annäherungswerte nicht hinausgekommen. Auch ich pirschte mich immer wieder an ihn heran, versuchte seine Schwingungen auszuloten und ihn zu einer ernsthaften Selbstoffenbarung zu verleiten. Bis heute hat man nicht erfahren, wer die waren, die er sein wollte. Fischer wischte Fragen weg, gerierte sich gänzlich unzugänglich. Durch Ironie hielt er Leute auf Distanz, mauerte mit der Verlegenheit des Autodidakten, der fürchtet, bei einem Fehler ertappt zu werden. Amerikanische Reporter notieren in solchen Fällen, der Politiker rücke »Persönliches mit der Bereitwilligkeit des Jagdhundes heraus, dem ein Stück Fleisch wieder entrissen werden soll«. Fischer wollte einfach nichts rauslassen. Doch anzunehmen war, dass auch er, getarnt unter einem Bündel hehrer Motive, auf die linke Tour abfuhr, nicht, weil er das bloß Materielle verachtete, sondern eher, weil es ihn verlockt haben mochte. Nicht wenige bemäntelten ihren Aufstiegsdrang im Protestgebaren. Bekämpfen, was man gleichzeitig begehrt: Ganze Romane leben von diesem Stoff. Nur sollte es Jahre bis zur Einsicht dauern, dass Fischer am meisten von allen auf sich selbst hereingefallen war.

Auf unersprießliche Recherchen eingestellt, fand ich mich prompt skeptisch taxiert: Wer kommt da? Was will er? Joschka hatte einen Blick von ziemlich hoher Warte, verhehlte nicht, Redakteure durchweg für Witzfiguren zu halten. Aus ihm sprach oft genug der verkannte Literat. Wahrscheinlich eine Reaktion darauf, dass die bürgerliche Presse sich an seiner »Versagerbiographie« weidete und Spontis generell für Lachnummern hielt. Weit gefehlt, er war eine Sensation und hängte alle ab. Spätestens mit Fischers Inthronisierung zum ersten grünen Außenminister der Weltgeschichte bürgerte sich vollends die gnädige Formel einer »Biographie der Brüche« ein. Nicht mit einem gebrochenen Charakter zu verwechseln.

Bei aller Schroffheit – Fischers Drang in die Medien fiel sofort auf. Die Spur führt zur abgebrochenen Fotografenlehre beim Meisterbetrieb Utz in Stuttgart-Fellbach. Auf einem seiner Biographie beigefügten Schnappschuss ist der Lehrling beim Hantieren mit einer Rolleiflex 6 x 6 abgelichtet und sieht recht artig aus. Auf dem Umweg wollte der Schulabbrecher in den abenteuerlich ausgemalten Job eines Fotoreporters einsteigen. Später eruierte Joschka gern Aussichten für ein linkes Zeitungsprojekt, ersichtlich als anderer *Spiegel* gedacht. Betrachtet man seinen enormen Ausstoß an Büchern, könnte man auf die Idee kommen, er sei vorzugsweise Politiker geworden, um publiziert zu werden und seine Erfüllung im Dozieren zu finden. Kaum aus dem Amt geschieden, verkaufte er sich als Prominenter. Spezialität: international vermarktete, strohtrockene Polit-Kolumnen. Nach der Zahl der Interviews ist Joschka ein Medien-Mogul.

Streiflichter

Mitte der Achtziger. Wir sind auf dem Weg in unsere schwäbische Heimat, Joschka mit dem üblichen Stoß Zeitungen unterm Arm. Er schwärmt von einem Reporter namens Jörg Fauser. Den Kollegen kannte ich nicht. Der spätere Kultautor luchste ihm bei einer Reise durch die alte BRD via Bonn Richtung Stuttgart (so waren wir darauf gekommen) das Bekenntnis ab: »Sagen wir es doch ganz offen, es gibt eine Triebhaftigkeit beim Kampf um die Macht.« Zum damaligen Zeitpunkt größenwahnsinnig. Fauser und er hatten die gleiche, von Abenteurertum verdeckte Sehnsucht nach dem Durchbruch. Beide peilten den Journalismus an, verfehlten die Profession, ein gewichtiger Aspekt für Fischers Manie, die elenden Skribenten in einer Weise schulmeistern zu wollen, die an Verachtung grenzte. Fausers Artikel für die Zeitschrift *TransAtlantik* stufte Joschka als besonders schützenswerte Pflanze am Pflasterstrand ein. Über der Hommage stand »Wie eine große Liebe«. Das Bekenntnis löste der Text bis zum letzten Buchstaben ein. Zwischen den Zeilen verriet der Reporter, wie gern er der *action man* wäre, den er in Fischer glorifizierte.

Mit seiner eigenen Hin- und Hergeworfenheit entsprach sein Porträtist exakt Fischers kaum verjährtem Aussteiger-Ideal. Vier Jahre älter als Joschka, umwehte Fauser der Ruf des Underground-Poeten. Seine Romanfigur Harry Gelb schnürt schlecht gelaunt – das kennt man – durch eine anachronistische Männerwelt, in der zu viel gepafft, zu viel gesoffen und reichlich angegeben wird. Der Typ entsprach in seiner Unnahbarkeit Fischer. Bei beiden kollidierte ausgeprägtes Fernweh mit Heimatgefühl, eine Maßlosigkeit des, sagen wir vorsichtig, Sinnenlebens mit stupender Fähigkeit zu Fleiß und Disziplin. Beide ließen sich in den Orient treiben, die Globetrotter hätten sich sonstwo, aber auch in Frankfurter Pinten begegnen können. Nimmt man das Kaputte als das Authentische, ist es das, was Fischer bei Fauser an sich erinnert haben müsste.

Fauser hatte es Anfang der Siebziger ins Westend gespült: »Anarchistenetage« im besetzten Haus Bockenheimer Landstraße 93, schräge Wände, fünf Giebelfenster. Von was auch immer gebeutelt, suchte er in dem Nest ein warmes Plätzchen. Die Truppe war echt fertig. Auf dem Gehweg vertickten Kaputtniks Rezeptpflichtiges unter dem Spruch »Die Bockenheimer nimmt uns keiner!«. Bei Gericht spendierte eine Besetzerin dem Hauseigner eine Watschn. Die einzigartige Backpfeife klatscht mit jedem Buch über die Szene lauter.

Samstags trafen sich die Aufreißer zum »Saturday Night Fever« im »93-Keller«. Hier, wie unweit im Kolb-Heim, suchten sich die »Damen der linken Schickeria« einen »Asozialen für die Nacht«.

Die Männer hegten ihre Frankfurter Depressionen, liebäugelten mit »Maos Diktum von der Macht, die aus den Gewehrläufen kommt«, hielt Insider Fauser fest. In »tausend Mundarten der politischen Lüge« plapperten sie beim Schwof. Der Dichter schwamm wie ein Fisch im Bier unter ihnen. Nach seiner klugen Prognose sollten die strammsten Revolutionäre alsbald »die neuen Sozialdemokraten« werden. Lässlicher Irrtum. Sie wurden die Grünen.

Hans-Joachim Klein, später Terrorist, davor Kampfgefährte in der militanten »Putzgruppe« an Fischers Seite, kroch ebenfalls in der »93« unter. Genauso Fausers Freund Günter Sare. Im August 1985 überrollt ihn ein Wasserwerfer bei der Demo gegen die NPD. Er stirbt am Unglücksort. Mit Tricks und Kniffen verhinderten die Grünen-Realos den von Demonstranten geforderten Abbruch der Koalitionsverhandlungen mit der SPD. Cohn-Bendit und Fischer ließen sich beim tumultarischen Sponti-Plenum lieber mit Eiern und Tomaten bewerfen und zum Gespött machen, als die Gespräche abzublasen. Die Autonomen tobten, johlten, reimten: »Fischer, Bendit, Winterstein (gemeint: Hessens Innenminister), eins ist wie das andere Schwein.«

Jörg Fauser hatte Charles Bukowski interviewt, den maßlosen Gott der Ausschweifung. Joschka stand auf den Underdog, solange er sich als exzessiven Typen inszenierte. Fauser kam als berühmter Insider zu dem leidlich aufgefallenen Grünen, hatte ein furchteinflößendes körperliches Auf und Ab hinter sich, war hager und feist gewesen. Fischer stand das noch bevor.

Fauser haute sich Speed, Opiate rein. Ein Wunder, dass er das Gift überlebte. Ein Unglück, dass der Fußgänger 1987 in München auf der A 94 von einem LKW erfasst wurde und starb. Nach der Feier seines 43. Geburtstags in »Schumanns« Promi-Bar.

Ach so, die besetzte Bockenheimer 93. Heute erstrahlt der Sitz von Anwälten und Consulting-Firmen bei Nacht wie eine neobarocke Kirche im Scheinwerferlicht.

Gehversuche

Wir stehen noch am Start. »Nur was nicht ist, ist möglich!« von den »Einstürzenden Neubauten« müsste dazu hämmern. Die Grünen hatten ein Pilotprojekt mit ungewissem Ausgang am Laufen. Ausgesprochen Fischer-kompatibel, ihnen fehlte jede staatstragende Option. Nach einer Anwärmphase (und gewöhnungsbedürftigem Frankfurterisch) gefiel mir »der Joschka« durch seine ironisch-distanzierte Art, locker und doch ernsthaft mit dem Mandat umzugehen. Was sich zwischen uns abspielte, war ein profanes Gegengeschäft: Er war ein kleines Licht und nicht an Schlagzeilen gewöhnt. In der Frühzeit ließ er sich auf Gespräche ein, weil er wusste, eine Nachricht ist besser als keine. Fischer war noch kein Fernsehgesicht, musste nicht fürchten, in der Rolle des allzu sehr von sich Überzeugten erwischt zu werden. Ich ließ mich darauf ein, weil ich wusste, er ist für einen Spruch gut, wir profitieren davon, mochte er störrischer und ungehobelter sein als der Durchschnitt. Vielleicht war es auch so, dass sich Plus und Minus anzogen.

Fischer kannte noch keine Auftritte vor der Weltpresse, keine Expansionspläne, erweckte überhaupt den Anschein, wenig an die Zukunft zu denken. Schon gar nicht daran, dass das Bonner »Haus der Geschichte« jemals seinen Tintenroller mit silberfarbener Kappe für sammelnswert erachten könnte: Untergruppe »Trophäe«, Nummer 2005/03/0250. Mit diesem Stift unterzeichnete der Außenminister 2004 in Rom die Europäische Verfassung. Wie viele aus meiner Branche räumte ich Fischer einen großzügigen Kredit ein. Nicht weil er den Glanz der Radikalität hatte. Wir hatten mehr gemein als den Stuttgarter Hintergrund, insbesondere die Abneigung gegen die ollen Kanzlerparteien, wissendes Einverständnis über die politische Richtung gegen Atom, für Umweltschutz, weniger Überwachungsstaat. Das schuf eine angenehme Ebene, die nicht jedes Mal neu vermessen, sondern vorausgesetzt wurde. Ohne es mit dem Verbindenden zu übertreiben, wir standen im selben Lager. Unter den zwei oder drei Dingen, an denen man sich erkannte, war unser gemeinsames Frankfurter Terrain das Fundament, bei mir sogar Heimweh nach dem Main.

Was mich betraf, musste er mich nicht von der richtigen Richtung überzeugen. Man konnte dem jungen Wilden nicht böse sein, der inwendige Zweifel an der Bonner Veranstaltung hegte und lautstark artikulierte. Ich sage mir: Wie im Groß- und Einzelhandel war auch beim politischen Geschäft Schwund mit einzukalkulieren.

Angesichts seiner Popularität schrecke ich heute vor dem Begriff »Vertrautheit« zurück. Wir hatten einen Draht zueinander. Über die Kluft unterschiedlicher Sozialisation hinweg stimmte die Grundmelodic. Wir hatten unsere Jugend damit verbracht, sauer auf die Verhältnisse zu sein, hatten unsere Sündenböcke, die wir selbstverständlich total durchschauten und beim Gespräch, nein, beim Austausch von Glaubensbekenntnissen für »die Paranoia der Zeit« verantwortlich machten. Als man sich besser kannte, fehlte im Geplänkel, halb Spaß, halb Ernst, nie Joschkas auf Dauer enervierende Anpflaumerei: »Du bist ein Fundi!« Wer ihm nicht hundert Pro ergeben war, fiel unweigerlich unter diese Kategorie.

Die Termine mit Joschka konnten ausgesprochen zäh sein. In Büros, in Frankfurter und Bonner Wohnungen, in chauffeurgesteuerten Autos, im Zug zur Kundgebung, im Fischer-Bus auf Wahltournee, in verräucherten Kneipen, sogar in Umkleidekabinen mit ungelüftetem Männerschweiß. Politiker müssen bei Gott nicht vor Freude platzen, wenn sie unsereins empfangen. Man brachte Verständnis für ihn mit, sonst haute die Sache nicht hin. Man sollte nicht lachen, obwohl er uns nach einem Fernseh-Interview mit Schminke bestäubt als clowneske Erscheinung entgegenkam. Man behelligte ihn mit profanen Fragen, man hatte ihn zu bedauern.

War der *taxi driver* Fischer auf Motorgeräusche geeicht, war der Abgeordnete Fischer auf Raumsicherung bedacht. Gefahr war sein Geschäft. Knallhart, nie verträumt, immer auf der Hut tigerte er herum. Wie eine ungefütterte Raubkatze fasste er einen ins Auge. Bei Fototerminen fixierte er das Objektiv, nicht das Objektiv ihn, hörte ich Kollegen klagen. Unsere (Arbeits-)Beziehung war lange ungetrübt, obwohl selten inniges Einverständnis herrschte. Gottbewahre, meine Gefühle für ihn waren keineswegs familiär, eher kompliziert. Ich war kein Grüner, ich kam als Reporter. Andererseits: Man liebt sein Verhängnis. Bei Freud bedeutet Liebe »Überbewertung«, bei Fromm beruht sie auf »Verwechslung«.

Nie kam man passend. Nie war er zum Plausch aufgelegt. Ein Zauberer setzt seinen Trickblick ein, um eine Nummer abzuziehen. Fischer seinen ruhelosen Kontaktlinsenblick und ein mürrisch-unergründliches Auftreten, das ich als Teil eines Rituals nahm. Die gleichermaßen launische wie amüsante Variante aus dem Strategiekurs »Wie gewinne ich die Oberhand«. Nicht selten erschien sie mir als eine verbrämte Form des Einschüchterns und des Kokettierens mit seiner rasch wachsenden Bedeutung. Liest man Fischer-Interviews nach, hat die Methode funktioniert, seine handfesten inneren Widersprüche werden wenig problematisiert. Was in ihm vorging, konnte man nur ahnen. Aber ein leicht reizbares Mienenspiel musste ihn verraten. Gleich dem Zifferblatt einer Uhr gibt das Gesicht klare Auskunft, was die Stunde geschlagen hat.

Joschka ließ sich gern schmeicheln, unterschied sich darin nicht von seinen Gegnern. Er selbst schmeichelte nie, schwieg aber bedeutsam. Gerhard Schröder war der Kontrast, für Scherze zu haben, ein Anfasser, der einen in die Seite knuffte, kameradschaftlich tat, gewinnend lächelte. Nach der Trennung von Hillu führte mir der Sozi bereitwillig seine Atelierwohnung vor, im Wesentlichen bestand sie aus Bett, Regal, rotem Sofa, Bügelbrett und Obstkiste zum Abstellen der Tassen. Am auffälligsten das Indianerzelt für die Tochter seiner großen Liebe Doris. »Der Gerd« nahm Bemerkungen nicht krumm, konnte sophistisch (und mit Sportsgeist) erklären, nach meinem Bericht über ihn habe seine Frau gesagt – es war noch Hillu –: »Verriss auf hohem Niveau!« Ich wollte partout einen Leibwächter porträtieren, vergleichbare Polit-Größen hatten mich abblitzen lassen. Schröder erlaubte es. Er spielte auf dem Beifahrersitz mit der Polizeikelle wie ein Junge, der in die Clique aufgenommen werden möchte. Fischer blieb an dem Punkt ohne jeden Ehrgeiz zur Konversation, kein Minister fürs Händeschütteln. Nicht auszudenken, was Joschka hätte werden können, hätte er sich in Feingefühl versucht, umweltverträglicher und weniger sarkastisch.

Joschkas Aura wäre ein ins Violett spielendes Rot. Man konnte ihm Intensität anspüren. Im Gesicht stritt Gelangweiltsein mit Angriffslust. Das Wort Humor fiele einem zu Fischer nie ein. Meist war er ernster gestimmt, als es seinem Ruf entsprach. Sich ja keine Blöße geben, er saß da mit lauernd gerecktem Hals. Joschka blähte die Backen, verpanzert wie Helmut Kohl, kratzte sich am Stoppelkinn, hörte nur mit halbem Ohr hin. Es dauerte, bis er immerhin einen Versuch von Verbindlichkeit erwog. Mühsam fing das an. Ich dachte, das kann ja heiter werden, und entschied, der Typ sei allemal eine Langzeitbeobachtung wert, und kam wieder.

Norman Mailer konstatiert, einen geschickten Politiker mit einer Frage zu überraschen sei so schwierig, wie einen Berufsboxer mit einem Haken zu treffen, den man bei einer Kneipenschlägerei gelernt hat. Fischer war beides, geschickter Politiker und Boxer. Mit Fangfragen musste man ihm nicht kommen. Fragen, die nach Unterstellungen klangen, verschluckte man besser. Wehe, man kaute an Sätzen herum. Zuerst maulfaul, verfiel Fischer zum Ausgleich bald wie aufgezogen in Monologe. Sein Gedankenflug hetzte einen. Nach einem unerquicklichen Gespräch rettete mich mein Kollege Hans-Ulrich Joerges mit sofortiger Notverpflegung im eleganten Wiesbadener Kurhaus. Außer Spesen war nicht viel gewesen.

Empfehlenswert, auf rustikale Joschka-Darbietungen mit der einen oder anderen Grobheit zu antworten. Seine fußballerischen Fähigkeiten anzuzweifeln oder mit der Bemerkung zu kommen, er sehe eindrucksvoll abgeschlafft aus. Fischer mag vieles sein, Experte im Zuhören ist er nicht. Rasch sendet er Signale des Unwillens aus. Besser, seine Basstuba zu ignorieren oder – wir sind in der Ära der Yoga-Kurse – insgeheim das Mantra »Gelassenheit, Gelassenheit« herunterzubeten. In guten wie in schlechten Zeiten, so viel ist gewiss, war er unterhaltsamer als jeder Bundespresseball und trug phasenweise zu meinem Vergnügen bei.

Um in Gang zu kommen, machte es sich gut, ihn mit Boshaftem über seine Intimfeinde aufzustacheln, das unerschöpfliche Thema grüne Widersacher. Am gescheitesten eröffnete man die Audienz mit den Stichwort Jutta Ditfurth. Fischer titulierte sie mit kalkuliertem Spott häufig »Jutta *von* Ditfurth«. War der Stratege in Laune, konnte man fast sicher sein, dass er der Bundessprecherin wieder ihr »*von*« und manches mehr anhängte, auf das sie ausdrücklich keinen Wert legte. Nicht schlecht kam auch an, den Grünen-Vorstand zur »Laienspielschar« zu erklären oder die Bundesgeschäftsstelle in der Bonner Colmantstraße als »Bundesendlager« zu verspotten. Dort lief der Anrufbeantworter, die Mitarbeiter köchelten zur Stärkung für den Überlebenskampf Nasi Goreng. Zum festen Anekdotenschatz gehört, wie die sowjetische Botschaft für den Deutschland-Spezialisten Walentin Falin dringend einen Gesprächspartner suchte. Der Wunsch ging prompt in der Zentrale verloren. Heute kann man festhalten, Deutschland ist trotzdem wiedervereinigt und Fischer trotzdem deutscher Außenminister geworden.

Unverfänglich war das Thema Sport. Es stellte sich heraus, dass wir beide 1966 zur Fußball-WM nach London getrampt waren. Kicken (besser: treten) und was an Leibesertüchtigung noch in Frage kam, ich musste nur akzeptieren, dass er alles besser konnte. War ich auf ein Kompliment für meine 80 Radkilometer am Starnberger See erpicht, konterte Joschka mit den Meriten eines württembergischen A-Jugend-Meisters im Mannschaftszeitfahren. 50 lange Kilometer durch das kupierte Allgäu bei Leutkirch. Den Lederhelm auf dem Kopf, drehte er an der Seite von Arnold Geiger und den Gebrüdern Wirthwein den großen Zahnkranz. Sie hockten auf Bikes des Namens »le taureau«, der Stier, meint Günther Wirthwein. 2005 lud Fischer die Mitstreiter ins Außenministerium ein. Jahrzehnte hatten sie sich nicht gesehen. Nach einer Stunde hatte es Joschka eilig: »Ich muss zum jordanischen König.«

Die Frankfurter Eintracht, die Nationalmannschaft, Fischer hätte einen passablen Sportredakteur abgegeben. Neidlos galt es profundes Fußballwissen anzuerkennen. Bei alldem gierte ich nach einer Tasse Kaffee. Die bot er selbstverständlich nicht an. Was ich nicht wusste, es sollte noch schlimmer kommen.

Alternativ geht fast nichts schief

Das Bonner Abgeordnetenhaus Tulpenfeld war sichtlich nicht nach den Regeln des Feng Shui entworfen. Mit dieser Adresse verband sich kein Kraftfeld. Heute ist es der Sitz der »Bundesnetzagentur« und des »Deutschen Komitees für Katastrophenvorsorge«. In der grünen Pionierzeit schlüpfte der Genosse Frust anstandslos durch die Sicherheitskontrollen. Er schwenkte kurz nach rechts, um sich im ebenerdigen Sitzungssaal 12 festzusetzen. Von draußen sah man durch die Scheiben wie bei einem Aquarium die großen und kleinen Sägefische aufeinander losgehen. In einer guten Theaterinszenierung wird offenbar, was sich unter der Oberfläche abspielt. Auch hier. Fraktionssitzungen als gnadenlos öffentliche Schauspiele, der Tanz der Vampire stand auf dem Programm. Der »HT 12« entpuppte sich als Fechtboden, jeder darauf aus, andere im kalten Neonlicht mit sanften Schmissen fertig zu machen. Kriseninterventionsteams gab es nicht, wir hätten sonst Notruf 110 alarmiert. Das Unausgesprochene machte die Luft noch dicker. Jede(r) suchte beifallheischend Kontakt zu den herumsitzenden, gern auch dösenden Journalisten. Immer wieder sehenswert, wie der eine oder andere Reporter rasch den Schlips ablegte, ehe er sich alternativ ins Getümmel stürzte.

Die Opfer verbaler Scharmützel schlichen raus in den Sanitätsraum, das Foyer. Meist stand die Tür offen. Auch die ausgesperrten Raucher versäumten da keine Intrige. Geschwätziger Sprechfunk vom Wachpersonal quäkte in die atmosphärischen Störungen. Gegen das nichtssagende Interieur kam kein Poster an, schon gar nicht der Wandspruch »Die Grünen – sozial – ökologisch – gewaltfrei – basisdemokratisch«. Immerhin kredenzte die Kantine ihnen zuliebe bald Tofu-Schnitzel mit Vollwert-Nudeln. Die Forderung »fleischloser Tage« war erhoben, aber noch nicht erfüllt. Das hätte Joschka schwer getroffen.

Der normale Wahnsinn. Der Krieg der Köpfe in der Friedenspartei. Wer gedacht hatte, die Vorsehung habe uns die Grünen geschickt, musste bald von jenem »blühenden Debakel« berichten, das ein Samuel Beckett erst mühsam für seine absurden Stücke erfindet: Erregte Akteure, die zur Urschrei-Therapie ihre »Betroffenheit« raushauen, »Abscheu«, »Entrüstung«, »Empörung« artikulieren, sich »moralisch legitimieren« oder »distanzieren«. Nur kein »Normalo« sein, unter dem Gruppendruck wähnte sich jeder »quer« zum herkömmlichen Denken. Jeder ist aber willens, »sich einzubringen, ganz konkret«. Jeden trifft der Vorwurf, »Du bist unreflektiert«, um einige Floskeln aus dem Wörterbuch des Gutmenschen zu zitieren: »Das sag ich jetzt mal so.« Sie spüren die *double bind*-Situation, der Bonner Staatszirkus bedroht ihre außerparlamentarische Identität. Von Minute zu Minute zwischen hoch angesetzten Dritte-Welt-Symposien, Comic und Flohzirkus schwankend, niemand konnte ahnen, zu welch kraftlosen Veranstaltungen alternative Treffs noch verkümmern und das, was Grün zur Farbe machte, löschen würden.

»Festklopfen«, »einklinken«, »Erfahrungszusammenhang ausbreiten«, »strukturieren«. Den Protokollanten schwirrte der Kopf. Mir auch. Allerdings bot das Improvisierte den Berichterstattern ganz eigenen Stoff. Hatte man Glück, und Glück hatte man oft, stichelten sich die Vollmer und der Schily kunstvoll nieder. »Die Antje«, Diplombetroffene mit Sozialarbeiter-Haarschnitt, Quengelstimme und Luftschnappen auf der letzten Silbe. »Der Otto« dagegen forensisch kalt. So oder so, beide sind fest entschlossen, uns bis zum letzten Tag auf die Palme zu bringen.

Vor laufender Kamera tobte der »Psychokrieg aller gegen alle«. Aua! Alternative Frauen ließen alternative Männer die feministischen Waffen spüren. Lämmchen, Biester, sie kamen und kamen nicht auf den Punkt. Verkeilt, wie sie ineinander waren, ahnte man, die Rettung unseres Planeten durch die Grünen würde zu viel Zeit in Anspruch nehmen. Ausgerechnet Fischer beklagte die »suizidalen Wahnzustände«, die er mit ausgelöst hatte. Der Hauptakteur seufzte vernehmlich über das »energetische Fiasko«, damit es jeder Journalist mithörte: »Hier in Bonn wie bei der grünen Partei wird das Wölfische im Menschen gefördert.« Dazu rügte der von den Medien Umworbene, die Medien seien »sehr personenverhaftet«.

Der grüne Sound

Aus dem Protokoll der außerordentlichen Fraktionssitzung vom 20. November 1983: »Joschka frag[te], wieweit die Vorbereitungen der Debatte ... gediehen sind«:
»Petra Kelly arbeitet zu Hause
Otto Schily kommt um 8 Uhr
Gerd Bastian ist fertig
Marieluise Beck-Oberdorf ist noch bei der Arbeit
Roland Vogt ebenfalls
Christa Nickels soweit fertig
Willi Hoss ist morgen Mittag fertig
Jürgen Reents ist noch offen

Milan Horacek (ist gerade draußen) ...«

Fischer hatte im Hauptfach des Lebens Babbeln studiert. Er skizziert den »dramaturgischen Dreisatz« für den Reden-Aufbau im Plenum:

»1. Betroffenheit bekennen. 2. Kompetenz der Regierung anzweifeln und eine Analyse der Regierungsaktivitäten vorzunehmen. 3. Angriff.«

Bei der Nachrüstungsdebatte »hält er es für besser, wenn eine Eskalation von Verbalinjurien bis hin zum Tumult« stattfinde.

An einem dieser Tage ließ sich Fischer nur kurz in der Selbsterfahrungsgruppe sehen. Ansonsten gab er im Foyer Töchterchen Lara das gut sichtbar in der Jacke steckende Fläschchen. Rührend-sorgend wiegte er sein zweites Kind in den Armen, das er sonst meist abwehrend vor die Brust nahm. Da beschlich einen der Verdacht, er wolle dringlich was gegen sein Obermacker-Image tun. Im Sinne neuer Mütterlichkeit trug bald auch Marieluise Beck-Oberdorf ihre Clara wie eine Brosche herum. Da war sie stolz und sogar still, sonst hatte ihr sanft-keifender Sprechgesang auf Dauer was von einem nervtötenden Klingeling. Derweil schaufelten die Abgeordneten Waltraud Schoppe und Wolfgang Ehmke im Frust-Fraß Schokotatzen in sich hinein.

Am liebsten plauderte ich auf dem Jahrmarkt der Eitelkeiten mit den echten Schaffern. Der Stuttgarter Willi Hoss war einer. Sein Händedruck verriet den Fabrikarbeiter. Noch am Freitag vor dem Einzug in den Bundestag trug er im Daimler-Werk Untertürkheim den Blauen Anton. In der Frühzeit verteilte Rezzo Schlauch für den Willi vor dem Fabriktor »Zettele«. Der Schweißer hatte den stahlblauen Blick für einen Film. Mit seinem Überernst in der Sache war der von Wolf Biermann besungene »Freund Willi« eine auffallende Erscheinung. Kollegen, die ihn im Fernsehen bei den Alternativen leibhaftig inmitten stillender Frauen, strickender Mannsbilder, von Leuten mit Katze auf dem Buckel und älteren Herrschaften mit Rucksäcken hatten einlaufen sehen, erschraken zu Tode: »Jetzt dreht der Willi durch!«

Wortmeldungen gingen Hoss bedächtig, beinah getragen von den Lippen. Der Tonfall eines von den Arbeitern stürmisch gefeierten Redners, der Gedanken gewöhnlich an ein schwieriges Publikum richtet. Hoss holte die abdriftende Fraktion mit erdenschweren Stichwörtern auf den Boden: »Sozialversicherung«, »Rente«, »Stechuhr«. Anwalt für die Sache der Kleinen, richtete er sich kerzengerade auf. Das Stricknadel-Geklapper setzte aus. Ihm nahm man ab, der Braten auf dem Teller schmecke nicht mehr: »Hinter unserm Wohlergehen tut sich das Problem des tödlichen Hungers in der Dritten Welt auf.«

Hoss mit seinem beinah romantischen Empfinden für Ungerechtigkeiten hatte mir in Stuttgart einst ein Flugblatt in die Zeitung gebracht. Darauf stand: »Beim Daimler gibt es zweierlei Wasser!« Aufbereitetes Neckarwasser zum Duschen für die Schaffer in der Produktion, hingegen sprudle im »Krawattensilo« der Bosse Trinkwasser. Daraus machte er mit den Leuten seiner Betriebsratsgruppe das klassenkämpferische Motto »Gleich gutes Wasser für alle«. Deshalb traf ich mich mit ihm.

Brav fuhr der Automann kreuz und quer mit der Bahn zu Parteiterminen, manchmal kam ich mit. Andere Grüne schlossen sich entgegen ihren hehren Beschlüssen sofort den Oft-Fliegern an, Buchungen unter der Bundestagsnummer 9700. Hoss kritisierte empört auch den »Dienstwagen-Gebrauch zu Demos«. Prompt belehrte ihn Schily standesbewusst, Demos fielen »als politische Angelegenheit in den Aufgabenbereich der Abgeordneten«, insofern läge »kein Missbrauch von Dienstwagen vor«. Ja, der Willi. Mein schwerblütiger Lieblingsgrüner, der Vater meiner federleichten Lieblingsschauspielerin Nina Hoss, beschämte die Profilneurotiker. Er kettete sich in Ankara aus Protest gegen die Folterungen in den Gefängnissen an, hungerte aus Protest mit der Kelly in Südafrika.

Insbesondere die Herren mit dem Gouverneursblick, der Fischer, der Schily, hatten die Weisheit mit Löffeln gefressen. Sie guckten auf ihn runter, zogen »ihre konkurrenzbestimmte Art auf Kosten der Schwächeren« durch, ließen ihn deutlich spüren: »Der Bundestag ist kein Ort für Freundschaften.« Die Großgrünen verfolgten vom ersten Tag an ihr eigenes Ding, nicht das Drehbuch, das wir wollten. Der Vorschein ihrer endgültigen Verwandlung: »Gesegnet mit der Vorsicht und dem Konservatismus der Reife«, spottet der Autor T. C. Boyle über die Protagonisten in einem Roman, sinnigerweise mit dem Titel *Grün ist die Hoffnung*. Es ist nur vordergründig paradox, dass die angeblich Extremsten sich besonders schnell anpassten. Was sie penetrant als objektiv notwendiges Erfolgsrezept verkauften, führte für sie selbst auch ins Ziel, sie wurden Außen- und Innenminister. Hoss ärgerte es, wie sich die Matadore immer die besten Plätze auf der Rednerliste ergatterten. Da kam man in die Tagesschau, »Joschka war darin ein Meister«. Nach dem belebenden Bad im Fernsehlicht seien auch die Promis verschwunden.

Wegen Fischers Kosovo-Politik und der Entsendung deutscher Truppen zum Afghanistan-Einsatz der USA trat Hoss im November 2001 aus: »Der Weg, in der Koalition zu bleiben, bringt den Grünen nichts!« Die faden Reste des, wie er noch sagte, »Wahlvereins« hatten nichts mit der von ihm mitbegründeten Alternative gemein. Für Entwicklungspolitik habe Rot-Grün weniger Geld ausgegeben als die CDU Helmut Kohls.

Besichtigungen

Joschka Fischer sprach in Bonn von sich selbst als »Flippi«. In der Wortschöpfung fanden »ausgeflippt« und »Hippie« mit einem Einsprengsel Woodstock zu einem flockigen Typus zusammen. Für die Stadt der Bürokraten und Chauffeure eine Provokation. Der »Flippi« wurde sofort »Parlamentarischer Geschäftsführer«. Die Fraktion grüßte den Rest der Welt auf Briefpapier mit aufgemalter Friedenstaube und ins Kraut schießenden Sonnenblumen; 100 Prozent Umweltpapier, versteht sich. Joschka fehlte die Ruhe, einfach bequem im federnden Managerstuhl zu sitzen. Feines Leder, aber beschwören könnte ich es nicht. Er wirkte wie reingekippt, in zur Schau gestellter Lässigkeit. Man merkte ihm die Anstrengung des Fläzens an, den festen Willen, einen Lebenskünstler darstellen zu wollen. Breitbeinig markierte er den Raum für sich. Das Haar verstrubbelt, den Kopf in Besserwisserpose in die Hand gestützt, die derart aufreizende Anmutung ein unterschwelliger Kommentar des Leidens an seiner Umwelt und des Genervtseins durch unser Gelaber. Man hätte jederzeit hineinpiksen mögen.

Ihn mit Aktendeckeln – Aufdruck »Sofort!« – auf Bundestagsfluren irrlichtern zu sehen war ein Kulturschock. 2006 zauberte sein

Ausstieg aus der Politik den bittersüßen Beginn vor mein inneres Auge. Ein Bild für die Spötter: Beim Marsch durch die Institutionen klemmte das rotlederne »Handbuch für die Parlamentarische Praxis« unter seinem Arm.

Es klingt komisch, grade die Sponti-Nummer mit ihren Hauruck-Entschlüssen und ihren informellen Wegen, dem Durchwursteln, Durchmogeln, dauerndem Improvisieren, auch Intrigieren, war ein erstklassiges Übungsgelände für einen Parlamentarier. Die freie Wildbahn verschaffte ihm einen psychologischen Vorteil. Da gab's wenig, was klappen wollte, umso mehr war die Fähigkeit verlangt, Widrigkeiten zu ignorieren. Aus Frust erwuchs Erfindungsreichtum, Stehvermögen, es galt zu überleben. Die Respektlosigkeit gegenüber Autoritäten und Normen, das, was für Außenstehende chaotisch aussah (und einer Logik der Provokation folgte), stählte Fischer wie keinen anderen für die Dschungelgesetze der Politik. In seiner Blutbahn zirkulierte zudem eine nicht zu verachtende Dosis Charles Bronson. Schüchternheit war sein geringstes Problem. Er kam vom Nullpunkt. Da musste es einfach aufwärtsgehen.

Berlin, Frankfurt, München, die Sponti-Szene entpuppte sich als außerordentlicher Talentschuppen. Man muss nur nachlesen, wer alles beim *Pflasterstrand* schrieb: Edith Kohn, Elisabeth Kiderlen, Esther Schapira, Cora Stephan, Matthias Horx, Gerd Koenen, Reinhard Mohr, Thomas Schmidt. Selten investierten kluge Köpfe ihren Gehirnschmalz in so Geringes wie die handwerklich miserablen Stadtzeitungen. Die gaben zu allem ihren Senf dazu und nahmen sich superwichtig. Anfangs wie auf Matrizen abgezogen, gleichwohl unsere Pflichtlektüre.

Unter all den Streitern, die ein Ticket für die sichere Seite lösten, war Fischer beileibe nicht der Klügste, nicht der Originellste, nicht der Skrupelloseste, schon gar nicht der Schönste mit seinen auffallend scheußlichen Zähnen. Aber wer sieht schon aus wie James Dean. In ihrer ersten Fraktion schien es undenkbar, dass ausgerechnet Joschka der Dompteur werden könnte. List, Raffinesse, Willen hatten auch andere. An politischem Grips und Schläue war ihm keiner überlegen. Doch dürften sich noch viele Doktorarbeiten dem Phänomen widmen, warum ausgerechnet er die Lizenz zum Großsprecher erhielt und in der Lotterie des Lebens den Jackpot gewann.

In Bockenheim behaupten Stänkerer mit Sponti-üblichem Zug zur Übertreibung, die Frauen seien doch vordem das Beste »am Fischer« gewesen. Zuerst die Edeltraut. »Die Ede« aus dem Schwäbischen. Sie schwankte zwischen Twiggy und Jean Seberg im Film »Außer Atem«. Kurzhaarfrisur, Seitenscheitel, freigeschnittene Ohren. Sie und er waren über Gebühr verliebt, was vorkommt. Mit dem gleichermaßen frühreifen und süßen Bedürfnis wollten sie 1967 (während der Kanzlerschaft des vergessenen Kurt Georg Kiesinger) nach einem Date unter Stuttgarts Schlossplatz-Kolonnaden sofort den Bund fürs Leben schließen. Die Tramper schlugen sich durch bis ins schottische Gretna Green. Anreise drei Wochen. Das Heiratsparadies elektrisiert nur aus der Ferne. Bis zur Vermählung hausten sie mit weiteren Paaren in einer Baracke. Das verlieh seiner Verbindung mit der Polizistentochter den Nimbus des Unbedingten. Führt aber auch zu der Frage, warum Pfarrers- und Polizistenkinder besonders anfällig für das Protestlager waren.

Das Bild des händchenhaltenden Paars fehlt in keiner Fischer-Publikation. Edes todschicker Hosenanzug könnte von Mutti geschneidert sein. Der 19-jährige Bräutigam sieht mit Rolli, heller Jeansjacke und neun Dioptrien starken Brillengläsern für seine damalige Befindlichkeit erstaunlich kommod aus. Beinah harmlos. Joschka guckt unschlüssig. Er steht trotz des nach außen gestellten Spielbeins nicht bequem. Man trug helle Clarks, ich auch. Bestimmt klebt noch der Preis auf den Sohlen. Keine andere Aufnahme beglaubigt eindringlicher die enorme Distanz bis ins Außenministerium als dieses Foto zweier verlorener Kinder, die sich unterwegs mit Pflastermalerei Geld erschnorrten. Die feenhafte »Ede«, mit ihren schön verwaschenen Augen, betreibt heute ein Fachgeschäft. 1984 ehelicht Joschka »die Inge«, eine altmodische Floskel, fehl am Platz für eine straighte WG- und KBW-Frau. Klein, drahtig, witzig, Mathestudentin, dann Architektin bei einem Hochbauamt, von den Kollegen sehr geschätzt. Mit ihr hat Fischer zwei Kinder. Die Sponti-Kumpel fragten sich, warum ausgerechnet Joschka die allseits Umschwärmten abkriegte.

Redensarten

Der Abg. Fischer verfügte über ein Tastentelefon. Nummer 7789, Deutsches Fabrikat, neueste Siemens-Technik, ohne Wählscheibe. Der Hit, er besaß eine elektrische Schreibmaschine und eine Sitzecke. Mir ist, als habe über Nussbaummöbeln eine altmodische Hängelampe geschwebt. Denkt man sich den Krimskrams von Papierbergen eines Asta-Büros hinzu, entspricht das in etwa Fischers Bonner Revier.

In Frankfurt hatte der Alt-Sponti nichts. Jetzt hatte Fischer einen durch das »Geier-Papier«, den Abgeordnetenausweis, beglaubigten Status. Dazu im Rundum-Sorglos-Paket nebst materiellen Annehmlichkeiten den Bahn-Freifahrschein erster Klasse. Ein Quantensprung. Die Spontis rühmten sich sonst der Spezialdisziplin Schwarzfahren. Sein Spezl Hanjo Diekmann vom »Revolutionären Kampf« hatte dazu den schlüssigen Satz zusammengeleimt: »Wir fahren schwarz bis in den Harz!« Fischer hatte auch den direkten Draht zur Bundestags-Fahrbereitschaft: Haustelefon 2586/2161/2162.

Nach vier Wochen Ortsbesichtigung verdiente er sich die ersten Meriten durch ein geschickt platziertes *Pflasterstrand*-Interview. Fischer schimpfte den Bundestag eine »steife Krähenversammlung« und eine »unglaubliche Alkoholikerversammlung, die teilweise ganz ordinär nach Schnaps stinkt«. Halbstarke Worte, adoleszentes Verhalten. Joschka war zu alt für die Kluft, die er trug, er war zu alt für die Sprüche, die er draufhatte, sowieso war er zu alt für das demonstrativ herausgekehrte Rabaukentum. Weniger laut drang nach draußen, wie sehr er über die eigene Verwegenheit erschrak, fraktionsintern den Rückzug antrat und in der folgenden Sitzung einräumen musste, er halte seine Aussagen »inzwischen für politisch fahrlässig«.

Ich kam als teilnehmender Beobachter in die Fraktion. Es war leicht, sich den Grünen zu nähern. Sie führten ein offenes Haus. Heute tagen sie wie der Geheimclan der Sizilianer. Damals gehörten Journalisten zum Biotop, in dem Verschwörungen, Eifersüchteleien, Ranküne, aber auch Karrieren prächtig gediehen. Beim müßigen Herumhocken hatte ich manchmal Sorgen, ob einem draußen geglaubt würde, was sich drinnen Tag für Tag abspielte. Ich hätte Monate bei den Pionieren verweilen, ernsthafte und komische Eindrücke sammeln, Gerüchte aufschnappen, Meldungen fabrizieren, Karos auf dem Schreibblock ausmalen oder bei endlosen Meetings kalte Pizza mit ihnen teilen können. Irgendwann wäre man ins Bestandsverzeichnis genommen worden. Gelegentliche Hilfsdienste mit eingeschlossen, indem man Aktendeckel von A zu B trug und beim Botendienst von einer »Spontan-Demo« erfuhr; Schily habe deshalb seine Sekretärin geschwind zum Kauf einer Jeans für ihn losgeschickt.

War es Waltraud Schoppe, der ich nach freundlicher Aufforderung beim Kopieren half? Irgendjemand muss gewusst haben, dass ich im Ersatzdienst hunderte Geranien umgetopft hatte. Das wäre sicher zu weit gegangen, aber wem durfte ich die als Oase gemeinten Zimmerpflanzen umdrapieren? Mit Hang zu den traurigen Tropen in Gestalt von Gummibäumchen und Farbtupfern von Usambaraveilchen. Bestimmt einer der zwanzig Mitarbeiter/innen, die Petra Kelly im Kampf für ihre Wunschwelt verschliss, wie bitter getratscht wurde? Nachdem ich diese Zahl veröffentlicht hatte, kam es »bei Petra« zu einer fruchtlosen »Aussprache« mit mir. Umgeben von einer Gloriole der Unfehlbarkeit, wirkte die Amazone zerbrechlicher, als sie es im Gespräch dann war. In ihrem geordneten Bürochaos stapelten sich die Drucksachen auf dem Boden. Wie bei »Himmel und Hölle« konnte man nur auf Zehenspitzen bestimmte Felder betreten, sonst wären die schwankenden Papiertürme zusammengekracht.

Bei aller rückwärtsgerichteten Verklärung, Joschkas Auftritte ließen ahnen, was ihn bereits zum gefürchteten Debattenredner bei aufreibenden »VauVaus«, Vollversammlungen, an der Frankfurter Uni gemacht hatte. Kein Fred-Astaire-haftes Tänzeln hinter dem Mikro, wie es Schröder in Hochform hinlegte. Fischer schraubte sich beim meist freien Assoziieren in Situationen hinein. Getragen von unstillbarer Streitlust und untrüglichem Instinkt für Schwächen, gefiel er sich darin, Kontrahenten geräuschintensiv auseinanderzunehmen: Jutta Ditfurth, Angela Merkel, Johannes Rau und wie seine Opfer sonst noch hießen. Nicht weniger sendungsbewusst schleuderte er mit Gesetzeskraft grüne Hauptsätze unters Volk. Bei Bedarf ein Redner von konzentrierter Wut: Heiner Geißler, Wolfgang

Schäuble, Manfred Wörner und natürlich Helmut Kohl kriegten volle Breitseiten ab. Man spürte förmlich Fischers Vorfreude auf den Schlagabtausch.

An einem Nachmittag steuern wir Frankfurts dem »Wahren, Guten, Schönen« gewidmete Alte Oper an. Auf dem Obergiebel zieht Pegasus, das geflügelte Dichterross, die Schauseite gefasst von Kandelabern mit gelblichem Licht. Bei Demos dienten die Leuchten als Beobachtungsposten auf anrückende »Sheriffs«. Joschka erklimmt das provisorische Podium. Die Hessen-CDU führt ihren Wahlkampf mit üblen Parolen gegen Ausländer, greift nicht weniger übel den multikulturellen Cohn-Bendit an. Fischer springt dem Bedrängten in anschwellender Rede bei. In seiner Stimme schwimmt Eis, er könnte es mit Blitz und Donner aufnehmen. Die Adern am Hals treten fingerdick hervor.

Ich habe keinen einzigen Satz der ohne Punkt und Komma herausgepressten Ansprache parat. Aber damals schwor ich mir, für die emotionale Rede an einen Freund hatte der Agitator bei mir einiges gut. Zuerst tat er sich mit dem bekannten Dany zusammen, später Dany mit dem populäreren Joschka. Sie sind sich nicht nur in sportlicher Rivalität verbunden. Freilich war sich Fischer der ihm oft bescheinigten rhetorischen Sonderklasse allzu gewiss. Nicht frei von der Sünde der Eitelkeit, offenbarte er das Hochgefühl einem Journalisten: »Was Dschingis Khan und Attila für das Abendland waren, das bin ich für die Redner der Koalition.« Interessant, die Bezugspersonen waren grausame Eroberer.

Nichts ist dem Deutschen Bundestag weniger vorzuwerfen als eine packende Atmosphäre. Das an fade Kost gewöhnte Plenum empfing die skurrile Neuerwerbung mit blankem Hass. Der Ruf des Rumhängers eilte ihm voraus, der sonst »nix gereschelt krichte«, wie die Hessen sagen. Die Platzhirsche hielten den Lümmel von der Nachbarbank mit unverkennbarer Arroganz für windig, obwohl er wahrlich keine Umsturzpläne mehr hegte. Der macht das nicht lange, lautete die plausibelste Prognose. Denkste. Fischer war ein Niemand, freilich ein genialer. Nicht von ungefähr bezog der Draufgänger sein Charisma aus planvollem Tabubruch. Es dauerte nicht lang, da kam Joschka im Bundestag darauf zurück.

Ihm blieb kein langes Hineintasten ins Hohe Haus – Fischer: »Wie hoch?« –, kein Staunen über den aus Bockenheimer Sicht großmächtigen Politbetrieb. Er musste sofort zur Sache kommen, hatte »Feindbegegnung« mit alten Verfahrenshasen wie Hans-Jochen Vogel, SPD. Den Parteisoldaten fand er gar nicht uneben. Im privaten Gespräch könne der »recht geistvoll sein und auch anregend«. Mir war es zu geschwollen, wie Joschka sich mit diesem »komischen Traum« in der »Zirkulationssphäre der Macht« wichtig hatte: »Ich bekam rote Ohren, wenn ich in der Zeitung stand.« Er stand oft in der Zeitung. An guten Tagen fegte er durchs Parlament, weit entfernt von jener exklusiven Eile, mit der sich später der Außenminister bewegte. Die CDU/CSU flippte aus: »Sie sind kein Abwiegler … Sie sind ein Aufwiegler.« Fischer kassierte solches Dazwischenfunken von den billigen Plätzen mit einem erstaunlich graziösen »Ich danke Ihnen«.

Das Bürschchen hatte Bühnenerfahrung, in Tumulten erprobt, mit allen Wassern gewaschen, ein Wirbel von Worten ohne Scheu vor großen Namen. Fischer schreckte vor nichts zurück, schmähte mit ausdrücklicher Billigung seiner Gemeinde den CSU-Politiker Richard Stücklen »mit Verlaub, Herr Präsident, sie sind ein Arschloch«. Eine komödiantische Vorstellung getreu dem Lehrbuch der Situationisten. Entschlossen wie die Ahnherren der Spontis machte er das Wort zur Tat. Ein Volltreffer. Danach kannte ihn jeder. Ein für Bonn nicht alltäglich aussehender Kerl. An ihm war nichts alltäglich.

Schwoll ihm der Kamm, war Fischer mit Leichtigkeit zu feurigen Verrissen fähig, seltsam sprachlos nahmen CDU, SPD, FDP die Abfuhren hin. Wie sonst nur noch bei Herbert Wehner kam es am Ende einer Auszeichnung gleich, im Bundestag von Joschka persönlich filetiert zu werden. Der schweratmige Kohl wäre der Letzte gewesen, der ihn hätte aus der Kurve schmeißen können. Es sei denn, er hätte die Rauflust als Masche eines Unreifen abgetan.

Ganz anders die Prosa, die Fischer in seiner Eigenschaft als Außenminister entquoll. Kandidaten sind meist prickelnder als Kabinettsmitglieder. Ich fand die regierungsamtlichen Arabesken nervig, seine 08/15-Gangart zum Gähnen. Nachdem er seiner Besessenheit überdrüssig geworden war, konnte er es an Umständlichkeit mit dem Verlautbarungsstil von Wirtschaftsmeldungen aufnehmen. Dieser Fischer sprach nicht. Er deklamierte und übergab verbal diplomatische Noten. Ein preisverdächtiges Strotzen von neuer Wichtigkeit. Der Akt des Stirnrunzelns. Der Akt des Schneuzens. Der Akt des Schweigens. Jedes Komma ein hoheitlicher Akt. Die schwache Version des glutvollen Einpeitschers, den ich kannte. Auch zuvor gefiel Joschka nicht durch die Fülle des Wohllautes, vielmehr durch den Hochdruck, unter den er Gegner mit atemberaubenden Thesen stellte. Aber jetzt schliefen einem bald die Füße ein ob der »Ahs« und »Ähs« in gedehnten Statements, als schmecke da einer seine kostbaren Worte ab oder schinde Zeit zum Nachdenken. Man wünschte ihm einen Teleprompter, kann ihn aber auch einen »Meister der internationalen Konferenzsprache und der verschleiernden Formeln« nennen wie die Autorin Sybille Krause-Burger in ihrer wundermilden Biografie.

Bei der Gelegenheit fällt mir überhaupt auf, die blendende Leere von Politik habe ich nie stärker empfunden als bei Joschkas gestelzten Außenministerreden, der Schwundform des großen Palavers, das der Sponti zu einer geradezu physischen Interaktion getrieben hatte, als er in Frankfurt noch den Joschka machte. Die rasch abgeflaute Dynamik verkümmerte zum »Weißen Rauschen«. Mit Antworten rückte er zögerlich heraus. Nichts Unbedachtes sollte ihm entschlüpften. »Darüber muss ich mir jede öffentliche Spekulation untersagen.« Er fühlte anscheinend nicht Befreiung in seiner Brust, sondern Beengung, klebte am Manuskript, ermüdete mit Stereotypen, leeren Hülsen vom verdorrten Baum der Erkenntnis: »Die Europäische Union stellt eine Konstruktion sui generis dar.« Das sollte sich wohl universell anhören.

Körpersprache

Kaum gebot sein Ego über ein dem Ego angemessenes Haus, stellte er auf Gleichstrom um. Fischer klang, als raube das Gewicht des Amtes in einem geheimnisvollen dialektischen Prozess zugleich die Kraft des Wortes. Bis die Originalität vollends versiegte. Zu seinem würdevollen Standbild passte die zunehmend bedeutungsschwangere Miene. Den Blick auf Fernsicht gestellt, sah sich der Regierungs-Fischer nicht mehr um. Er starrte in die Weite.

Salopp blieb das T-Shirt unterm Jackett, mit dem sich der Vizekanzler, scheinbar Gleicher unter Gleichen, an die Delegierten bei Parteitagen ranschmiss. Dasselbe galt für das Ritual des Wahlkämpfers, der mit übertriebener Gebärde halb elegant, halb lässig auf den Binder verzichtete, den obersten Hemdknopf aufriss, auf leutselig machte, die Ellbogen ausfuhr und die massiven Proll-Unterarme aufs Pult stützte. Diese »Lockerheit« war nur noch komisch, man kannte sie vom Sponti-Debattierklub. Emotionales Reden hatten Fischer & Co. im Nebenfach an der Uni geprobt. Leidenschaft ist die Ware von Schauspielern und Politikern. Nun konnte er sie berechnen. Mich erinnerte er stark an Darsteller, die sich von ihrer Berühmtheit verleiten lassen, eine Rolle zu überziehen. Mit gekünsteltem Eifer wollen sie noch brillanter sein, als sie sind. Ein Kardinalfehler. Mit ihm verhielt es sich nicht anders.

Bei Gipfeln, Konferenzen, Pressebriefings ruhten Fischers Hände vor dem Gemächte. Oder als gälte es im Kreis der Amtskollegen ein vorgeschriebenes Kürprogramm zu absolvieren, sah man ihn mit der Geste betender Hände. Dann baute er mit den Fingerspitzen ein an die Nase stoßendes Dach, Attitüde des Staranwalts vor besonders verzwickten Plädoyers oder von Gestressten, die sich erden, indem sie den neuronalen Kreis schließen. Diese Körperchiffre ließe sich als eine Form international anerkannter Darstellungskunst entziffern, bei der musterschülerhafte Artigkeit das im Diplomaten schlummernde Temperament im Zaum zu halten hat. Ganz schlimm seine Schnute, als sei er dazu verdonnert, gereifter auszuschauen. Es empfiehlt sich generell, darauf zu achten, welche Minister bei Auftritten die Hand an die Lippen legen, wie um sie zu versiegeln. Kaum auszuhalten seine Lesebrillenphase (mit diesem Nuckeln am Bügel), die glücklicherweise irgendwann in die fortwährende bifokale Brillenphase überging. Für allfällige Fischer-Studien strich ich mir in Heimito von Doderers *Dämonen* die Stelle an: »Revolutionär wird, wer es mit sich selbst nicht ausgehalten hat; dafür haben ihn dann die anderen auszuhalten.« Jetzt zog ich Doderer wieder zu Rat. Zur Fischer-Zeit blätterte man im Marx-Antiquariat für das Buch fünfundzwanzig Märker hin.

Teil II Heimatroman

»Es ist schwierig, Freunde von Frankfurt zu überzeugen.«
Wolf Wondratschek

Frankfurter Eintracht

Fischer war und blieb unser Joschka aus Bockenheim, wo man sich der Parole »Arbeitet nie!« befleißigte. Der Situationist und Urvater aller Spontis, Guy Debord, hatte das Graffito 1952 an eine Pariser Hauswand gepinselt. Was hatte Joschka denn zu seinen Gunsten vorzuweisen? Man sieht ihn ja immer noch im karierten Hemd neben dem Dichter Gerhard Zwerenz am Mikrofon des Volksbildungsheims vor 1500 überaus erregten Zuhörern und Zwischenrufern stehen. Soll er doch selbst wiederholen, was 1974 nach einer Straßenschlacht in ihm brodelte. Nachzulesen in der *Mega Flugschrift Nr. 1* mit dem bezeichnenden Titel *Frankfurt Zerstörung – Terror – Folter…*

»Ich will hier für den Häuserrat reden, für die Genossen, die in den letzten Tagen gewöhnlich als Polit-Rocker bezeichnet werden.« Fischer behauptet nicht, er sei dabei gewesen, schwingt sich aber unter tosendem Beifall zum Sprachrohr steinewerfender Demonstranten auf:

»Nicht wir provozieren die Gewalt, die Gewalt ist da.«

Mit herausfordernden Anspielungen auf chilenische Zustände erfüllte er die drängende Erwartung des »Tribunals«, ohne mühsam nach Worten suchen zu müssen:

»Santiago in Frankfurt, das ist absurd. Aber die Bullen – und das ist ein Faktum, […] die Bullen haben für sich subjektiv und in ihrer Verhörpraxis Santiago auf die Tagesordnung gesetzt!«

Ein Potpourri des Schrillen. Die Versammlung tönt im Abstand, als sei am Main eine Junta an der Macht gewesen. So holte man sich die Lufthoheit über Sponti-Stammtischen. Hessens FDP-Innenminister Bielefeld stufte die Teilnehmer danach nicht weniger zornig zur »Ansammlung antipolizeilich programmierter verbaler Amokläufer« herab. Reichten loses Mundwerk, Schlagfertigkeit und punktgenaues Insistieren aus, um den Hitzkopf für eine Lichtgestalt zu halten? Einen Vizekanzler gar, der die Republik zum Zeugen einer einmaligen Laufbahn machen sollte? Realistisch gesehen, verboten sich ihm jegliche Ruhmeswünsche. Noch in seinen Dreißigern bekämpfte er den »›Seid einig, einig!‹-Idiotismus der Mehrheitsparteien« fundamental. Im *Pflasterstrand* um große Worte nie verlegen, erschien Joschka »der Platz vor der Tür des Systems« attraktiver: »ein oft machtloser Platz, aber zweifellos auch ein wohltuender. Also, Sponti, Finger weg vom Parlament, du bringst dich dadurch nur selbst um!«

Ein unbeschriebenes Blatt

In Bonn am Rhein regten sich in den Achtzigern beim Auftritt dieses bemitleidenswert übernächtigten Alternativen doch Zweifel an einer von ihm personifizierten »grünen Kraft und Herrlichkeit«. Zuweilen watschelte Joschka ins Plenum, blickte nicht links, nicht rechts, gab sich bräsig, gab die Primadonna mit dunkler Sonnenbrille, die Sequenz eines Film Noir, mit ihm als Alain-Delon-Verschnitt. Schlief er auf einem Nagelbrett? Der alte Spruch musste her: »Die Würde des Sponti ist unantastbar.« Er hätte direkt vom Schöppsche in der Frankfurter »Batschkapp« kommen können, kurzzeitig »Kaotikum«. Der Klub für alle, »die mit der etablierten Gesellschaft wenig am Hut hatten«, puschte sich längst zum »professionellen Dienstleistungsbetrieb«. Einst lasen sich Ankündigungen des Klubs wie folgt: »Flesh – Ein Film über die Notwendigkeit, arbeiten zu müssen, um Asche zu verdienen. Geht viele an.« Außer dieser Warhol-Produktion und der »Strompreisboykott-Disco« 1980 versäumte ich auch den Termin mit meinem späteren Liebling »Nick Cave & The Bad Seeds«. Joschkas zweite Frau Inge machte in dem Kollektiv mit. Eines Abends schlug der harte Kern der *streetfighter* um Fischer da draußen eine Rotte Skinheads schmählich in die Flucht, die den Klub stürmen wollte. Sein Stern stieg. Die Stöcke lagen hinterm Tresen.

Der Neu-Bonner drückte mir seinen Lebenslauf in die Hand. Ich sollte ihn nicht für das unbeschriebene Blatt halten, das er noch war. DIN A4, feine Perlschrift, doppelseitig bedruckt wie in der Mangelwirtschaft, ein Sammlerstück. »Kurzvorstellung« stand auf dem Wisch, mit dem er sich bei der Nominierung beworben hatte.

»Ich heiße Joschka Fischer und erblicke im Jahre 1948 in Württemberg das Licht der Welt.«

Bei den Grünen besteht eine Pflicht zum Gefühl. Fischer schreibt nicht übertrieben geistreich, sondern wie jemand, der listig auf die Gesinnung des Lagers reflektiert, Delegierte zu sich rüberziehen will, den verlangten Duktus intus hat und deshalb passagenweise den Eindruck wohlfeiler Unterwerfungsgesten gegenüber der Partei vermittelt. Nur szenemäßige »Erfahrung« garantierte einen aussichtsreichen Listenplatz.

»Mit siebzehn wurde es mir zu Hause, in der Lehre und im Dorf zu eng und ich stieg aus.«

Hier dichtete Anton Reiser, pardon Joschka Fischer, so fangen Bildungsromane an. Effektvoll sein Hinweis:

»Politisiert habe ich mich ... später durch die Studentenrevolte. Wie viele andere auch wurde ich jedoch erst richtig durch die Schüsse auf Benno Ohnesorg und die darauffolgenden Ereignisse aufgeweckt.«

Weiter geht es im Text:

»Die Opposition gegen den Vietnam-Krieg und gegen den Imperialismus in der III. Welt traten immer mehr in den Vordergrund und dabei handelte ich mir auch mein erstes politisches Strafverfahren mit Verurteilung ein. Sieben Wochen ohne Bewährung wegen Widerstandes gegen die Staatsgewalt und Verletzung der Bannmeile ...«

Gesetzesbruch galt in ihren Reihen als symbolisches Kapital. Mit dem ersten Mut wehrt sich Joschka bei einer Demo und landet im Stuttgarter Polizeigewahrsam. Mit dem Pfund durfte gewuchert werden, solche Urteile kamen einem Kampforden gleich. Unerwähnt blieb, dass er die Haftstrafe von sechs Wochen nach einer Regierungsamnestie nicht absitzen musste.

»Nein, nein, nein – uns zieht ihr nicht ein!« Nicht nur für Joschka wuchs sich das ferne Vietnam zur ersten Machtprobe mit dem reaktionären Staat aus, der unverhältnismäßig auf Demonstranten eindrosch. Amerika war der imperialistische Hauptfeind, die BRD seine Nachschubbasis. B-52-Bomber, höllische Luftangriffe, Napalm auf Kinder, zwei Millionen Tote, *Apocalypse Now* – die Berichte über den alltäglichen Horror lösten unsere Revolte aus. Vietnam war eine Gewissensfrage, spaltete die Gesellschaft in Gut und Böse. Uns ging es um »die Wahrheit«. Gegen die »restaurativen Kräfte« nicht nur bei Ostermärschen auf die Straße zu gehen, war das Mindeste. Die Altvorderen hassten uns dafür, zehrten noch von Onkel Sams Carepaketen und hielten Andersdenkende für Kommunisten. Als Kind hatte ich gedacht, Amerika beginne zwei Straßen weiter in den Kasernen mit den *stars & stripes*. Dort fütterten uns GIs mit Kaugummi an. Sehr zum Verdruss meines Vaters suchte ich die Frequenzskala nach Welle 208 ab, Pop vom Soldatensender AFN, bis die Stoffbespannung des Grundig-Radios zitterte. Er drehte lieber »Heute im Stadion – Reporter berichten« auf. Trotzdem beschimpften wir die Amis als »Besatzungsmacht«. Bei meiner Kriegsdienstverweigerung dienten die in rororo-Bändchen gesammelten Fakten über den »US-Aggressor« zur Begründung. Zum Ersatzdienst rückte ich in eine Lungenheilanstalt ein. Fischer wurde wegen Kurzsichtigkeit nicht zum Wehrdienst eingezogen. In Frankfurt startete die Linke zusammen mit den Black Panthers eine Desertionskampagne. »Fuck the army!« und eine Kontaktnummer in der Adickesallee 65 stand auf dem Transparent, das GIs zur Fahnenflucht ermunterte.

Gekonnt verweist Fischers Vita weiter auf den »Kontakt mit Leuchten in Südbaden und mit der Anti-AKW-Bewegung um Wyhl. Brokdorf und Grohnde waren zwei weitere entscheidende Erlebnisse ...«.

Er schließt wie ein Spaßmacher, der Applaus herausfordert:

»Hoffentlich habe ich euch nicht schon zu sehr gelangweilt, aber der ›Lebenslauf‹ wird nun mal verlangt.«

Sein, wie er versicherte, eigenhändig getippter (und doch mit der unsicheren Hand des Neulings geschriebener) Aufriss reiste mit mir durchs Reporterleben. Ich legte ihn zu meinen Joschka-Papieren, häufte pfundweise Material über ihn bei der Zeitschrift *natur* und beim *SZ-Magazin* an. Ich hatte die Mappen bei der *Woche* in Hamburg dabei, nahm sie mit zurück nach München und ergänzte die

Stoffsammlung fleißig beim Berliner *Tagesspiegel*. Fischer hatte viel vor. Ich mit ihm auch.

Joschkas Selberlebensbeschreibung klingt verdächtig nach alternativer Wunschbiografie. Der Spross des in den Sielen gestorbenen Metzgers Jozsef Fischer aus Budakeszi gehörte zur Spezies der »vernachlässigten Intelligenz«. Mit wenig mehr als dem, was sie auf dem Leib trugen, war die Familie aus Ungarn gekommen. Nach der Umsiedlung wurden die Flüchtlinge arm und ärmer. Mit ihrem Sohn lief dem durchakademisierten Lager einer zu, früh ausgezogen, um sich die Hörner abzustoßen. Er fiel in Frankfurt sofort auf diversen »Polit-Plenen« auf. Ein Authentischer und Lebenspraktischer unter blutleeren Seminaristen. Die beste Reifeprüfung. Fischer hat mit Auszeichnung bestanden.

Joschka zählte zu den in akademischen Zirkeln mystifizierten »Quotenproleten«. Eine dieser »unterbelichteten, tristen Vorstadtmoränen«, zu denen sich auch der Dichter Fauser bekannte.

Heute kann man es ja sagen: Im Widerstreit zwischen flammendem Widerstand und großzügiger elterlicher Apanage erbarmten sich betuchte Bürgerkinder mit ihren verwöhnten Gesichtern der Subproletarier und himmelten Härtetypen an. Exakt dieser Punkt galt auch für die Grünen, machte einen Teil von Fischers Anziehungskraft bei der saturierten, verbeamteten, bohemehaften, superpädagogischen Mittelschicht aus und wirkt unverändert fort.

Eine wundersame Dialektik: Die durch reiche Eltern ins Zentrum Hineingeborenen suchten Anerkennung am gesellschaftlichen Rand. Die von unten kamen (und im Zentrum landeten) ließen nichts unversucht, um sich der Streberwelt zu entziehen. Sie mussten sich am radikalsten geben, um mitzuhalten. Die geborenen Verlierer hatten sonst nichts zu bieten. Die strikte Ablehnung derer »da oben« versteckte oft den Wunsch, wie Bonnie & Clyde zu sein und wie Andreas Baader die teuersten Schlitten zu fahren.

Arbeiter und Akademiker hatten sich als besondere Plattform ihrer Konzile den »Nutten-Louis« ausgeguckt. An der Bockenheimer Warte sumpfte Studentenführer Hans-Jürgen Krahl ebenso gern wie Fischer in dem mit Doppelkorn aufgeheizten, zum Bersten vollen Lokal. Nunmehr heißt es »Doctor Flotte«.

Geübt in der List der Vernunft, klaute sich Joschka »vier Begriffe von Hegel«, hantierte damit, als kenne er das gesamte Universum. Das erinnert der Altlinke Bruno, der über der Marx-Buchhandlung wohnte. Für Joschka war die Szene eine Vorschule, sich in der Macht des Wortes zu üben. Ein Spiel von Körper und Mimik. Er beherrschte die angesagte Terminologie des Rebellen, gewiss unterhaltsamer als die Vorlesung für das »dritte Lebensalter«, die aktuell im Aushang angekündigt wird: »Die Wiege Europas – die antiken Städte Athena und Rom«, »Induktionsschleife für Hörgeschädigte in den Reihen 1 und 2«. Damals füllte Fischers geballte Wucht die ansteigende Arena von Hörsaal VI. Aus jedem Satz schallte Behauptungswille. Er trainierte an schwierigen Texten, standardisierte sein Ausdrucksrepertoire, demonstrierte im Ansatz die zur Meisterschaft getriebene Rolle des begnadeten Autodidakten. Dogmatisch, kantig, streitbar, was nicht alles von Ohrenzeugen überliefert ist. Auf den »VauVaus« ging Joschka Kontrahenten frontal an. Bei ihrer Demütigung hatte er die Lacher auf seiner Seite. Fischer selbst lachte keinesfalls vergnügt, es sei denn auf anderer Leute Kosten.

Man konnte seiner Argumentation folgen, man konnte sie ablehnen, anmaßend, gesponnen oder emanzipiert finden. Aber es fiel schwer, von so viel Chuzpe nicht fasziniert zu sein. Die Luft um ihn schien früh aufgeladen, sei es nur vom Qualm seiner Lullen. In der Gemeinde war sein Diktum Gesetz. Als habe man einem Orakel beigewohnt, wurden Fischers Wortmeldungen dem höheren Gedächtnis anempfohlen und in WG-Sitzungen andächtig wiederholt: »Joschka hat gesagt!«

Ambitioniert, aber renitent. Nicht anpassungswillig, das Aussehen grenzwertig, große Sprüche, kein Benimm, am Aftershave gespart, Zusammenleben mit seltsam gekleideten Genossen in Möbeln zweiter Güte: Bei manchen verbarg die Sponti-Folklore unter anderem Randständigkeit, Existenzsorgen und diente nur zur Verpuppung. Dann endlich durften die Schmetterlinge ausschlüpfen. Heraus kommen Studienräte, Banker, VHS-Kursleiter, Versicherungsmakler, Vorstadtmuttis. Der Schillerndste nahm die Gestalt des Außenministers an.

Man kann ebenso daraus schließen: Joschka begann im grünen Bereich als Außenseiter – und blieb es. Nie umschloss ihn ein Ring von Zuneigung wie eine Petra Kelly oder eine Claudia Roth, die glühen konnten vor messianischem Eifer. Sie würden jederzeit das Ende des Regenbogens suchen. Fischer ließe sich durch einen Referenten vertreten. Sie bevorzugten einen Sound, er hatte eine Diktion. Joschka schuf Netzwerke unbedingter Gefolgsleute, wechselseitiger Absicherung und Abhängigkeit. Sein Ich-bin-euer-Stratege-Getue, seine auftrumpfenden Hoppla-jetzt-komme-ich-Auftritte, seine unverhohlene Aggressivität waren frei vom Emotionswust, der viele zu den Sanften trieb. Fischer tickte nicht wie ein Alternativer, war fast taub auf diesem Ohr und wurde mit dem Gutmensch-Milieu nie richtig warm. Spontis waren geübte Trittbrettfahrer, erachteten es als »legitim«, die Strukturen zu benutzen, die ihnen scheißegal waren. Joschka blieb ein steinerner Gast in beiderseits nicht nachlassender Fremdheit. Er grollte mit den Parteigremien, umso mehr, da sie lange seinen Crashkurs abblockten. Obwohl Fischer zum Synonym für Grün wurde, könnte man nicht sagen, dass sie Ende 2006 schweren Herzens von ihrem heimlichen Vorsitzenden geschieden sind. Das Fischer-Fieber war gesunken. Die beiläufige Art und Weise, wie ihr abgeliebtes Maskottchen den Bundestag hinter sich ließ, hatte nichts, aber auch gar nichts von der Dramatik, die nach den Jahren der Erfolgsgewissheit vorhergesagt worden war. Oder hat jemand den Ruf vernommen, er möge unbedingt bleiben?

Lehrproben

Laut seiner Biographin Krause-Burger hatte er an der Uni Stuttgart Mitte der Sechziger ein Seminar über Marx-Frühschriften besucht. Das kann nur am Lehrstuhl von Robert Spaemann die Marx-Übung »Zur Judenfrage und andere Frühschriften« gewesen sein, mittwochs, 15.30–17.00 Uhr im VW-Haus, 11. Stock. Ein mir gut vertrauter Ort; meine Frau erarbeitete mal eine Etage tiefer mit ihren Studenten eine »Materialismus-Bibliographie«. Danach ging Fischer nach Frankfurt, hörte Habermas, ackerte sich zur Einübung in dialektische Spitzfindigkeiten durch Hegel. Zweimal soll er sich die ganze *Phänomenologie des Geistes* reingezogen haben, wo geschrieben steht: »Das Bekannte überhaupt ist darum, weil es bekannt ist, nicht erkannt.« Eine wunderbare Lektion für Reporter.

Heroisch, Joschka stand Negts Lenin-Vorlesung über »Staat und Revolution« durch. Er lernte durch Imitieren. Bei Studentenführer Krahl guckte er Agitieren und Cordjacketts ab. Aber dass dabei ein deutscher Außenminister herauskäme, glaubte man keinem Romancier. Das lag keinesfalls an unserem mangelnden Vorstellungsvermögen. Nach dem Gesetz der gesellschaftlichen Schwerkraft war unmöglich, was mit ihm geschah.

Nur seinetwegen klettere ich auf die Leiter und ziehe meine Marx-Bände aus dem obersten Regal. Sie sind aus der gleichermaßen kuriosen wie bundesweit bekannten Stuttgarter Literaturhandlung des Wendelin Niedlich; Werbung: »Wendelin ist niedlich«. Auf dem Vorsatz der vom SED-Zentralkomitee, ZK, herausgegebenen, goldgeprägten blauen Ausgabe ist »Proletarier aller Länder vereinigt Euch« gedruckt. Holzfreies Papier, das feinste, was die DDR bieten konnte. Heute residiert das Außenministerium im aufgepeppten ZK-Block am Marx-Engels-Platz/Werderschen Markt. Das ZK hatte ich als Machtinstrument 1975 für einen Artikel erstmals wahrgenommen. Damals verkaufte der Stuttgarter Antiquar Fritz Eggert die Original-Partitur der »Sozialistischen Internationale« für 52 000 (West-)Mark nach Ost-Berlin. Das ZK hätte für die vier Seiten des Komponisten Pierre Degeyter gern nur 15 000 Mark berappt. »Wacht auf, Verdammte dieser Erde«, die Herren von drüben kamen eigens an den Neckar, Verfassungsschützer im Schlepptau.

2001 beschimpfte Buchhändler Niedlich in der *Stuttgarter Zeitung* den Vizekanzler als »ziemlich gemeinen Dieb«. Fischer habe reichlich bei ihm abgestaubt, ausgerechnet in einem legendären linken Laden und ausgerechnet unter dem in Wendelins Bücherhöhle von der Decke baumelnden Schild: »Wer hier klaut, hat nichts kapiert!« Der Widerspruch bestand freilich darin, in der Sparte »Anarcho« für zehn Mark den Renner »Klau mich!« vorrätig zu halten. Den Beweis blieb Niedlich schuldig, die Zeitung berief sich auf einen ihr bekannten Joschka-Kumpel. Eine Kleine Anfrage der FDP zum Thema beantwortete die Bundesregierung mit dem Hinweis, sie sehe »insbesondere keinen Anlass, isolierte Zitate aus Interviews, Artikeln und Büchern zu kommentieren«.

In meinen ollen Marx-Bänden hängt der strenge Gitanes-Geruch von obligatorischen *work in progress*-Übungen. Anmerkung um

Anmerkung, die ich nicht mehr entschlüsseln kann. Sie zeugen von der Verbissenheit, das Kryptische begreifen zu wollen. Im *Kommunistischen Manifest* unterstrich ich mit Rotstift einen Satz, der die Globalisierungsdebatte vorwegnimmt, und würde mich nicht wundern, wäre Joschka auch genau an der Stelle hängen geblieben: »Das Bedürfnis nach einem stets ausgedehnteren Absatz für ihre Produkte jagt die Bourgeoisie über die ganze Erdkugel. Überall muss sie sich einnisten, überall anbauen, überall Verbindungen herstellen.« Mein sporadisches Herumstochern kann es natürlich nicht mit Fischers Kennerschaft aufnehmen. Immerhin wies er auf der ersten Karrierestufe in der Gruppe »Revolutionärer Kampf«, RK, nicht wenige in die Gesetzmäßigkeit des »tendenziellen Falls der Profitrate« ein. Joschka stieg zum »Schulungsleiter« der Opel-Betriebsgruppe auf, Treffpunkt im Bonhoeffer-Haus. Das erfahre ich wiederum vom »Hanjo«. Der darf sich rühmen, ihn für ihren erlesenen Zirkel rekrutiert zu haben. Er wisse noch, '69/70 bei Fischer in der Rossertstraße angeklopft zu haben, und registrierte im Hausflur die bestechende Parole »Rote Khmer, kämpft im Dschungel so gut wie auch auf Teer«, woraus zu lernen ist, dass die Spontis ein Volk der Dichter und Denker waren. Joschka habe Mao gelesen und sich mit der »Dialektik von Untersuchung, Aktion, Organisation« befasst. Diekmann lud ihn zur Sitzung der BPG, »Betriebsprojektgruppe«. Die suchte nach einem »nicht-leninistischen und nicht-revisionistischen Ansatz«. Joschka habe interessante Gedanken vertreten, er kam und blieb.

Hanjo Diekmann trug damals einen Ho-Chi-Minh-Bart. Der promovierte Kulturwissenschaftler besaß statt des Führerscheins einen wunderbar in Schuss gehaltenen Borgward-Isabella. Den schnittigen Ro 80 musste er weggeben, sonst wäre er nicht in den RK aufgenommen worden. Hanjo machte auch in der »Distel« mit, samt Kräuter- und Körnervorrat, von Hare-Krishna übernommen. Der Bioladen in der Kurfürstenstraße wirkte als Ferment für die Urgrünen. Heute ist es ein Getränkelager. Man kredenzte Vegetarisches für drei Mark pro Portion, die Zeche war freiwillig »in die Kasse zu schnippeln«. Das musste schiefgehen. Diekmann exmatrikulierte sich für die »proletarische Berufsperspektive«, vom Arbeitsplatz in Halle 55 hat der Werkzeugschleifer zum Gespräch eine Postkarte in blassen Farben mitgebracht. Er hielt es jahrelang bei Opel aus und heulte beim Abschied Rotz und Wasser. Der passionierte Schachspieler, Brett 1 beim Bornheimer Klub »SC Patzer«, lieh Joschka zum Training sogar sein geliebtes Lehrbuch von Emanuel Lasker aus. Am Brett nahm er es mit Dany und Joschka gleichzeitig und blind auf, ließ ihnen die weißen Steine. Sie hätten mit e2-e4 begonnen. Vielleicht sei es auch ein »Damenbauernspiel« gewesen. »Nach 32, 33 Zügen waren sie matt.«

Die *working class heroes* um Joschka rückten in der Rüsselsheimer Blaumann-Phase ins »Herz des kapitalistischen Widerspruchs« ein, wollten mit den Plebejern den Aufstand proben. Ungebeten klärten sie die Opel-Werktätigen über ihren »Lohnsklaven«-Status auf. Die Kollegen machten aber keine Anstalten, sich von ihnen befreien zu lassen. Abends beim »Pizza-Peter« hatte der RK – »wir sind natürlich Kommunisten« – viel Durst und weiter am Klassenkampf zu knabbern. Der KBW lungerte auch herum.

Auf den RK-Manifesten prangte eine geballte Faust. Schon das Emblem musste brave Arbeiter irritieren. Auch die Begeisterung für Sabotage-Aufrufe teilten sie nicht, etwa den Tipp, bei der Endmontage am »Kadett« unauffällig eine Türe wegzulassen. Die Spontis schmachteten nach Sympathisanten, imitierten tapfer den Jargon der Ausgebeuteten. Ihr proletarisches Pech: Die geknechteten Malocher, die vom Joch befreit werden sollten, mussten sie sich erst erfinden und verzettelten sich mit der besten Absicht im Papierkrieg gegen die »schwanzfixierte agressiv-verhaltene Produktionsweise«, gegen »das System, das uns auf Raten tötet«. Text um Text ihrer Gazette *Wir wollen alles* eine Endlosschleife über das Verhältnis von Sein und Bewusstsein. Das »Kampfblatt« warb damit, »Ausdruck des täglichen Kleinkriegs der Unterdrückten gegen die Unterdrücker« zu sein. Bei allem Fleiß und Idealismus, sein Inhalt erschöpfte sich schlussendlich darin, die Kumpel mit Kitsch wie »Ein Arbeiter ist mehr wert als alles Gold der Welt!« zu verherrlichen und das Erwartbare zu verlangen: »Weniger Arbeit und mehr Geld für ein besseres Leben!«

Flüchtige Sätze. Wie man weiß, Forderungen mit raschem Verfallsdatum aus Fischers dicker Fibel der Irrungen und Verwirrungen. Besser, man misst sein Beglückungsprojekt für die Mühseligen und Beladenen nicht an der Tatsache, wie Rot-Grün beinah kampflos zusah, als Unternehmer die von unseren Vätern erkämpften kürzeren Arbeitszeiten abschafften, dreizehnte Gehälter und sonstige Sozialleistungen kappten. Die Koalition schröpfte Kleine, machte Großen Steuergeschenke, übte vornehme Zurückhaltung trotz fortschreitender Umverteilung gesellschaftlichen Reichtums von unten nach oben.

1082 Euro Rente bleiben meinem Vater nach neunundvierzig Jahren in der Fabrik. Er hat keinen heilen Knochen mehr, muss von Kindern und Enkeln unterstützt werden. Es ist bitter, nach all der Schufterei plagt ihn die Sorge vor Altersarmut. Das Gesparte ist aufgebraucht, »ich kann nicht mal meine eigene Beerdigung bezahlen«. Beklagt er sich, wird ihm erklärt, er habe noch Glück gehabt. Der *stern* hat ausrechnen lassen, welche Altersbezüge die Koryphäen der Regierung Schröder einstreichen und ist – Stand 2002 – bei Sparkommissar Hans Eichel auf 11 635 Euro monatlich gekommen. Öffentliche Ämter, Versorgungsbezüge bis ans Ende aller Tage, sind das letzte Refugium der brüchigen Gesellschaft. Ihre dämpfende Wirkung auf erhitzte Gemüter ist an den Grünen gut zu studieren. Man konnte förmlich zusehen, wie ihr ursprünglicher Tatendrang erlahmte.

Als die von Jung-Joschka erstrebte Wende hätte eingeleitet werden können, hörte sich der Vize oft genug wie jemand an, der die ureigenen Politikfelder bloß der sprachlichen Erinnerung halber pflegt. Da wetteiferte der Minister freilich schon optisch bis hin zum Haifischkragen mit den Opel-Bossen, denen der RK manche Tirade gewidmet hatte. Damals führte er Gerechtigkeit und Fortschritt im Munde, rief zum Streik auf, fand sich auf der Straße wieder. Na ja, Genossen streuen, sie hätten ihn um den Rausschmiss beneidet, hätten auch keine Lust mehr aufs Montieren gehabt.

In seinem schnieken Café Siesmayer, Olivenbäume vor den Panoramascheiben, plaudert der Fischer-Adlatus und heutige Varieté-Betreiber Johnny Klinke mir für eine Reportage gewohnt locker vom Hocker in den Block, wie es war, als man bündig dichtete: »Wenn der RK kräht auf dem Mist, kommt die Masse, oder sie bleibt wo sie ist.« Mit ihrem Flugblattverteiler, dem Studentenführer Frank Wolff, verzehre ich im »Siesmayer« Frankfurter Würstchen. Die RKler schmähten das von ihm famos beherrschte Cello als »dekadent und bürgerlich«. Dabei bringt der berühmte Musiker sein Publikum zur

Raserei, sobald er die deutsche Hymne ekstatisch auf dem Instrument zersägt. Immerhin musste Wolff wegen seiner empfindlichen Finger nicht beim Punktschweißen ran. Am Nachbartisch nickt uns der von schwerer Krankheit gezeichnete F. K. Waechter zu. Ein letzter Gruß des Künstlers.

Stadtflucht

Fischers Frankfurt war die Stadt des Monopoly. Frankfurt war die Stadt der Frankfurter Schule. Frankfurt war SPD-Filz, Randale, Liebe, Geld, Macht, Ruin. In der PKW-reichsten Gemeinde stank es zum Himmel, Frankfurt war sprichwörtlich »unbewohnbar wie der Mond«, am Main schaffte ich das Auto ab. Schwefeldioxyd lagerte bleigrau über Hoch und Nieder.»Frankfurts chemische Industrien mischten eine tückische kleine Dosis von tödlichem Gift in die Luft; wie ein unsichtbares Gift drang meine eigene Müdigkeit immer tiefer in die feinen Gefäße und Schichten des Organismus ein.« So verspürte es der Erzähler Lars Gustafsson. Am 9. Oktober 1979 ließ ich mir an der Hauptwache eine Handvoll seiner Bücher signieren: Der Schwede kritzelte altmodisch »Herrn Schreibers Exemplar« hinein. Ausgerechnet den Roman mit dem Frankfurt-Zitat hatte ich vergessen.

Was den unverhohlenen Materialismus betrifft, nimmt es keine andere Gemeinde mit der »Geldmetropole« auf. Das gelobte, das verrufene, das frische, das verlebte Frankfurt, der Schnittpunkt von Interessen und Geldströmen, potenziert auf engstem Raum, was eine Stadt zur Stadt macht. Die Kommune bietet keinen anderen C & A, keine anderen Eisdielen, Tattoo-Studios, keinen anderen »Hamburger«, keine anderen Peepshows, keine anderen Morde als jede andere City. Trotzdem ist Frankfurt der Platz größerer Versprechungen und Zeitsprünge. Von eigentümlichem Magnetismus, bot der Abenteuerspielplatz täglichen Stoff. Für jeden Autor seit Siegfried Kracauer mit der äußerst verwegenen Idee verbunden, die Stadt warte darauf, in ihren Möglichkeiten neu gedeutet, in ihrer Verkommenheit neu durchschaut zu werden. Sozialdarwinismus, Big Business, Arme, Reiche, Schmuddeldinge, Sumpf, Sex, Crime und Nitribitt. Brutal und zärtlich, die Soziologie des Ortes, ein Basar der

Möglichkeiten, die immer wieder mystische Metropole mit ihrem gebrochenen Herzen, die erstrahlende, die verlotterte City mit ihrer gleichgültigen Silhouette, die faszinierenden Übergangszonen von Verschwendung und Verfall. In deren Schutz und Zwielicht agierten die Spontis. Sie bezeichneten sich als »Sumpfblüten«.

Ihre Lehrmeister waren Adorno, Habermas, Horkheimer, Alfred Schmidt, Negt, Kluge, Mitscherlich. Fürs Selbstbewusstsein fiel dabei eine Menge ab. Wer den Jargon beherrschte, war der Crack. Wer die Kritische Theorie draufhatte, wer die Analysetechnik kopierte und das Hochabstrakte rüberbrachte, konnte jeden mundtot machen. Ein Machtmittel. Fischer war darin Spezialist.

Der erste Satz, den ich nach dem rot-grünen Fiasko 2005 in den Computer tippte, bezog sich auf Frankfurt. »Die Stadt von Fischers verflogenen Umsturzträumen, von Kämpfen, glorreichen Siegen, schmählichen Niederlagen.« Bei nicht wenigen war ich auf Reporter-Distanz dabei.

Es musste Frankfurt sein. Berlin war Subventionsmentalität. Frankfurt war Turbokapitalismus. Frankfurt war der Platz, an dem sie lebten, dem sie aber misstrauten. An keinem anderen Ort der Welt hätte Joschka seine Karriere starten können. Mit der Wahl der amerikanischsten City Europas war das wilde Leben quasi vorbestimmt. Womit nur gesagt ist, dass bestimmte Ereignisse eine Vorgeschichte haben und es so gewesen sein könnte, dass Frankfurt damit zu tun hatte. Vorher Synonym für Unregierbarkeit, steht *Mainhattan* in den Achtzigern plötzlich für das Luxurierende. Der Bankenplatz bietet den Background für die angehenden Stars Fischer und Cohn-Bendit.

Abschweifungen

Das Letzte, was ich am Main über Joschka vernommen hatte, kam von Weibern, die den Ober-Sponti noch beim Anbaggern in der Gallus-Disco erlebt haben wollen. Joschka hätte meist herumgestanden und sei auf Ärger aus gewesen, schilderte eine Hausbesetzerin. Sie kannte manche Story darüber, wer mit wem in die Kiste gekrabbelt sein will. Fischer hatte nach ihrer Schilderung das gewisse Etwas, den düster umflorten Blick des unverstandenen Outcast, der allemal eine Rettung wert gewesen sei. Immer leicht abgerissen, war er niemand, um alles stehen- und liegenzulassen. Aber er war ein Häuptling, und einflussreich war der einsame Jäger sowieso. Schon von daher aufregend.

Dass Fischer einen besonderen Schlag bei Frauen gehabt haben soll, wird von einem wahren Sponti-Herzensbrecher sofort dementiert. Er behauptet, Joschka sei mitnichten der Poussierstengel gewesen, den manche im Nachhinein aus ihm machen. Da würden sich Klatschweiber mit Fischers Berühmtheit schmücken und sich interessanter geben, als sie waren. Wer Tür an Tür mit ihm hauste, den habe Joschka doch bloß durch nächtelanges Herumgehacke auf seiner Adler-Schreibmaschine mit Typenhebel fast um den Verstand gebracht, versichert der Mithörer. Ein Kollege von mir schrieb auf Joschkas schwarz lackierter Antiquität seine ersten Artikel.

Kleine Stammeskunde der Spontis, eine bedrohte Art auf der Roten Liste, inzwischen ausgestorben. In den Siebzigern hatten sie alle Hände voll zu tun. Sie übten sich im Nahkampf, bis die Schwarte krachte. Sie wollten sich einreden, der Umsturz stünde vor der Tür. Sie schlangen bestickte Palästinensertücher um den Hals. Sie hatten gelbe Nikotinfinger. Sie hatten schwarze Stiefel. Sie fuhren auf die Halbwelt ab. Sie hatten die Sprüche drauf: »Nieder mit den Alpen. Freie Sicht aufs Mittelmeer.« Sie meinten, sie trügen die Verantwortung für die Befreiung der Welt. Sie waren Verlorene, um die Freundinnen zitterten.

Diese Lebenskünstler (ihre Zahl ließ sich nie beziffern), mimten an Main, Isar oder Spree eine Parallelgesellschaft, genossen das Lustprinzip, erfanden täglich neue Metaphern des Sichtreibenlassens, kompetent im Durchhängen. Im Frühjahr jetteten sie *last minute* nach Kreta. Im Sommer logierten sie bei den Genossen in Bologna, besuchten ersatzweise Makramee-Kurse in Südfrankreich. Im Herbst jobbten sie beim studentischen Schnelldienst oder kellnerten, bevorzugt in der Spätschicht. Im Winter badeten sie hüllenlos am Strand von Goa. Sie kauften beim Biobäcker, beklauten Supermärkte, benutzten »Volksstrom«: »Was wir brauchen, müssen wir uns nehmen.« Sie eiferten Indianern nach, schlugen ihre Zelte aber nur in Gründerzeit-Villen auf. Sie bekamen die Krätze beim Stichwort »Herrschaft«. Die Frankfurter hätten sich gern von Hessen losgesagt und den Freistaat Bockenheim ausgerufen.

Jeden Donnerstag stieg in der »Gallus-Disco« eine Fete. Ihre Sponti-Pflichtveranstaltung. Der eine sagt, eine Spiegelkugel zauberte Lichtflocken in den stickigen Raum. Der Nächste meint, keine Rede davon, ein Zerhacker habe bläulich pulsiert, ansonsten hätten nur trüb-bunte Birnen an der Kette gebaumelt. Wieder andere behaupten, zum Fummeln sei's zappenduster gewesen. Egal, in den Nächten fand sich jeder großartig. Joschka sei aus dem Alter für Musik von »The Clash« und den »Sex Pistols« raus gewesen, die mit dem ledernen Hundehalsband und so Titeln wie »Who Killed Bambi« oder noch schlimmer »The God Save the Queen Symphony«. Mit Flaschenbier gedopt wurde in Springerstiefeln (aus dem US Army Store), der für Rempeleien und Anmache geeignete Pogo getrampelt, kein Tanz, ein ausgelassenes Auf-und-ab-Gehopse. (Was hat es zu bedeuten, just jetzt hält ein Lieferwagen der Firma »Pogorausch« vor meinem Haus und bringt Bier.)

Meine Informanten/innen bescheinigen Fischer den Ruf eines nicht selten streitsüchtigen Partygasts, der sich am Rand hielt und beim Abtanzen zum auffälligeren Teil der Nachtklientel gezählt worden sei. Dazu könnte ein 1981 entstandener Schnappschuss aus dem besetzten Haus Niedenau 51 passen, den mir ein WGler schickte. Fischer lümmelt auf dem Treppenabsatz, Pulle griffbereit, die unvermeidliche Zigarette glimmt. Sein Gesicht konnte ich mir ohne Kippe nicht vorstellen. Wie ist der denn drauf? Er trägt Adidas-Schlappen. Beim Einzug in den Bundestag sah man sie wieder.

Die sogenannte »Fischer-Gang« ist die Urzelle seiner Fangemeinde, was nichts über ihre Verbundenheit beweist. In ihrer Mitte versucht er sich zu finden: Zunächst als wüster Joschka-Darsteller im »Revolutionären Kampf«, für Keilereien zu haben. Schon der Name sagte: Vorsicht, Leute, wir sind auf Krawall gebürstet, nicht vom Verein Christlicher Junger Männer. Dann als Grünen-Darsteller in Bonn, als Umweltminister-Darsteller in Wiesbaden, der bei erregten Debatten mit der Hand die Luft zerhackt. Danach folgt der Fraktionsvorsitzenden-Darsteller im Bundestag, beim Gang zum Rednerpult holt er mit einer auf Hast geeichten Motorik den Swing aus der Hüfte. Zuletzt wechselt er zum Vizekanzler-Darsteller von stocksteifer Entschlossenheit, der traumhafte Sympathiewerte erfährt. Egal, in welchem Fach, Farce, Tragödie, Triumph, Joschka wuchs in jeder Lebenslage über das zugedachte Rollenfach hinaus.

Achterbahn

Man hat immer einen Bruch sehen wollen zwischen dem Linksaußen und dem Staatsmann. Diese Deutung ignoriert mit Fleiß, wie wenig sich Fischer verändert hat. Er reagierte schlau auf die äußeren Umstände, legte sich mit hochentwickelter Mimikry für jede Nische die optimale Überlebensstrategie zu. In der Evolutionstheorie ein Ausdruck für Anpassung. Er war immer ein anderer. Darin blieb er sich gleich. Das ist die verborgene Kontinuität seiner Lebenslinie, im Häuserkampf, im Umweltministerium, im Bundestag, auf internationalem Parkett. Aus dem Ruf des Avantgardisten und unverwüstlichen Haudegen, ungreifbar wie Quecksilber, aber mit gleicher Beweglichkeit, bezog er Renommee, Wirkung, Effekt. Fischer hätte eigentlich gar keine Überzeugungen gebraucht, er war von sich überzeugt. Was immer er postulierte, er schien sich seiner Sache gewiss zu sein und riss die Zuhörer mit. In seiner Begeisterung ist er unverkennbar er selbst. Daher seine Geringschätzung gegenüber Idealen. Es ging ums Gewinnen.

Jung-Joschka besetzte Häuser, der Grüne besetzte die Phantasien der Leute und verhalf seiner untergegangen Sponti-Zunft zu einem ungeahnten Wirkungsgrad. Er erhob die Loser zu Gewinnern. Das erlaubte dem »Chamäleon der deutschen Politik« *(Handelsblatt),* prägende alternative Gebote wie Knetmasse zu verformen, ohne dass ihm die Aufkündigung des grünen Gründungskonsenses geschadet hätte. Die Ideen jagten einander, man sah nicht unbeeindruckt zu, wie er den Begriff Stetigkeit zum Fremdwort machte. Schon beim Zuschauen konnte einem schwindlig werden. Eine Frankfurter Theorie, die sich selbst eine »Kritische« nannte, ordnet notorische Wechselhaftigkeit Menschen mit dem nagenden Gefühl zu, zu kurz gekommen zu sein. Unanfechtbar blieb Joschkas Traum, bedeutend sein zu wollen. Die »Fischer-Gang« weiß gar nicht, wie richtig sie mit der Behauptung liegt, er, »der Joschka«, sei ganz der Alte. Sie ja auch.

Das Publikum ignorierte (oder goutierte) seine Volten, machte ihn zur Ikone des Widerstandes, sah in Joschka nur, was es wollte: eine Revoluzzer-Legende, alterslos, oft und oft wiederholt, bis sie wahr schien. Wenn je stimmte, dass politische Leader vom Publikum erdachte Charaktere sind, auf ihn trifft es zu.

Zunächst ließ sich die Szene, später die Partei in das untergründige Muster seines Lebens pressen. Joschkas Kurswechsel bot den Alternativen eine Siegesformel an, bürdete ihnen zugleich seinen Verschleiß an Hoffnungen auf. Er testete ihre Strapazierfähigkeit, spannte sie vor den Karren, bis seiner vielzitierten »Biographie der Brüche« eine Partei der ideologischen Brüche entsprach. Fischer investierte Kraft, Emphase, Emotion, sie bezahlten mit ihrer Glaubwürdigkeit.

Jeden Richtungswechsel begründete Joschka in der Regel durch ein eigenes Buch. Beweisschriften im Seminarstil, die in ihrem ultimativen Anspruch Wissensfortschritt und Illusionsabschliff kombinieren. In weniger trostreicher Lesart handelt es sich um Kompendien aufgegebener Träume, Anpassung, blanken Opportunismus, Wankelmut. Erfinderisch benutzte er die großen Ideologien als Spielmaterial, stapfte durch Episoden und rasch wechselnde Perspektiven, bis man sich ernsthaft fragen musste, wer er eigentlich war. Die Schreibschübe sind Sublimierungen eines Dissidenten, auf einer zweiten Ebene sind sie Rechtfertigungen vor sich selber. Die Bände stehen heute in der Washingtoner Library of Congress und in der Library der University of Chicago; ein anderer »Fischer, Joschka« rangiert mit seinem 1911 verfassten Beitrag zur »Erkenntnislehre Anselms von Canterbury« im Katalog vor ihm. Danach folgt der Grüne »Fischer, Joschka« mit neun Titeln. Sie kommen bombastisch daher: *Linke nach dem Sozialismus, Risiko Deutschland, Für einen neuen Gesellschaftsvertrag*. Eine Nummer kleiner macht er es nicht.

Ohnehin war damit zu rechnen gewesen, dass einer der Erste sein musste, der die trügerische Festigkeit grüner Grundsätze aushebelte und der Widerspenstigen Zähmung vollendete. Der Prinzipien überhaupt zu Schwächen erklärte und für die Revision der Vergangenheit die Formel fand: »Wollt ihr mich oder eure Träume?« Unser ganzes Dasein ist so viel wie Verrat, beklagen die Dichter. Nicht anders wird gemeinhin in der Gesellschaft gedacht und gehandelt. Wer braucht da noch Maximen? In der Postmoderne ist Stimmung wichtiger als Haltung. Warum nicht auch bei den Alternativen? Bewusstseinserweiternd blieb nur die Erfahrung, wie gezielt es ans Eingemachte ging und sich die mit den Grünen verbundenen Positionen im Nichts auflösten. Der Minister selbst überstand die Rosskuren für die komplexe grüne Seele unbeschadet.

Oder doch nicht? 2006 ließ im Herbst des Patriarchen Joschkas neue körperliche Fülle erahnen, wie sehr er Gefangener von Amtspflichten, Terminhetze, Krisenmanagement, globaler Verantwortung gewesen war. In anderen Zusammenhängen spräche man von Haftverfettung. Der Autor Thomas Pynchon hat genau beobachtet, warum Politiker ihre professionelle Deformation nicht verbergen können: »Wenn Macht korrumpiert, wird ihr schleichender Fortschritt im akkuratesten Logbuch, das es gibt, festgehalten: dem menschlichen Gesicht.« Bei aller Vorliebe für die Vielschichtigkeit von Politikern, Fischer ließ sich nur noch als divergierende Patchwork-Figur verstehen.

Leicht durchschaubar verschrieb er sich mit Renegaten-Syndrom der bürgerlichen Heilslehre. Ein klassisches Modell aus der Psychologie des Alltags. Bei ihm hatte man das starke Empfinden, die früher überreichlich ausgelebte Freiheit sei eine Verirrungsform gewesen und habe das heiße Verlangen nach Geborgenheit, Ordnung, Solidität besonders gefördert. Die Spontis pfiffen auf das Normale. Nun nahm bei Fischer mit jeder Beförderung der Glaube an die Institutionen zu. Mein Misstrauen dagegen wuchs. Mag sein, ich habe zu viele Politiker aus der Nähe erlebt und insbesondere Fischer bei zu vielen Häutungen zugesehen.

Wie um Verlorenes wettzumachen, emanzipierte er sich in Windeseile vom Linken, ohne von dem Begriff lassen zu wollen. In komplizierter Hassliebe mit Joschka verschworen, spalteten die Grünen fürs Regieren dienstbeflissen ab, was ihr Anderssein ausgemacht hatte. Heraus kam ein Orden von Konvertiten, heraus kamen zerrupfte Beschlüsse, gebrochene Gelübde. Immergrün blieb die Gangart, bei den Riten ihrer Selbstauflösung dringliche Sachzwänge ins Feld zu führen, beliebtes Tarnwort großer Verdränger. Joschka entledigte sich des Jobs auf patriarchalische Weise.

Begegnungen

Frankfurt war nach einem Dichterwort »die heutigste Stadt«. Das bedurfte keiner Erklärung. Die Themen lagen auf der Straße, dort wollte ich hin. Für die *Stuttgarter Zeitung* hatte ich mich mit Artikeln zum »Baader-Meinhof-Prozess« in der Stammheim-Knastarchitektur herumgequält. Es war eine merkwürdige Zeit. Lauschige Gartenlauben am Neckar boten Terroristen Unterschlupf. In der Weinstube hörte man das Gerücht, die RAFler hätten sich nach Banküberfällen dort versteckt. Am einen Tag traf man in der Sozietät des auf reiche Scheidungen und Le-Corbusier-Sessel abonnierten Rechtsanwalts Klaus Croissant einen jungen Gehilfen namens Siegfried Hausner, der am anderen Tag mit dem »Kommando Holger Meins« in der deutschen Botschaft in Stockholm Geiseln nahm. Drei Menschen starben, darunter Hausner selbst. Im Gericht steckte ich Croissants Mandanten P. Zigaretten zu, bestimmt französische, und war entsetzt, den wegen bewaffneten Diebstahls Angeklagten Jahre später unter den RAF-Führungskadern zu entdecken. Croissant, der meist gehetzt daherkam und unter Überlastung stöhnte, ließ im »Café Sommer« einfließen, er bekomme eine Kollegin zur Büroorganisation. 1985 wurde sie wegen mehrfachen Mordes verurteilt, nach vierundzwanzig Jahren Haft kam sie jüngst wieder frei, Brigitte Mohnhaupt.

Bis er sich auf eine mir schleierhafte Weise im Milieu verstrickte, hatte der Advokat einen erstklassigen Ruf und sein Domizil im schicksten Hotel der Stadt. Zur Verabredung traute ich mich in Jeans und Plastik-Blouson kaum hinein. 2001 begegnete ich ihm auf einem Berliner PDS-Parteitag wieder. Croissant strich unter den Delegierten herum. Er hatte nichts mehr von dem einnehmenden Citoyen, der Journalisten mit bizarren Fällen notorischer Zechpreller ködern konnte und dem ich manches Thema verdankte. Er war zeitweise mit Berufsverbot belegt worden und tief abgestürzt. Die DDR-Staatssicherheit führte ihn als Inoffiziellen Mitarbeiter »Taler«, seine Verurteilung wegen Geheimnisverrats lag noch nicht lange zurück. Ich grüßte ihn verlegen und war mir nicht sicher, ob er mich erkannte. Ein kranker, ruinierter, alter Bekannter. Der lebende Beweis für die Sinnlosigkeit des Gewalttrips.

Wie lange der ganze Irrsinn meine Generation begleitete, war mir nie näher als 1997 im Bundeskriminalamt. Mitarbeiter holten das Beweismittel Nummer 2.5 aus der Asservatenkammer. Einen olivgrünen Feldstecher vom Typ »Ultra«. Durch das Glas beobachtete das »RAF-Kommando Ulrich Wessel« (ein in Stockholm getöteter Terrorist) den Treuhandchef Detlef Rohwedder in seiner Düsseldorfer Wohnung. Dann jagten ihm die Killer in der Nacht zum 2. April 1991 eine Kugel durch den Rücken in die Brust. Der Anschlag ist bisher nicht aufgeklärt.

Ich wechselte also zur *Frankfurter Rundschau*, Garant für linksliberale Gegenöffentlichkeit, auflagenstärkstes Blatt am Platz, noch im Bleisatz hergestellt. Am Eingang entlohnten redaktionelle Grundsätze vom Gewicht lutherscher Thesen das schlecht bezahlte Personal. Wir Schwaben galten als Landeier. Man ließ Reingeschmeckte wissen, hier werde mit höherem Einsatz gespielt.

Noch keine Callcenter-Agenten. Noch kein Bordbistro. Noch kein Outsourcing. Noch kein IT-Standort. Noch kein Kernteam. Noch keine SIM-Karte. Noch keine PowerPoint-Präsentation. Noch kein Briefing. Auf die Torwand im ZDF-Sportstudio wurde schon geschossen.

Am ersten Wochenende spazierte ich mit meiner Freundin durch das Westend, eine Witwengegend mit der Ästhetik des Verfalls, das Viertel der besetzten Häuser. Ich nahm vermauerte Eingänge und windschiefe Rollläden heruntergekommener Bürgerpaläste als Beweis für das Wüten außer Rand und Band geratenen Kapitals. Dreißig Jahre später klingt das hohl und wie aus einer toten Sprache buchstabiert. Wir zählten die besetzten Adressen. Bei diesem Rundgang erfuhr ich mehr über die Stadt als aus allen Büchern. Ich nahm mir vor, jeden Streitfall zu dokumentieren. Beim Wegzug fünf Jahre später hatte ich es fast geschafft. Spekulanten hießen Spekulanten, nicht Investoren. Wir lernten Bodenpreise ins Verhältnis zur Geschossflächenzahl zu setzen, deckten unheilige Allianzen zwischen Banken und Aufkäufern auf, prangerten die Geldinstitute an, die mit einer Milliarde Mark die Transaktionen beliehen. Dabei halfen Informanten aus dem Rathaus. An der Hauptwache übergaben sie konspirativ Umschläge mit Plänen der nächsten Magistratsschweinerei. Am Ende entstand ein Heimatroman. Ohne Happy End.

Unmöglich das Treibgut aufzuzählen, das es in die besetzten Häuser schwemmte. Endstation Sehnsucht für Assis, Proleten, ewige Studenten, Möchtegerne, arme Schlucker, Nassauer, Internatszöglinge, aus Erziehungsheimen befreite Jugendliche, Nervensägen, Unterschriftensammler, Fritz-the-Cat-Fans, Goethe-Hasser, Abendschüler, Bettartisten, Hallodris, Spitzel, Glückssucher, Ying & Yang-Jünger, Pechvögel, längerfristige Sexualpartner, kurzfristige Sexualpartner, Maschinenstürmer, Rechthaber/innen, Technik-Freaks, Telefonistinnen, Tagträumer, Nachteulen, Durchgeknallte, Taugenichtse, Softies. Alles in allem Grünwähler der ersten Stunde, die Fischer'sche Urgemeinde.

Wohlwollend (und parteiisch) porträtierten wir die Rächer der Enterbten: die netten Hausbesetzer von nebenan. Sie taten mindestens so, als bräuchten sie »nix«, stünden außerhalb des Warenkreislaufs und scherten sich angeblich nicht um »Kohle«. Sie siedelten am Rand des schnellen Geldes, fühlten sich den etablierten Sesselfurzern überlegen. Doch war es dem buntscheckigen Haufen zu verdanken, dass das Westend nicht vollends an die Kapital-Zombies ging. Nur in Frankfurt konnte Stararchitekt Oswald M. Ungers in einem von Hausbesetzern geretteten Prachtbau weitere Bürotürme planen. Die Ideen strichelte er mir auf ein Blatt, setzt sein »O. M. U.« darunter.

Während das Laub fiel, streifte ich 2006 durch das merklich älter gewordene Viertel, »Bürogeschädigtenzone« im Jargon. Beim Flanieren kommt mir am Beethovenplatz der versonnene Wilhelm Genazino entgegen, womöglich von *Mittelmäßigem Heimweh* geplagt, seinem neuen Buch. Gerne hätte ich den Schriftsteller für den immer wieder herrlichen *Abschaffel*-Roman gelobt. Das Viertel mit viel weniger schläfrigen Ecken macht einen geleckten Eindruck. Dafür wuseln mehr Stenze herum. Schickimicki würde man in München sagen. Heute schwant einem beim Bummel, dass die nunmehrigen Salonlinken vom Schlage Fischers in den Siebzigern das Alte verteidigten, um es in gutnachbarlicher Beziehung mit Werbefritzen standesgemäß selbst zu bewohnen. Ihre Anwälte leisteten sich diesen Luxus schon immer. Alt-Spontis bilden im befriedeten Gebiet den neuen Westend-Adel.

Spur der Steine

Zur Hoch-Zeit machten sich einige hundert Besetzer in den Adressen anderer Leute breit. Sie klebten Wandzeitungen, verballhornten Zarah Leander: »Kann denn Wohnen Sünde sein?«, drohten »Miethaie zu Fischstäbchen!« zu verarbeiten. Der Reiz des im Handstreich genommenen, fremden Eigentums lag in der Vorstellung von Frauen mit Nerzstolen, die in den Villen gelebt hatten, lag im Überfluss, der dem Volk verwehrt war, lag in der Attraktivität verwilderter Gärten (die dem Niedergang Anziehend-Verwunschenes gaben), lag in Balkonen mit Balustraden und bezaubernden Nymphen, auf denen die Tauben gurrten. Umso erbitterter waren die Kämpfe. Viele lockte der *thrill* an, die Angstlust einer Bewährung gegen den »Bullenstaat«. Der würde das Geschäft der Bonzen besorgen und sie im Schutze der Nacht ausräuchern.

Meine ideale WG-Villa im Westend male ich mir folgendermaßen aus: Das vierstöckige Eckgebäude unterm Blattwerk einer Robinie erzählt vom Rang seiner Erbauer. Kein Kunststück, die Tür zu knacken, über der zum Schutz vor Eindringlingen das Haupt der Medusa wacht. Die Bauherren gönnten sich Dreiviertelsäulen am Eingang, ein Treppenhaus mit schmiedeeisernem Geländer, der Handlauf blank poliert. Die marode Attraktion soll einem zweiundzwanzigstöckigen Bürotrakt weichen, liegt fußläufig zum plüschigen »Café Laumer« mit Käsekuchen (bitte ohne Sahne), Adorno-Anekdoten und dem Dichter Ernst Herhaus, von dem ich annahm, dass er dort wohne.

In einer Eroberungsgeste wird das Transparent »Eigentum ist Diebstahl« am Balkon gehisst und unter großem Hallo die Enteignung verkündet. Tanzsaalgroße Zimmer warten darauf, dass Leben in die Bude kommt. Die Miete für die hohen Räume mit Putten an der Decke wäre unbezahlbar. Leider sind die Ölporträts abgehängt. Mein schmuckloses Souterrainappartement im Dichterviertel kam da nicht mit. Doch nebenan wohnte Marcel Reich-Ranicki. Seinerzeit las ich ihn widerstrebend, bis ich ihn später mehrmals für Magazine begleitete. Vor jedem Treffen trompetete der Schöngeist ins Telefon: »Lesen Sie, lesen Sie, mein Lieber!« Er meinte seine eigenen Bücher. Ich las und las.

Um die sonnigen Erkerzimmer gibt es Streit. Sind die Räume verteilt, kommen die Hochbetten zum Einsatz. Oben pennen, unten Platz für zwei Böcke und ein Türblatt, fertig ist der Arbeitsplatz. Hängematten werden aufgespannt. Schon glimmen die Räucherstäbchen. *En vogue* das Plakat mit »Ulrike«, vom milchigen Licht einer Reispapierlampe verklärt. In jeder anständigen WG, alle WGs waren anständig, war eine Wand mit dem sepiafarbenen Druck der Rede von Duwamish-Häuptling Seattle zugepflastert. Er hatte 1855 prophezeit: »Die Erde ist unsere Mutter. Was die Erde befällt, befällt auch die Söhne.« In die Türen lassen sich gnadenlos Durchgangsklappen für die Katzen sägen.

Unter den Möbeln diverser Epochen auch die Moderne, Stahlrohr und Leder. Besonders beliebt Bugholzstühle mit geflochtener Sitzfläche, auf denen man sich einen Spreißel zieht. Dazu ein brauner Schreibtisch, vom Vater dem Sohn in der Hoffnung abgetreten, der würde Jura studieren. Derweil macht der in der Kommune auf Pascha. Fehlt noch das Büffet mit Scheibengardinen. Fischer hatte auch eines herumstehen. In den offenen WGs das Versteck für die Teebüchse mit der Haushaltskasse. Sie wurde häufig geklaut. Anlass für betroffene Debatten und derbe Handgreiflichkeiten.

Ein langer Kameraschwenk in die Küche. Es riecht nach Knoblauch. Der Geschirrspüler ist 'ne Hinterlassenschaft der bourgeoisen Vorbesitzer, von technisch versierten »Frauen in Männerberufen« wieder in Gang gebracht. Neu die echt scheußlichen Hängekörbchen für die verschrumpelten Peperoncini aus Sizilien. Würze für superscharfe Spaghetti alla Puttanesca, deutsch: nach Nuttenart.

Ein brandfleckiger Esstisch, Dreh- und Angelpunkt des Alltags, der Dramen und Dauerseminare. Gnadenlose Streitkultur mit fließenden Übergängen zum Psychoterror, insbesondere beim Austüfteln des »Putzplans«, den »die Typen« nie akzepzierten. Entsetzliche Trennungsgespräche, Sichsuhlen in Schwächen anderer, der Terror der Intimität, der Übermenschliches abverlangte. In der Verzweiflung hielten sich alle krampfhaft an ihren angeschlagenen Kaffeetassen fest. Einem Zaungast wie mir stellte sich die Gemengelage von akuten und erloschenen Paarbeziehungen als Nötigung und Überforderung jedes Einzelnen dar. Man sollte offen, spontan, ehrlich, witzig sein, unbürgerlich sowieso. Dass die Friedenspfeife kreiste, der Joint, kam schon mal vor.

Wer überlebt, geht querfeldein. Auch Fischer. Aber die Sponti-Führer werden ihre Gründe gehabt haben, warum sie nicht in die besetzten Häuser einzogen.

Sollte ein Völkerkunde-Museum die WG-Villa nachbauen, muss im Gemeinschaftsraum ein verblichenes Sofa dominieren. Unausweichlich wird sich bald der Gerichtsvollzieher zu den Karottenhosen- und Netzstrumpfträgerinnen auf die Couch setzen. Trotz blauen Dunstes, der Kakophonie von Kindergeschrei, Indianergeheul, Hundebellen, sachdienlichen und weniger sachdienlichen Zwischenrufen verkündet er den Räumungsbeschluss. Draußen scharrt das Sondereinsatzkommando mit den Füßen. Sagen wir mal, eine der Frontfrauen wird die ultimative Aufforderung einerseits betroffen, andererseits entschieden zurückweisen. Die Drohung steht im Raum, stehenden Fußes den noblen Frankfurter Hof zu besetzen und die Paulskirchenglocken zu läuten, bis die Stadt kirre sei.

Die Fassade, um zum Abschluss zu kommen, bietet ausreichend Platz für das Schwarze Brett mit den »News« und der Warnung: »*Jeder Stein, der wo abgerisse, wird von uns zurückgeschmisse!*« Ich rede also davon, dass im Haus mehr als neunzehn Okkupanten fluktuieren, die beim Gerichtstermin vor der Zwangsräumung aufgerufen werden. Sie kommen aus schätzungsweise fünf Mutter- bzw. Vaterländern.

Die Reise

Der spätere Vorsitzende des Zentralrats der Juden in Deutschland, Ignatz Bubis, geriet in die Rolle des Westend-Buhmanns. Die Linken verunglimpften ihn auf einem fiktiven Fahndungsplakat als »Rädelsführer« einer »Bande, die schon seit langem ihr Unwesen auf dem Haus- und Grundstücksmarkt treibt«. Animiert vom Magistrat, hatte der Geschäftsmann in den Boom-Jahren an der Bockenheimer/Schumannstraße für fünfundzwanzig Millionen Mark ein attraktives Karree zusammengekauft. Berichten zufolge wohnten bis zu hundertfünfzig Menschen in dem dann geschleiften Jugendstilensemble. Architektonische Highlights im Vergleich zum profanen Büroblock, in dem sich dort heute die Kreditanstalt für Wiederaufbau ausbreitet. Unter massivem Polizeischutz rücken die Bagger an. Wasserkanonen schießen. Mannschaftswagen flitzen. Die Abrissbirne bringt alte Mauern zum Einsturz. Empörte Zaungäste. Alexander Kluge überliefert die Räumung im Spielfilm »In Gefahr und größter Not bringt der Mittelweg den Tod« zu Ernst-Busch-Liedern. Der Konflikt gipfelt in einer ultrabrutalen Straßenschlacht. Weder die »Projektgruppe Barrikadenbau« noch das Vorspiel mit dem Western »Spiel mir das Lied vom Tod« oder der Fluch »Banken, SPD und Magistrat sind ein Gangstersyndikat« konnten den von »Scheißbullen« abgesicherten Kahlschlag verhindern. Bilanz: 200 verletzte Demonstranten, 77 verletzte Polizisten, 192 Festnahmen. Jahrelang wuchs Unkraut auf dem umkämpften Areal. Bei den Frankfurtern traf der Widerstand auf Sympathie, in dem unüberhörbar Antisemitisches mitschwang.

Im Winter 1993 reise ich mit Ignatz Bubis durch die Republik. Von Frankfurt nach Kiel, Zwischenstation in Bonn. Der Sechsundsechzigjährige telefoniert in einem fort auf seiner 0161er-Nummer. Stund um Stund geht das so in einer der sieben von ihm beherrschten Sprachen. Die Bodyguards starren vor sich hin. Er arbeitet. Wir tauschen spärliche Bemerkungen aus. Das Schweigen dehnt sich. Bubis wird und wird nicht müde. Nur für einen Lidschlag rutscht ihm der Kopf auf die Brust. Schon richtet er sich wieder auf, streicht die marmorierte Krawatte glatt.

Er hält die Muschel dicht am Ohr, flüstert mehr, als dass er spricht, schutzsuchend in den Sitz geschmiegt. Bubis tippt neue Nummern aus einem winzigen Adressbuch in den Apparat. Er erbittet den Rückruf eines Kabinettsmitglieds, ruft in Israel an, Paris, meine ich, ist ebenfalls in der Leitung. Dann Sätze in einem mir unbekannten Idiom.

Die Nacht, die kein Ende nehmen will, ist hell. Es schneit. Die gepanzerte Limousine schlittert über vereiste Autobahnen, die sich als endlos graues Band durch die erstarrte Winternacht dehnen. Die Räder des tonnenschweren Gefährts drehen durch. Streufahrzeuge rattern. Bubis telefoniert und telefoniert. Während einer Pause spricht er beiseite und wie zu sich selber: »Sie haben mir damals Unrecht getan!« Er meinte meine *Rundschau*-Artikel über seine Grundstückskäufe. Die Fakten waren nicht zu korrigieren. Mit beinah feierlichem Versöhnungswillen lässt er einfließen, Joschka Fischer, mittlerweile Umweltminister, habe sich bei ihm entschuldigt: »Nicht ohne Grund hat Joschka Fischer mir gesagt: Wir wissen, dass wir Ihnen Unrecht getan haben. Cohn-Bendit hat sich ähnlich geäußert.« Sie waren inzwischen Nachbarn.

Es ist fast Morgen, endlich sind wir zur Übernachtung in Hannover. Eine Fahrt voller Lektionen. Die vielen hundert Kilometer, von Süd nach Nord und wieder zurück, kamen mir vor, als habe Bubis nur diesen einen Satz loswerden wollen, der im Abstand vieler Jahre einen Schlusspunkt unter eine Ära setzte und mich ihm näherbrachte. Wir trafen uns noch verschiedentlich. Auf den Häuserkampf kam er nie mehr zu sprechen. Verschwenderisch brechen in den Vorgärten die Magnolien auf, eine schwarze Katze beobachtet mich, während ich 2006 nachschaue, was aus seiner Westend-Adresse geworden ist.

Der schuldbewusste Fischer zog später in das Ost-Berliner Eckhaus direkt neben dem (von Bubis eröffneten) Sitz des Zentralrats der Juden in Deutschland. Ein Grünen-Promi munkelte sogar, Joschka habe ihm die Vierzimmerwohnung verdankt. Der Hausbesitzer schließt das aus. Jetzt darf man es ausplaudern. Fischer verbarg sich in der Tucholskystraße hinter dem Messing-Klingelschild »Panther und Tiger«. Diskretion Ehrensache, solange er dort wohnte, schrieb man es nicht. Eine fast geniale Irreführung, wüsste man nicht, dass Tucholsky unter dem Pseudonym »Peter Pan*t*er« und »Theobald Tiger« schrieb. Unter »Peter Panter« durfte man sich einen trefflichen Herrn denken, »einen beweglichen, kugelrunden, kleinen Mann«; von Tucholskys fünf Alias-Namen der mit der meisten weiblichen Fanpost. Nachdem Fischers Versteckspiel aufflog, stand noch unverfänglicher »Schröder« auf der Messingleiste, recherchierte die *Welt am Sonntag*. In der Tucholskystraße sah ich bei meinen Joggingrunden die Dienstkarossen parken. Kleidersäcke wurden ein- und ausgeladen. Streifenpolizisten schoben Wache. Aus ihrer Körperspannung konnte geschlossen werden, dass der Mieter zu Hause war, geschützt hinter einer metallenen Tür, wie Besucher berichteten. Joschka stand sowieso unter Dauerbeobachtung. Alle guckten streng wie die Weightwatchers: »Nimmt er zu oder ab?« Bis die Journalisten feixten, es wäre allerhöchste Zeit, ihm auf dem Laptop unter »Favoriten« die interaktive Kalorientabelle von »Fettrechner.de« einzurichten.

Jetzt wäre es zu schön, Fischer mit Peter Schneiders *Lenz* zu vergleichen. Diesem hochsensiblen Typ eines an den Gegebenheiten verzweifelnden Intellektuellen. Ein Kultbuch der enttäuschten Linken nach dem Scheitern der Utopie. Fischers Marx-Buchhandlung führte den Entwicklungsroman in Dreihunderter-Stückzahl. Das Rotbuch aus dem Jahre 1973 steht noch in meinem Regal. Aber aus dieser zu schönen Analogie wird nichts.

Im Unterschied zu *Lenz* bewies Joschka zigfach Realitätssinn, witterte mit dem fast triebhaften Vorverdacht des Verschwörungstheoretikers fast immer seine Gegner, verriet instinktives Misstrauen bei Attacken auf Fundis. Er hatte eine ihm schon im Antiquariat nachgesagte Spürnase. *Lenz* verzweifelte an seiner Unzulänglichkeit. Fischer nicht. Er hatte in den Sponti-Jahren lange genug am Wälzer der Vergeblichkeit mitgeschrieben, Klagesprüche und ziemlich vorläufige Theorien fabriziert. Mit seinem Wechsel ließ er Illusionen und verschraubte Diskussionen hinter sich, bei denen eine Frage immer nur die nächste auslöste. Hätte er vorher wegen der kaum kaschierten Krisen unter Minderwertigkeitskomplexen gelitten, die überdimensionierte Wahrnehmung seiner Bedeutung bei den Grünen hätte ihn geheilt.

Die Bibliothek des Revolutionärs

Soweit ersichtlich, ist Joseph Martin Fischer der einzige Außenminister dieser Hemisphäre, der getrost von sich sagen kann, er habe in unterschiedlichen Phasen und unterschiedlichen Seins-Zuständen nicht nur Bücher gelesen, besser: verschlungen, Bücher gesammelt, besser: gehamstert, Bücher verkauft, besser: rezykliert. Was ihm noch fehlt, schreibt er lieber selbst.

Wer's vergaß, Simon & Garfunkels »Bridge Over Troubled Water« war 1970 der bombensichere Stimmungskiller. Hingegen Lou Reed und Nico von »Velvet Underground« mit »Sunday Morning« die Hintergrundmusik beim Bettfrühstück Verliebter. Damals erscheint Joschka, grade zweiundzwanzig, in seiner Eigenschaft als »Lektor« des studentenbewegten Verlags »Neue Kritik« zusammen mit der Genossin Barbara vor dem Notar und erklärt, eine »Gesellschaft mit beschränkter Haftung« gründen zu wollen, Stammkapital 20 000 Mark. Offizieller Gegenstand des Unternehmens sei der Handel mit Büchern und sonstigen Druckerzeugnissen, insbesondere der Werke von Karl Marx. Folglich der Name »Karl Marx Buchhandlung«. Bei einem Überschuss an gutem Willen, und einer Unterdeckung an Geldmitteln, ist der inoffizielle Zweck, »im Kollektiv das Kapital zu entmachten und kleinbürgerliche Habgier zu verhindern«. Auf dieser Geschäftsgrundlage bestehen noch heute die letzten Aufrechten. Ihr unschlagbares Plakatmotto: »Holt Euch die gedruckten Waffen in der Jordanstraße 11« kann man nicht oft genug wiederholen.

Bei den meist griesgrämigen Bouquinisten, pardon, Genossinnen und Genossen kaufte ich aus Solidarität unlesbare Bücher wie Derridas *Grammatologie*. Ich kenne niemand, der es zu Ende las. Die Sinnsucher in eigener Sache ließen sich beim Einheitslohn von siebenhundert Mark monatlich ungern in ihren Privatgesprächen stören. Italienische Arbeiterlieder wurden abgenudelt. »Viva la Rivoluzione« lud den Akku auf, dazu schlürfte man den Espresso Lavazza, selbstverständlich Qualità Rossa aus der Originalmaschine Gaggia. Fischer habe nie bezahlt, sticheln Kollektivisten. Betriebsklima ging vor Business, der Laden diente als Relaisstation, eben ein Projekt, erst in zweiter Linie ein Geschäft. Unter »körperlicher Inventur« verstand man in der Kontaktbörse eher sexuelle Abenteuer, immerhin trafen sich dort die tollsten Weiber der Stadt mit den schrägsten Kerlen der Stadt. *En passant* wurden emsig Beziehungen gezimmert, feste und morsche. Jedes Buch darüber wäre eine Schmonzette. Es roch nach Selbstgedrehten und sauer verdienten Groschen. Die Bücherstube hat viel mit Fischers Karriere zu tun. Da habe einer gesessen, den er für die Grünen anwerben wollte, berichtet der Europaabgeordnete Milan Horacek. Joschka habe auf den »verkommenen Parlamentarismus« geschimpft und spaßeshalber seinen Hund »Dagobert« auf ihn gehetzt.

Um 1980 hatte Fischer die Idee, »die Marx« und sich selbst durch die Gründung eines Antiquariats zu sanieren. In die Firma steckte er die »Früchte meiner zehnjährigen bibliophilen Leidenschaft«. Die Rede ist von einigen tausend Bänden.

Klassiker, die man haben musste: *Mao-Fibel, Das kleine rote Schülerbuch*, Hegels Werke, Bommi Baumann, *Wie alles anfing*. Jean-Paul Sartre, *Das Sein und das Nichts*. Marx-Engels, die blauen Bände. Che Guevara, *Bolivianisches Tagebuch*.

Raubdrucke gegen das Kapital: Horkheimer, Adorno, *Der autoritäre Charakter*, Wilhelm Reich, *Funktion des Orgasmus*. Arno Schmidt, *Zettels Traum*.

Arbeiterbewegung für den aufrechten Gang: Leo Trotzki, *Tagebuch im Exil, Protokoll des 4. Kongresses der kommunistischen Internationale*, Ernest Mandel, *Einführung in die marxistische Wirtschaftstheorie*, Rosa Luxemburg, *Briefe aus dem Gefängnis*, Paul Lafargue, *Das Recht auf Faulheit*, Isaak Deutscher, *Stalin*, Nikolai G. Tschernyschewski, *Was tun*.

Nie wieder Faschismus: Fabian Schlabrendorff, *Offiziere gegen Hitler*, Eugen Kogon, *Der SS-Staat*, Theodore Roosevelt, *Amerika und Deutschland*, Albrecht Speer, *Spandauer Tagebücher*.

Die Konservativen zur Übung: Thomas Hobbes, *Leviathan*, Ernst Jünger, *In Stahlgewittern*, Kurt R. Eissler, *Goethe*, Werner Sombart, *Zukunft des Kapitalismus*, Otto Fürst von Bismarck, *Gedanken und Erinnerungen*.

Joschkas Start-up-Unternehmen schwelgte im Charme des dauerhaft Vorläufigen. Er hängte einen Kupferstich des Rationalisten René Decartes auf, das Gros der Ware lagerte in Kisten, die Handkasse bewahrte er in der Schublade. Trotzdem klaute ihm jemand eine besonders bewachte Hegel-Ausgabe, für die er hundertachtzig Mark haben wollte. Serbiens späterer Ministerpräsident Djindjic versuchte mit Joschka über die achtzig Mark für eine *Verfassungslehre* zu feilschen. Vergeblich.

Fischer lebte bis zur Decke von Literatur eingemauert. Das sicherte in der WG-Phase das größte Zimmer. Sich die Welt in Büchern zu eigen zu machen ist seine bisher unterschätzte Obsession. Joschka verwirklichte mit Joschka die »linke Wissensgesellschaft«. Im Marx-Kollektiv machte er die erste Erfahrung mit dem Ausverkauf von Ideologien. Das brachte Geld. Der Handel mit Bibliophilem war ein Volltreffer, die Jahresumsätze sollen rasch auf 130 000 Mark gestiegen sein. Den Theorieüberhang in überhöhten Preisen zu verramschen verstärkt den Ruf hundertprozentiger Cleverness. Nichts bewunderten Linke mehr als Geschäftstüchtigkeit in ihren Kreisen. Die Ökonomie des Erfolgs schafft Abstand zur politischen Bindung und Sozialisation.

Mag der Bestand eines Antiquariats mehr oder weniger willkürlich sein. Für Bibliomane sind Kataloge magische Enzyklopädien, beschäftigen die Phantasie mehr als die Lektüre einzelner Werke. Im Nachhinein liest sich die Angebotsliste Nr. 3 des linken Ladens wie ein Option auf später. Auf dem Umschlag ein von Grandville gezeichneter Napoleon mit der Zeile: »Ein kleiner Mann wirft manchmal große Schatten.« Dem Bereich »Geschichte« wird die Geschichte von Helden zugeordnet, Bücher von Mächtigen und ihren Reichen, Alexander der Große bis Kissinger.

Eigenartig, ihr Namenspatron Marx empfand: »Die Tradition aller toten Geschlechter lastet wie ein Alp auf dem Gehirne der Lebenden.« Anfang der Achtziger mag man unter Spontis das Spiel mit konservativem Gedankengut als überfällige Befreiung nach vorherigem Berührungsverbot empfunden haben. Wegen Fischers Aufstieg und Wandel enthält das Sortiment freilich einen überschießenden Sinn. Gewissermaßen das Präludium der staatstragenden Rolle. Dazu muss man nur das Literaturverzeichnis seines Buchs *Die Rückkehr der Geschichte* von 2005 studieren. Mit der unverlierbaren Attitüde zitatenreichen Dozierens kommt die Abhandlung daher wie eine nachgereichte Diss. Dafür ist ihr Anhang umso aufschlussreicher, in sonderbarer Symmetrie sogar als Fortschreibung des Marx-Katalogs unter anderen Vorzeichen zu lesen. Einst arbeiteten sich die Revolutionäre an Führungspersönlichkeiten ab, studierten ihre Herrschaftstechnik, auch um sie bekämpfen zu können. Jetzt ruft Fischer identische Namen zu Kronzeugen seiner Läuterung auf. Wieder durcheilt er Kontinente, wieder durcheilt er endzeitliche Gefährdungen. Waren es einmal Imperialismus und Monopolkapitalismus, sind es heute Terrorismus und Fundamentalismus, die den Kosmopoliten von Krisengebiet zu Krisengebiet hetzen. Fischer hat nur die Methode ausgetauscht. Geblieben ist die leidende Sicht von oben, geblieben ist der Bürdenträger, der dem Land und dem Erdkreis Lektionen erteilt. Sponti-Sein hieß nicht nur frei sein, sondern Besserwisser zu sein. Im Antiquariat hing das Plakat: »Der Endzweck der Welt ist ein Buch.«

Teil III Alternative Bewegungslehre

»Begabung ist vielleicht überhaupt nichts anderes
als glücklich sublimierte Wut.«
Theodor W. Adorno

Nein-Sagen

Hessens Grüne traten 1982 mit einem Verweigerungskatalog von 163 eng beschriebenen Seiten vor die Wähler: *Wer wir sind – Was wir wollen*. Voraus die Kritik an der »unverantwortlichen Politik« der etablierten Parteien; sie »endet entweder im Atomstaat oder im Atomkrieg, bei Harrisburg oder Hiroshima. Die ökologische Weltkrise verschärft sich von Tag zu Tag.« Wer immer die Feder für das Untergangsszenario führte, der Aktionsradius war weit gesteckt:

Gegen den Bau der Schnellbahntrassen Hannover–Kassel–Würzburg und Köln–Frankfurt–Stuttgart.

Gegen den Wasserraubbau im Vogelsberg und im Ried.

Gegen die Einleitung chemischer Abwässer in Rhein und Main.

Gegen die Militärflughäfen Frankfurt, Fritzlar, Gießen und anderswo.

Gegen Atomwaffenlager bei Schwalmstadt, Herborn und anderswo.

Gegen den Betrieb und Ausbau der Atomkraftwerke in Biblis.

Gegen die Plutoniumfabrik in Hanau.

Gegen den Ausbau des Frankfurter Flughafens »durch die Errichtung der Startbahn 18 West«, ein »großtechnologisches Wahnsinnsprojekt«.

Man kann alles noch unterschreiben.

So las sich vor fünfundzwanzig Jahren das Dokument des grünen Aufbruchs, natürlich auf grauem Umweltpapier. Grau ist alle Theorie. 2006 halte ich den Schmöker mit gewisser Rührung in der Hand. Das Design, mit nichts aufgepeppt als gutem Willen. Die Analysen schrecklicher Endgültigkeit. Die weitschweifigen Begründungen, frei vom Erfolgsgeplapper anderer Parteien. Die Klarheit, dass mit den Grünen das Rettende nahe. Eine Fundgrube für Umweltparanoiker, die ebenfalls gut bedient werden. Die Poesie der Verweigerung hatte ihren speziellen Dreh.

Keine Sekunde stand zu befürchten, Joschka würde die Öko-Bibel als klare Dienstanweisung verstehen. Die Spontis hatten unter kundiger Anleitung von Fischer und Konsorten die »Ismus«-Litanei rauf und runter konjugiert: Anarchismus, Faschismus, Imperialismus, Militarismus, Pazifismus. »Das System«, die Gewaltverhältnisse, den Widerstand, den bewaffneten Kampf wälzten sie hin und her. Abgesehen vom Ostpark (zum Fußball), vom Baggersee der Firma Sehring im Kreis Offenbach (zum Nacktbaden), dem Taunus-Abschnitt »Fuchstanz« (zum Nahkampftraining), einem bisschen Gras auf dem Balkon (zum Kiffen) siedelte Natur am entfernteren Rande ihrer Interessen. Was sollten sie mit diesen Feld-, Wald- und Wiesenthemen anfangen? 1978 hatte Fischer noch im *Pflasterstrand* an die große Glocke gehängt: »Seien wir doch ehrlich ... Wer von uns interessiert sich denn für Wassernotstände im Vogelsberg, ... für Atomkraftwerke irgendwo, weil er sich persönlich betroffen fühlt? Sehen wir das nicht alles weniger von Interessen her als vielmehr von unserer linksradikalen Politidentität.« Ein Bewerbungsschreiben liest sich emphatischer. Lediglich das Grünkohl-Rezept des Genossen und späteren Spitzenkochs Trebes von der »Roten Zelle Jura« aus ihrem Haus in der Bornheimer Landstraße hätte Fischer damals als Referenz anführen können. Bei der Ortsbesichtigung merke ich, dass ich nur drei Türen neben ihm in der Günthersburgallee wohnte. Bin aber froh, dass ich nicht Außenminister wurde.

Ja-Sagen

Der Markt ist fest. Während der Dax bei 1213 Punkten stand, notierte Umberto Eco: »Gott ist tot. Der Marxismus steckt in der Krise und auch mir geht es nicht besonders gut.« Auch Fischer ist am Boden zerstört. Er saß bei einer – in meiner Phantasie doppelten – Portion Pfälzer Wurstsalat. Da trudelte im Oktober 1985 in der Bonner

Stammpinte die Meldung ein, in Wiesbaden sei die rot-grüne Koalition beschlossen. Den Grünen ist ein »Ministerium für Umwelt und Energie« sicher. Das war endlich eine *news*, die wie ein Stromstoß in ihn fuhr. Spannender sogar als die Meldung aus den USA über gehäufte Ufo-Beobachtungen am helllichten Tag.

Der Fischer '85 ist bereits nicht mehr die alternative Katalogschönheit von 1983. Etliche Kilo schwerer, sah er wieder aus wie auf der Verliererstraße. Tatsächlich war er es auch. Mann, war der sauer. Getreu strenger Parteistatuten musste Joschka zur Halbzeit der Bonner Legislaturperiode »wegrotieren« und einem anderen Grünen Platz machen. Das lief auf Verbannung in eine »Nachrückerbox« mit Kunststoffschreibtisch hinaus, strafverschärfend die Versetzung in die zweite Bahnklasse. Fischers wegen war ich strikt gegen die Rotation, zoffte mich deswegen beim Spaziergang an der Isar mit meiner Freundin. Joschka stillzulegen kam mir vor, als hätte die CDU Helmut Kohl weggemobbt.

Seine grimmige Stirnfalte kerbte sich weiter ein. Die erste Falte der Ratlosigkeit. Liebe Parteifreunde/innen frohlockten und stänkerten, der sei so was von weg vom Fenster. Der Frühvollendete sitze wahrscheinlich bereits an seinen Memoiren. Fischer hatte allen Grund, mit der Welt zu hadern.

Eben ging es ihm noch hundeelend in seinen weitschweifenden Gedankenspielen, da wird er durch die Hessen-Perspektive schlagartig wiederbelebt. In der Begeisterung mischte sich Lust mit Bammel, im Verhältnis zwei zu eins, wenn ich es schätzen sollte. Ökologie war damals nicht wirklich seine Disziplin. Egal, für mich wurde seine Berufung zum Glücksfall. Fischer ließ sich bei der Inthronisierung zum Minister über die Schulter gucken. Man durfte mit in Sitzungen, den Verlauf haarklein berichten, ein einmaliger Vorgang. Weder er noch wir wussten, was auf ihn zukommen würde. Vergleichsweise gefasst begab er sich »auf die eingeseiften Bretter«. Bald dürfte ihm gedämmert haben, ressourcenschonender wäre es gewesen, sich in ein aufblühendes Kneipenkollektiv einzureihen.

Am leichtesten ließen sich die Transparente der Fundi-Koalitionsgegner ignorieren. Die behaupteten glatt: »Die Realos, auf dem Marsch in den Arsch von Börner.« Bei seiner Nominierung warnte Fischer die Partei, »die Grünen sind keine besseren Menschen«. Ein seltsames Vorgefühl, dache ich, an einem solchen Tag, der doch sämtliche Optionen zum Besseren einschloss. Fischer kannte den Preis der Macht.

Krisengewinnler

Wiesbaden hatte eine Spielbank, ein Kurhaus, ein Bundeskriminalamt, einen Neroberg und einen vom protzigen Innenministerium überragten Bahnhofsplatz von seltener Hässlichkeit. Vor diesem Hintergrund setzt sich Ende 1981 eine 8 Kilometer lange Marschsäule in Bewegung, die größte Demonstration, die das Land je sah. Die Stadt gehörte den Gegnern der Startbahn West. Neobarock, Gründerzeit, Jugendstil-Fassaden, von allem das Feinste, stand Spalier für die Bannerträger. Schneidender Wind aus dem Taunus fegte den rhythmischen Gesang aus 150 000 Kehlen durch die Straßen: »Hopp, hopp, hopp – Startbahn stopp!« Ich schrieb am nächsten Tag die Seite Drei der *Frankfurter Rundschau* voll mit Impressionen über die kurzen Stunden der Siegesgewissheit. Der Artikel war beim Umbruch, da zettelten Militante draußen am Flughafen schwere Krawalle an. Die Autobahn brannte. Die Polizei stieß mit Hubschraubern wie eine Luftlandetruppe herunter. Mein Reporterpech, ich war just zu der Stunde das erste und letzte Mal im Leben zum Quatschen in einem besetzten Haus eingeladen, der Niedenau 51. Ein Bau mit dreißig Zimmern, von Joseph Beuys »zum Kunstwerk gemacht«. Den Bewohnern vererbte ich meine vertraulichen Dokumente über Westend-Spekulanten, das Konvolut existiert noch, hörte ich bei meinen Fischer-Recherchen. Ihn und den Kabarettisten Beltz rief man gelegentlich zum Friedenstiften in die »51«.

An dieser Stelle bringt mich die Kassette »Niedenau lässt grüßen« zur alten Spielwiese zurück. Vor gar nicht langer Zeit bekam ich sie von einer Exkommunardin geschenkt. In der Villa Kunterbunt heizte man/frau sich mit der Combo »Ton Steine Scherben« auf: »Ihr kriegt uns hier nicht raus/Das ist unser Haus ...« Jede Bude hatte ihre eigene Musik. Die Tom-Robinson-Band steuerte natürlich »Power To The People« bei. Miles Davis dunkelweiche Trompete stieg auf, aber davon verstehe ich zu wenig. Über allem jedoch trieb es Frank Zappas schrille Gitarrensoli (auf der Gibson SG, wie ich mir habe sagen lassen) aus den Fenstern. »You Are What You Is« war frisch rausgekommen. Abstand zu Hausbesetzern zu halten, gebot sonst die journalistische Sorgfaltspflicht. Unter anderem fletschten in den arg unübersichtlichen Zusammenhängen auf den Mann dressierte Hunde mit Migrationshintergrund die Zähne. Ferner war mit eifersüchtigen Katern zu rechnen. Ohne Rücksicht auf Katzenallergien würden einem die Teufel auf den Schoß springen.

SPD-Ministerpräsident Holger Börner, ein echter Dinosaurier, hatte den Ausbau des Flughafens »Rhein-Main« zu seinem wichtigsten Projekt erklärt. Sein unumstößliches »Ja« machte die Grünen zur festen Größe in der Parteienlandschaft. Gestern noch spinnefeind, heute bilden sie eine Koalition. Gewohnt vollmundig hatten die Alternativen dem Wähler – Kapitel 5.4 »Keine Startbahn West« – nicht weniger als die Wiederaufforstung der Betonschneise versprochen, die 600 Meter breit den Wald durchschneiden sollte. Später habe ich mich oft gefragt, was dem Außenminister beim Sinkflug auf das Luftkreuz bewegte, im Regierungsjet herbeigeweht von Was-weiß-ich-für-Terminen.

Das Problem »18 West« lag direkt vor der Landtagstür. Das Abholzen von 250 Hektar Wald im ohnehin überlasteten Ballungsraum brachte Hessen an den Rand eines Öko-Krieges. Wir Journalisten gerieten zwischen die Fronten. Mit den fast mechanischen Zügen einer mittelalterlichen Schlachtordnung rannten Demonstranten wie entfesselt gegen unüberwindliche Wände an, kratzten mit Rammböcken am Beton. In der Flughafen-Einsatzzentrale tobten parallel auf fünfzehn Monitoren die Kämpfe. Man fragte sich, wer von den Kriegsparteien wen belagerte. Nie sah ich mehr Uniformen auf einem Fleck als im Flörsheimer Forst. Das bis zu sechstausend Mann starke Heer wurde der versprengten Zwillen-Schützen kaum Herr, die an jedem beliebigen Sonntag aufkreuzten. Im Gegenzug brachen Greifkommandos der Polizei überfallartig aus der Deckung, testeten Schlagstöcke an den Rippen ihrer Gegner und langten besonders rustikal zu. Ätzendes Tränengas CN mischte sich in den Duft der großen weiten Welt. Blendschockgranaten explodierten. In keinem deutschen Wald wurde mehr Hass geschoben, viele Gutgläubige holten sich in einer Atmosphäre von Gewalt und Verzweiflung blutige

Köpfe und verstrickten sich in das Heillose. Bei über dreihundert massiven Zusammenstößen fast zwangsläufig, dass es bald Tote gäbe. Die Grünen gingen als Krisengewinnler mit sieben Mandaten aus dem Hexenkessel hervor.

Fischers Tagebuch zeichnete auf: »Ohne diese gravierendste Fehlentscheidung des Politikers Holger Börner säßen wir uns heute und hier nicht gegenüber.« Mit zwei erschossenen Polizisten und hunderten Verletzten zudem eine Entscheidung auf Leben und Tod. Zum Techtelmechtel mit den Grünen kam Börner bei uns in der *natur* sogar aufs Titelbild, das Haar zur Frühlingswiese verfremdet. Eine nette, vergebliche Liebesmüh. Der Lorbeer welkte, kaum dass das neue Zeitalter ausgerufen war.

Um mit dem Schluss anzufangen: Das Schlauste, was Fischer aus dem Ministerjob machte, war sein Buch *Regieren geht über Studieren*. Auf Seite eins ist die Ernennungsurkunde abgedruckt, auf der letzten das Entlassungsdokument. Als sei der Rausschmiss von langer Hand vorbereitet gewesen, ist auf der sonst maschinenschriftlichen Urkunde nur das Datum »9. Februar 1987« mit Tinte eingesetzt. Unvorbereitet traf es ihn nicht. Hier hatten sich zwei Politiker zu einem Abenteuer von ungewissem Ausgang gefunden, aber nicht gesucht. Joschka, wie er leibte und lebte, war die gerechte Strafe für den Sozi, der sich mit der Startbahn ein Denkmal zu Lebzeiten setzte. Was Fischer betraf, war der Provinzjob die gerechte Strafe für überbordende Metropolenphantasien, zähe Szene-Manifeste zum absterbenden Kapitalismus, eine Flut ebenso feuriger wie nutzloser Deutungen, die 2006 zu boshaften Vergleichen einladen: Grabbeigaben zum Tod der Linken. Sein Talent lag noch mehr im Sinnieren über alles und jedes, weniger in der Beschäftigung mit der gemeinen Realität, die ihm, dem Minister, bald alles abverlangte.

Bei seiner Vereidigung im Hessischen Landtag – 12. Dezember 1985, 16.02 Uhr, Punkt 4 c, Aufreger wie ein »Gesetz zur Änderung des Kirchensteuergesetzes« waren abgehakt – fiel mir eine physiognomische Verwandtschaft zwischen Börner und Fischer auf. Die gleiche Sorte von fleischigem Kopf, die gleiche Sorte von kleingespitztem, skeptischem Mund. Holger ist der rote Abt, der Sünder Joschka die Beichte abnimmt, den Eid auf die Verfassung. Der um einen ganzen Kopf kleinere Grüne und der Sozi gaben ein ulkiges

Gespann ab. Der eine trat auf, dass die Erde bebte, der andere trippelte mit kurzen, unrhythmischen Schritten. Ein nervöser Gang, würde ich sagen.

Von wegen, da habe einer sein Glück nicht fassen können. Nie sah ich Joschka verlorener als bei der Vereidigung. Ihn peinigte die Sorge, bloß nicht ins Amt zu stolpern und auf den verflixt langen paar Metern einen unwiederbringlichen Moment zu vermasseln. Die ganze Welt hätte darin ein übles Vorzeichen gesehen. Fast in Trance und sichtlich beklommen tappte er auf den leisen Sohlen des Nike-Modells »Convention High« zur Dienstverpflichtung.

Blättert man zwei Jahrzehnte später in den Features über Fischers Vereidigung, gewinnt das Paar Turnschuhe die gleiche Funktion, die Zepter und Reichsapfel bei den Kaisern hatten. Legenden ranken sich um die schnöde Fußbekleidung der Größe 43, die zu allem anderen plump am plumpen Fischer wirkte. Die Dinger reichte er längst an das Ledermuseum Offenbach weiter, das auch Wanderstiefel von Bundespräsident Carl Carstens ausstellt.

Zum Schuhkauf ging ich mit. Wenn mich nicht alles täuscht, sind wir am Vortag unweit des Landtags im Sportgeschäft fündig geworden. Ein kurzfristig anberaumter Termin mit viel weniger Leuten, als dabei gewesen sein wollen. Er zahlte die 149 Mark per Scheck, musste sich aber nicht ausweisen. Das gab's noch nie. Kreditwürdigkeit war ein starkes Indiz für die Ankunft in der Gesellschaft, von Joschka freudig quittiert.

Claro, Für und Wider der Garderobenfrage waren im Vorfeld »ausdiskutiert« worden. Joschka drapiert das übrige Outfit gewissermaßen um die Nikes herum. Die üblichen Jeans zum Pfeffer-und-Salz-Jackett, zweireihig, gepolsterte Schultern, *oversized* geschnitten. In dem Stil raste David Byrne von den »Talking Heads« durch den Film »Stop Making Sense«. Mit einigem Wohlwollen konnte man das Teil als Sportsakko durchgehen lassen. Für mich sah es geliehen aus, war aber neu. Nur ein Woody Allen hätte darunter ein derart gemustertes Hemd tragen dürfen. Niemand, der ernst genommen werden will, sollte je ein solches Design wagen. Danach trat nie mehr ein Politiker in einer ähnlich verbotenen Kombination an. 1985 machte ein Mann damit Geschichte.

Im Landtag ging es zwischen den Statuen von Hypnos (Gott des

Schlafes und der Nacht) und Hemera (Göttin des Tages und des Erwachens) zum Plenarsaal. Mit der Fröhlichkeit des Ortes war nicht zu werben. Den Betonlöwen an der Wand hätte der ehemalige Polier Börner gegossen haben können. Gleichwohl glaubte man, eine Zeitenwende zu spüren.

Im Internet sehe ich mir die Sitzung wieder an. Fischer nimmt vorn Platz, sieht aus wie jemand, der von der eigenen Ideologie gefoppt worden ist. Von Fotografen umlagert, versucht er aus dem schlau zu werden, was geschieht. Niemand hätte sich gewundert, wäre seine Zunge in der Sekunde gelähmt gewesen. Ernsthaft, eine Spur verzittert, wie es den Freunden schien, kam die von Börner vorgesprochene Formel über seine Lippen. Mit gesammelter Anstrengung gelang es ihm, tiefere Gefühle gar nicht erst hochkommen zu lassen.

Was immer man gegen Joschka einwenden mag, er ist jetzt erster alternativer Minister weltweit. Wie sich herausstellt, der Chef einer Behörde, die es noch gar nicht gibt. Zudem findet er es »einfach ätzend«, sich früh um sieben Uhr »aus dem Bett zu hieven«, um in die lustfeindliche Verwaltung einzurücken. Die Spontis geben ihm ihren guten Spruch »Alternativ geht fast nichts schief!« auf die Expedition mit.

Man kann nicht alles haben. Die SPD versteckte den Partner in einem Silo im Süden der Stadt. Eine verlorene Beamtenburg schon vom äußeren Anschein, in wässrigem Grün gestrichen. Die Adresse Dostojewskistraße, im Verein mit dem dort residierenden Finanzamt, verhieß das Schlimmste. Der Dichter verzockte in der Kurstadt 1871 beim Roulette seine letzte Barschaft. Dostojewski bilanzierte apodiktisch: »Jetzt, da alles vorüber ist und ich diese Chronik schreibe, wissen wir bereits, wie alles zusammenhing; damals aber wussten wir noch nichts, und es ist nur natürlich, dass manche Dinge uns sonderbar erschienen.«

Am ersten Arbeitstag – Freitag, 13. Dezember, damit ist schon alles gesagt – kommt Fischer unterm Geleitschutz Frankfurter Freunde noch mit der S-Bahn. »Unausgeschlafen«, versteht sich. Sein Freund Tom Koenigs ist dabei, seit dem »Revolutionären Kampf« mit ihm eng, sie warfen nur einen Schatten. Dem Bankierssohn bot der Landesforstmeister bei Etatgesprächen prompt einen Hirschen zum Abschuss an.

In selbst auferlegter Kargheit wohnte Koenigs mit Freundin und Kindern im Mietsblock. Wegen fast rührender Scheußlichkeit fiel daheim eine Büffelhorn-Lampe auf. Ein Geschenk des Vietcong. Aufbegehrend gegen seine Herkunft, hatte Koenigs ihm einige hunderttausend Märker aus dem Millionenerbe abgetreten. Tom hatte null Komik-, aber umso mehr Bürokratenpotential, verschlang den 3000-Seiten-Landesetat wie einen Krimi. Vorher übersetzte er Bücher von GarcíaMárquez. Abseits der Beratungen über »Polizeiliche Startbahneinsätze 37 Millionen Mark« vertiefte er sich in die Lyrik Rafael Albertis. Die von Koenigs ausgesuchte Lieblingszeile aus dem Gedicht »Die Augen des Stieres« umkreist das Ende in der Arena: »in meinen Augen, den Augen des Stieres/sehe ich sich alles bewölken«. Lyrisch sehnen sich die Kerle nach dem Tod im Kampf. Koenigs erfüllt in aufsteigender Linie von Gefahr seine Aufgabe derzeit für die UN im Krisenherd Afghanistan.

Für mich ist Joschkas zweiter Intimus Georg Dick schon immer eine weißhaarige Erscheinung gewesen. Automechaniker und Matrose, heuerte er bei Norwegens Handelsmarine an, schipperte mit Joseph Conrads Büchern im Seesack herum, *Lord Jim*, was sonst. Er swingte in der gar nicht fernen Sponti-Ära mit rosa verschossenen Latzhosen durch Frankfurt. Jetzt umtänzelte der Pressesprecher seinen Fischer als Geheimnisträger. Später machte »der Georg« den Botschafter in Chile und Venezuela, managte im Außenministerium den Planungsstab, Besoldungsgruppe eines Drei-Sterne-Generals. Wer aus der Nähe erlebte, wie Georg Dicks im Zorn maßloser Gebieter ihn zur Minna machen konnte, der findet seine kuriose Beförderung unter die Diplomaten gerecht.

Die ARD startete Ende 1985 mit der »Lindenstraße«. Fischer startete sein rein virtuelles Ministerium. Groß die Personalnot. Es half, wer konnte. Damals wollte ich Joschka einen Gefallen tun, vermittelte ihm Horst Sterns Chefsekretärin Frau B. fürs Vorzimmer. Grüne Geschichtsschreibung ist prekär. Sie siedelt die »M-Ebene« im zwölften Stock an. Ich meine, es war im zehnten. Frau B. brachte sich in offensichtlicher Tristesse-Erwartung Myrthenbäumchen und einen Ficus Benjamini mit. Essen mit dem Minister zum Kennenlernen. Ihr erster Eintrag: wenig Schmeichelhaftes über Fischers Tischsitten.

Dem Tagebuch zufolge soll ich bei Fischer wegen einer Gehaltserhöhung für Frau B. interveniert haben. Bei der Ankunft lag das Monatsgehalt bei 3960 Mark. Vorher waren 4200 Mark vereinbart. Abends habe Joschka angerufen, er würde die 200 Mark vom eigenen Verdienst abzwacken. Sie lacht glockenhell bei der Frage, ob es auch dazu gekommen sei? Nach drei Monaten, die Energiesparlampen und Möbel waren besorgt, hatte sie genug. »Fad und eintönig« sei es, »klapp tut nach wie vor nichts«, außer delikaten Völlereien mit dem Grünen-Vorstand im »La Forchetta«, deutsch: die Gabel. Ihre Notiz: »Warum eigentlich dort, wo Fischer das Zeug eh nur in sich reinschaufelt.«

Die Sekretärin durfte dem Herrn Minister häufiger Anrufe seiner nunmehrigen Flamme »Claudia« durchstellen, »der Claudi«. Ihretwegen ließ er sich aus Sitzungen herausholen. Für mich nur zu verständlich, die mädchenhafte Neue hatte die glatte Stirn der höheren Tochter, geschneckeltes, überaus blondes Haar, eingeflochtene Zöpfchen. Mit dem Frankfurter Ballast hatte sie nichts zu schaffen. Ihre verspielt-lässige Erscheinung machte gute Laune. Bei ihr getraute er sich Anflüge von Zutraulichkeit in der Öffentlichkeit.

Probierhandlungen

Die Wiesbadener Orientierungsstufe bildete im kleinen Maßstab ab, was sich mit der Ernennung zum Außenminister wiederholen sollte. Ein Fischer, der den Gremienwirrwarr durchdringt, aus dicken Vorlagen Wichtiges herauspickt und sich mit der beargwöhnten Verwaltung anfreundet. Mit einer Opposition, die sich an der Reizfigur abarbeitet, mit einer Fraktion, die hinter Joschkas breitem Kreuz verschwindet.

Im Fraktionssaal sahen die Alternativen auf den Anarchisten-Slogan »Keine Macht für niemand«, schon walzte er in seiner immer wieder aufs Neue überraschenden Leibesfülle herein. Güte war es nicht, was man ihm ansah.

SPD-Landesfürst Börner hatte grüne Wähler rund um den Flughafen wüst von der Polizei vermöbeln lassen. Da verteidigte man mit der Parole »Wenn die Bäume fallen, stehen die Menschen auf!« die

Natur noch Arm in Arm mit der Basis. Das Mindeste, was die Alternativen von den Sozen an Unterwerfung verlangt hatten, waren ein »Nachtflugverbot auf Rhein-Main« und eine »Amnestie für Startbahngegner«. Diese »Knackepunkte« verdrängte man sofort, obwohl fast dreitausend Ermittlungsverfahren liefen, dreihundertachtzig Anklagen erhoben und achtzig Verurteilungen ergangen waren. Kaum zum Koalitionspartner veredelt, hingen, gerahmt und hinter Glas wie Diplome, Schlachtengemälde aus dem Wald in ihren Büros und minimierten den Widerstand zu hübschen Bildergeschichten. Die fälligen 1,5 Millionen Mark für das Wasserwerfer-Modell 9 wurden bereits mit Alternativ-Stimmen genehmigt. Das Ungetüm putzte Demonstranten mit dem Druck von bis zu 15 bar weg.

Der *Spiegel* widmete Fischer einen Aufmacher. Daneben stand die Ankündigung einer Geschichte über die »Sowjetrepublik Afghanistan, Bericht aus einem besetzten Land«. Es ist das Land, für das im November 2001 eine von Fischer eröffnete UN-Konferenz auf dem Petersberg stattfindet, und ein Beispiel, wie sich die Themen seines Lebens (und dieses Buches) wechselseitig durchdringen. Das Bonner Haus der Geschichte stellt das Original seiner Rede in Vitrine Ve/ 45.3/3 aus. Es ist das Land, in das Rot-Grün Bundeswehrkontingente entsandte. Nur damit man besser versteht, was seitdem mit der Welt, mit Deutschland, mit Fischer, mit uns passiert ist und was uns verändert hat.

Gut zu sehen auf dem *Spiegel*-Titel, was für ein großes, dickes Kind in Hessen an die Regierung gekommen war. Man sieht auch, dass dieses große, dicke Kind außer knöchelhohen Nike-Tretern noch ein Paar von adidas mit Klettverschluss hatte, damit das auch gesagt ist. Nicht halb so berühmt wie die von Nike.

Der Beifall im Plenum war enden wollend. Draußen war das Echo auf seinen Einstand grandios. Zweifelhafter Schick erhöhte die öffentliche Wirkung und tarnte zudem, dass Fischer gar nicht wusste, wie er das fremde Berufsbild anlegen sollte. Der Paradiesvogel flatterte beim anschließenden Empfang verloren in dem mit prächtigen Vogelmotiven geschmückten Gesellschaftszimmer herum. Trotzig kommentierte er die Kabinettfotos mit ihm im Vordergrund: »Stell dir vor, ich hätte in das Bild gepasst!« Eine Horrorvorstellung! Dazu grinste er sardonisch. Bald war er aus der Komposition solcher – gern auf Steintreppen arrangierter – Gruppenbilder nicht mehr wegzudenken. Allerdings mit festem Schuhwerk.

Wo genau es mit ihm hingehen sollte, keine Ahnung. Die Lösung ließ sich auf morgen vertagen. Ehe es einem komisch ums Herz werden konnte, gurkten wir mit dem Minister im Kombi des Frankfurter Handwerkerkollektivs »Rote Rolle« heim. Zu unseren Füßen blinzelte träg ein streng riechender Schäferhund. Am folgenden Samstag trafen wir uns bei der Wackersdorfer Großdemo gegen die geplante Plutoniumfabrik. Die illegale Platzbesetzung beginnt, der Minister schlurft »wehmütig von dannen«. Zumindest schmückt er es so aus. Sein Abschied von der verlorenen Zeit.

Täter und Opfer

Joschka Fischer wird demnächst neununddreißig. Er sieht aus wie ein falscher Fuffziger, obwohl 1987 erst das zweite Amtsjahr beginnt. Im Fond des Dienstwagens schläft diesmal »Dagobert«, den der Herr Minister um sein Hundeleben beneidet, damit er sich an einem gewöhnlichen Krisentag in Rage reden kann. »Also hör mal zu«, Schwierigkeiten noch und nöcher. Vordem lebte er auf in Zwist und Streit. Nun ist er selbst Zielscheibe von Attacken. Das geht ihm mächtig auf den Senkel. Ärger mit den eigenen Leuten, dann »mit diesen Idioten von der SPD«. Immer sei *the worst case*, nie ein *easy going* dran. Er frage sich, wie lange er das seelisch noch aushalte und was der ganze Scheiß eigentlich solle. Nichts blieb von der robusten Zuversicht, mit der Fischer seine Partei bei Strafe ihres Endes in die rot-grüne Koalition getrieben hatte.

»Komm«, sagt der Minister, und spielt hibbelig am Autotelefon: »Ich erklär dir mal, was da drin wirklich abgeht. Gemessen an meinem Job ist eine Odyssee die reinste Lustreise.« Gratwanderung? Dass er nicht lache! Ehrlich, man balanciere auf einer Rasierklinge. »Du verstehst, was ich meine.« Genauso hätte er sagen können: Ich bin der Sache nicht gewachsen. Unlösbare Probleme, der Spagat zwischen grünen Wünschen und verkappten Industrie-Erpressungen, Arbeitsplätze zu verlegen – er drohte demonstrativ, den Hut zu nehmen, eine blaue Wollmütze. Im Dialog befragte Joschka seinen

Fischer, warum er »nicht den Abgang mache«? Rauchen war ein Synonym für Genuss. Wegen Dauerkritik am Paffen schmeckten ihm die Selbstgedrehten kratzig.

Was er als Beschwerde vortrug, wollte nicht recht zum Gruß passen, der nach zwölf Monaten »mit guten Wünschen fürs neue Jahr« bei mir eintrudelte. Keine Geschäftspost, mehrere Porträts des gut gelaunten Fischer, in blauer Tinte unterschrieben. Das »J« und das »F« mit flüchtigen Bögen.

Der Grüne sonnte sich in der Pose eines Opfers der Verhältnisse und bat um Erbarmen mit dem Hessen. Dabei kassierte der apokalyptische Reiter satte 7500 Mark netto im Monat fürs Wehklagen. Der Chef von 1430 Mitarbeitern gebot über einen Etat von 338 159 600 Mark, ehrfurchtsvoll geflüstert. Dazu aus Verbundenheit mit seinem kurzzeitigen Arbeitgeber einen Opel-Kadett mit Chauffeur. Das war nicht grade der dicke Mercedes. Die sollten noch reichlich kommen.

»Herr Beil« war Joschkas Fahrer. Unvergesslich die Touren nach Bonn oder Lingen. Unterwegs malten wir uns mühelos eine BRD ohne Kanzler Kohl aus. Dann kam sein Kommando: »Herr Beil, wir halten mal beim nächsten Bäcker.« Das ist lange her. Denke ich daran, schmecke ich sofort Leberkäs-Semmeln und Zuckerguss-Teilchen. Für »Dagobert« fiel Leckeres ab.

Ganz der Schwabe, bruddelte Fischer unterwegs über die »Mühseligkeit der Exekutive«, ächzte zum Mitschreiben, Umweltpolitik sei »die schmutzige Magd der Industrie«, er bloß deren »Müllkutscher«. Fischer kam die negative Wirkung nicht ungelegen, die ihn einer Begründung für seine dürftige Bilanz enthob. Wiewohl sein Gefühlsressort »Umwelt« einer Notwendigkeit entsprach, einem Hauch von Aufklärung sogar, machte er herzlich wenig daraus. Er überließ sich dem Jammer, die schlecht gespielte Qual hätte ihm einen Totalverriss des Theaterkritikers Hellmuth Karasek eingebracht. Zugegeben, mein Zimmernachbar beim *Tagesspiegel* war alles andere als ein Fischer-Fan.

Joschka wich in die Rolle des armen und getriebenen Ministers aus, der das Beste will, aber von den Umständen, die nun mal sind, wie sie sind, an der Durchsetzung gehindert wird und sich durch eisernes Ausharren legitimiert. Das Pathos der Selbstdramatisierung, eine nicht ganz neue Schlüsseltechnik des Machterhalts, von ihm zur Kunstform erhoben, bis zum Ende der Regierung Schröder in vielen Variationen angewendet. Mit diesem gepeinigten Ausdruck konnte Fischer tun, als habe er sich mit seiner Krönung den Fluch eingehandelt, alle guten Vorsätze über Bord werfen zu müssen.

1986 stehen nach dem Reaktorunglück von Tschernobyl die Schlüsselwörter »Restrisiko« und »Atomwolke« auf der Hitliste der Gesellschaft für deutsche Sprache. Für 1987 hatten die Grünen den Ausstieg Hessens aus der Atomkraft zur beschlossenen Sache erklärt. Davon war keine Rede mehr. Zum einjährigen Dienstjubiläum erreichten Fischer Wünsche und Verwünschungen gleichermaßen. Ihren Tenor fasste der Jubilar zusammen: »Viel is noch nicht, aber sonst ganz originell, der Herr Minister.« Der war in den längsten Monaten seines Lebens vorsichtiger geworden. Er bekam schwere Backen, wurde dicker, aber dünnhäutiger.

Jetzt zeichnete sich der zweite Fischer ab, die Kontur des Staatsmanns in spe, angefixt von der Macht, der er sich schließlich ergab. Joschka war still, wo er vorher den Mund voll genommen hatte. Joschka war blass, wo er vorher Esprit versprüht hatte. Joschka hatte Bedenken, wo er vorher Forderungen hatte. Was vorher wichtig war, wurde schon mal unwichtig oder umgekehrt. Eingeweiht in Vertrauliches, das kein Flüstern vertrug, hatte er sich Lauerndes angeeignet. Leicht reizbar, kam vorab die Mahnung, »das sach ich unner drei«, also nicht zum Zitieren. Gern ließ er den Spruch los: »Ma waaß es net, ma munkelt nur, aber es wird no erforscht.« Vordem konnte Joschka nur gewinnen. Jetzt hatte er was zu verlieren. Das ließ er spüren.

Diese Details entnehme ich meinen damaligen Fischer-Skizzen. Das Feature für die *natur* war noch im Druck, da flog die rot-grüne Koalition auseinander. Börners Wirtschaftsminister verkündet, der Betrieb der Hanauer Plutoniumfirma werde »weiter genehmigt«, da tagt hinter verschlossenen Türen Fischers Krisenstab: »Hopp oder dopp.« Ich spiele Mäuschen. Die Lage ist aussichtslos. Börner reißt das Gesetz des Handelns an sich und beendet Ruckzuck das unzulängliche Experiment. Ein Rausschmiss, der den schrecklich käsigen Fischer irgendwie überkommt. Mit der beleidigten Miene des Spielers, dem die todsichere Rochade missglückt ist, nimmt er das Aus entgegen.

9. Februar 1987, letzte Ausfahrt Staatskanzlei. Dieser immer wieder erhebende Moment, unter knatternden Fahnen in eine Auffahrt zu gleiten. Fischer trägt das Sakko seiner Vereidigung. Über Turnschuhe ist nichts bekannt. Die entfremdeten Koalitionäre beim Abschiedstrunk. Der Hausherr fragt, was serviert werden soll. Joschka antwortet, »nur nichts Trauriges«. Der Sekt kommt. So endet, versöhnlich, »das größte Abenteuer« seines Lebens. Wenn er sich damit nur mal nicht täuschte.

Joschka Fischer war gescheitert. Ausweislich seiner Bibliographie schrieb der Minister a. D. in den folgenden zwei Jahren zwei Bücher. An einem dritten über *Rechtsstaat und zivilen Ungehorsam* machte er mit. Knapp fünfhundert Seiten, diktiert von dem Wunsch, nicht vergessen zu werden. Sofern ich die Publikationen nicht ganz falsch interpretiere, herrschte Erklärungsnotstand.

Der lange Aschermittwoch

Die alten Mythen verblassten. In Bonn trat Willy Brandt vom Parteivorsitz zurück. Die Discomusik von »Boney M.« konnte man vergessen. In Wackersdorf stand die letzte Großdemo mit 30 000 Leuten noch bevor. Linke Buchhandlungen verkauften weiter Marighelas *Minihandbuch der Stadtguerilleros* für zwei Mark das Stück.

Von Fischer sprach kein Mensch mehr. Er feierte Hochzeit mit Claudia. Sie blieben dreizehn Jahre zusammen. Die Redaktionspraktikantin und der frisch gewählte Abgeordnete hatten sich im Bundestag erste Buchstaben aus dem Liebesalphabet gemorst. Das Plenum ist sonst bestimmt der letzte Ort romantischer Begegnungen. In dieser Phase der Achtziger erleben Fischers ärgste Feinde, die Fundis um Jutta Ditfurth, eine Scheinblüte. Danach fliehen sie scharenweise aus der Fischer-Partei.

Als müsse der brutalste Umweltkonflikt der Republik noch einen schaurigen Abschluss finden, stehen Ende Februar 1989 in Frankfurt neun Startbahngegner vor Gericht. Zwei Jahre zuvor krachten in einer hitzigen Novembernacht Salven von Schüssen aus einer Sig. Saur. Nahe der »18 West« starben zwei Polizisten. Nichts dokumentiert das Scheitern des eigenen Anspruchs umfassender als dieser

Prozess. Fischers Marx-Antiquariat druckte just den Katalog Nummer 30, *Hier spricht die Revolution*. Im Angebot dreizehn Bücher zur Startbahn West. Der Titel *Testfall Startbahn West. Erfahrungen und Perspektiven im Widerstand* kostet zwölf Mark. Am Frankfurter Justizbau steht in ehernen Lettern »DIE WÜRDE DES MENSCHEN IST UNANTASTBAR«. Auf der Anklagebank drei Frauen, sechs Männer, sechsundzwanzig bis neunundvierzig Jahre alt. Der kümmerliche Rest einer geschlagenen Öko-Armee. Auf ihnen lastet der schwere Vorwurf, am »sechsten Jahrestag der Hüttendorf-Räumung« zwei Polizisten getötet zu haben und Mitglieder einer kriminellen Vereinigung gewesen zu sein. Die Einsamkeit der Beschuldigten kontrastiert stark mit der Erinnerung. Das kollektive Anliegen ist in individuelle Tragödien zerbrochen. Als die Region gegen das Abholzen einer halben Million Bäume protestiert hat, schien das Trägheitsgesetz der Masse überwunden.

Die heutige Wüstenei hatte ich als Wald erlebt. Ich hatte mich in den Zelten der Bürgerinitiativen gewärmt, den Tee ihrer »Küchenbrigade« getrunken, war mit vielen hundert Menschen durch den Schlamm gewatet. Ich teilte ihre Besorgnis vor dem »Tag X«. Gemeinsam versuchten wir, die unseligen Holzfäller mit einem Fluch zu bannen. Desorientiert durch polizeiliche Scheinmanöver, durch die Nacht besonders verwundbar, lauschten wir in gespannter Stille auf Truppenbewegungen. Suchscheinwerfer wischten über unsere Köpfe. Unvergesslich: Das Kind einer Kollegin wurde vom Wasserwerfer weggespritzt. Der Bub flog wie ein Gummiball. Vor meinen Augen brach die Polizei einer Frau mit einem Schlag glatt die Hand. In der heillosen Verwirrung nach der Räumung des Hüttendorfs stolperte ich an Heulenden vorbei, die nichts mehr auf die Scheißpolitik gaben. Es war zu heiß, es war zu kalt, dann goss es. Auf Demos goss es immer. Die Schuhe kaputt, kein trockener Faden am Leib. Die Redaktion wartete.

Trat man vor den Gerichtsbau, zogen gen Westen am Horizont die Jets *up, up in the air*. Kondensstreifen zeichneten das Muster von Freiheit an den Himmel. Beim Abflug von Rhein-Main, auf der Route DF 24 nach Norden, überquerten die Silbervögel Frankfurt. Im Steigen begriffen, Höhe zwischen 4000 und 8000 Fuß, glitt unter den Passagieren die Stadt weg. 16 Kilometer vom Tatort prallten die gesellschaftlichen Widersprüche gleichsam im Raum aufeinander.

An Prozesstagen, von 9.30 bis 17.30 Uhr, landeten und starteten auf »Rhein-Main« über fünfhundert Jets.

Der Konflikt ließ auf allen Seiten Traumata zurück. Beim Umweltpfarrer deckte man die Wunden mit dem Bundesverdienstkreuz zu. Für mich war die 18 West ein Grund, aus Frankfurt wegzugehen. Der Haupttäter erhielt wegen Totschlags die Höchststrafe von fünfzehn Jahren. Im Oktober 1997 kam er unbeachtet wieder frei. Die Grünen stritten zu der Zeit heftig über ihr Wahlprogramm. Im ersten Entwurf enthielt es die Forderung nach »Halbierung der Bundeswehr und der Auflösung der Nato«.

Der Stand der Dinge

Ende der Achtzigerjahre galt es einigen unangenehmen Wahrheiten ins Gesicht zu sehen. Wir gingen auf die vierzig zu. Wir hatten zu lange geglaubt, dass wir jung sind. Wir hatten zu lange »You Can Get It if You Really Want« mitgegrölt. An Geburtstagen war von der »Mitte des Lebens« die Rede. Niemand weiß mehr so richtig, warum, aber das urgrüne Thema Ökologie verschwand von den Titelseiten. Autobauer zeigten blühende Wiesen, Wasserverschmutzer seltene Wasseramseln – raffinierte Werbung der Täter mit Bildern ihrer Opfer. Grün war nur noch eine Farbe, keine Idee mehr.

Inzwischen ist die Idee eine verlorene Sache, verschüttet unter Schichten von Zeitgeist.

Sie zu rekonstruieren sind Gegenwartsarchäologen vonnöten. Die Ausgräber müssen selbst ergründen, warum die Prosecco-Welle über uns kam. Nach der Untergangslust sollte die neue Lebensfreude richtig prickeln. Statt handgesponnener Wolle lockte flauscheweiches Glitzerzeugs. In der Retro-Phase 2007 kehrte es eben wieder. »Verbürgerlichung« war kein Schimpfwort mehr. Verbürgerlichung war ein Ziel. Nur beim Essen setzte sich Bio durch. Rohmilchkäse aus Frankreich, italienische Hartweizen-Pasta, der Balsamico-Essig. Die verfeinerte Küche wurde grünes Gemeingut, Fischers Kumpel Trebes ein Spitzenkoch. Im »Gargantua« kreierte er »saftigen

Zander im Speckmantel auf Berglinsen mit Champagner/Senf-Butter«.

Die DDR hatte sich selbst abgeschafft. 1990 schafften die Grünen den Einzug in den Bundestag nicht. Oskar Lafontaine wurde kein Kanzler. Jan Ullrich war ein deutscher Rad-Gott, Reporter mussten dem unbedarften Rostocker ihre Stimme leihen. Heute ist er ein gefallener Engel.

In der WG empfahl es sich, die Reisstrohteppiche zu entsorgen. Die Wände mussten Reinweiß sein. Die selbst gezimmerten Regale flogen raus. Das Ikea-Modell »Billy« kam rein. Pepitahosen aus dem Fachgeschäft für Berufskleidung an der Konstabler Wache wirkten plötzlich billig. Total ungerecht, Neil Young mit seinem schluchzenden »Out Of The Blue« war nur noch ein »Crazy Horse« für die 68er-Opis. Stattdessen war »The Cure« mit dem »Lovesong« *on the top*. Frisch verliebt musste man die »Pretenders« live erlebt haben: »I Remember You ...«

Suhrkamp recycelte im Weißen Programm die Klassiker der Studentenrevolte. Darunter die Werke von Fischers Hausgöttern Adorno, Habermas, Luhmann. Ihr Kanon verlor sich im Labyrinth der Postmoderne. Punk wurde zu New Wave gezähmt wie sonst auch alles Wilde. »In«-Geschäfte hießen »Robot« statt »Marshalla«. Schmale, staubgraue Hosen von »Pink Flamingo«, festgezurrt mit Plastikgürtel, waren der letzte Schrei. Die langen Haare wurden für brav gescheitelte Jungsfrisuren gekappt. Schnauzbärte fielen. Unsere nach Italien ausgerückten Vorposten meldeten sich reumütig aus dem umbrischen Paradies. Sie wollten jenseits von Eden wieder in der Redaktion mitmachen und erbaten eine Planstelle. Von unseren Ohrsteckern blieben nur Einstichlöcher.

Am Morgen nach den Achtzigerjahren holen uns die verdrängten Fragen ein: Was soll nun werden? Wegen drängendem Redaktionsschluss fanden wir nie die richtige Antwort. Um uns herum flogen WGs auseinander. Altbauten verwandelten sich »qua Teilungserklärung in Eigentümergemeinschaften«. Biedermeier-Garnituren demonstrierten neuerdings radikalen Chic. Privateigentum und Rente waren Thema Nummer 1. Genossen stritten mit Genossen. Hoch-Zeit für Therapeuten, die Debatten über Soll und Haben, Sein und Zeit ließen Beschädigte zurück. Wer nicht zum »Sozialschrott« zählen wollte, musste sehen, dass er die Kurve kriegte und sich »positionierte«. Also droschen die Chefideologen von gestern in Magazinen gnadenlos auf ihre eigene Szene ein.

Von sinnlosem Widerstand und zu vielen Rückschlägen ermattet schlief der Diskurs ein. Ich hatte ebenfalls genug von Öko. Reportierend hatte ich keinen Konfliktherd ausgelassen; die Berichte passen gar nicht auf ein Protestposter. Meinen Beitrag zur Rettung der Menschheit hatte ich erfüllt. Ich ging meiner Wege, porträtierte Stararchitekten, schlug mich mit Boxweltmeistern herum, suchte Stasimörder. Ich rekonstruierte Gernot Reinstadlers Todessturz bei der Lauberhornabfahrt. Der Schnee verlor seine Unschuld, der Zwanzigjährige rutschte mit grotesk verrenkten Gliedern den Zielhang herunter, das Bild werde ich nicht mehr los. Für das *SZ-Magazin* klärte ich die Frage »Wem gehört die Isar?« Zur Wende belagerte ich unter den Dunstschwaden des Kraftwerks Dimitroff die Leipziger »Hochschule für Körperkultur«, die DDR-Medaillenschmiede. Im Foyer hing das »schönste Gesicht des Sozialismus«, ein züchtiges Porträt von Katarina Witt. Dann endlich rein in die abgeschottete »schwarze Kammer«. Den Raum mit geblümten Vorhängen durfte kein Wessi betreten. Dort lagen die Akten der Doping-Wissenschaft »Sport« unter Verschluss.

Otto Schily war zur SPD gewechselt. Niemand nahm ihn ernst. Ich tourte mit ihm durch Hinterzimmer. Im IC auf der Rheinstrecke spendierte er pappigen Käsekuchen. Der Bluffer war hin- und hergerissen zwischen der Rolle des Politikers, der so tat, als hätte er die Trümpfe in der Hand und müsse sie bloß ausspielen, und der Rolle von Otto dem Vergessenen, froh darüber, dass ihn unter den traurig hängenden Simpelfransen jemand erkannte. Kapriziös gab er Autogramme mit goldener Feder.

Ich führte ein freies Autorenleben, verbrachte viel Zeit auf dem Velo und hörte und hörte mit dem solarbetriebenen Walkman Ry Cooders »Stand By Me«. Von »New Cyclist« in Hamburg ließ ich mir ein sündhaft teures rotes Rennrad bauen, es würde mich auf den Mont Ventoux tragen. Ungedopt. Ich trat die Gänge eines Didi Thurau bei der Tour de France. Nach 11 der 20 Bergkilometer fiel ich vom Sattel. Bayern Münchens Trainer Otto Rehhagel strichelte mir im Schwabinger Café die Laufwege seines »Stoßstürmers« Jürgen

Klinsmann auf eine Serviette. Mit »Klinsi« traf ich mich in Geislingen. Wir hatten beide im Eybacher Tal für den SC gekickt, zugegeben mit unterschiedlichem Erfolg. Für *Merian* kraxelte ich am Matterhorn herum, aber nicht zu hoch. Tagelang flanierte ich 1990 über die Berliner Friedrichstraße. Aus der Wohnung von Brecht-Tochter Barbara guckten wir auf den vom VEB Ingenieurhochbau im Jugendstilverschnitt errichteten Friedrichstadtpalast. Kamele aus dem elften Szenenbild der Revue dösten neben dem Eingang. Die Nachricht, dass ich für meine Berlin-Reportage die mir wichtigste Journalistenauszeichnung bekomme, erreichte mich am Rostocker Fußballstadion. Ein Trost dafür, dass meine unglückselige Frankfurter Eintracht just die Deutsche Meisterschaft verschenkte. Mein Sohn war gerade zur Welt gekommen. »Rising Sons« von Taj Mahal und Ry Cooder bekam man doppelt geschenkt. Ich schrieb und schrieb über alles, nur nicht über die grüne Partei. Mit einer Ausnahme. Dora Flinner vergaß ich nie, ihre Vorzeigebäuerin.

Urgrünes

Im nordwürttembergischen Boxberg hatten Dörfler den Aufstand gegen Daimler geprobt, der ihnen ihre Äcker für eine Teststrecke wegnehmen wollte. Den Kampfnamen »Bundschuh-Bauern« entlehnten die Widerständler vom Bauernkrieg. Rezzo Schlauch rückte mitsamt seiner Grünen-Landtagsfraktion an. Morgens um fünf kletterten sie auf die Bäume. »Mich mussten sie zu sechst wegtragen«, prustet er. Ab und an begegne er noch einem Polizisten, der sich dabei fast einen Bruch hob. Nach dem Sieg über den Konzern spendierte Rezzo einen ganzen Ochsen.

Dora Flinner kam 1987 für die Alternativen in den Bundestag. Unvergesslich der Auftakt. In der Hand hielt sie eine hellledere Aktentasche. Das Geschenk des örtlichen Bankchefs gab ihr Gouvernantenhaftes. Ohne jeden Repräsentationsehrgeiz gestand sie: »Unsereins isch lieber dahoim als fort.« Befangen im Respekt vor Promis wie Petra Kelly, referierte »die Dora« mit einem Anflug von Röte im Gesicht: Sie habe fünfundzwanzig Stück Vieh, lege Mais, fahre Mist, hacke Rüben, sitze zum Melken unter der Kuh, gucke

»nach de Kälble«, kämpfe »gegen Daimler, Geldsackdiktatur und Großkapital, das uns Kloine einfach einhamschtern will«. Einen solchen Ton hatte die Runde noch nie vernommen. Im Sitzungschaos der Fraktion traute sich die Landfrau nicht, am wollenen Unterzeug für ihren Mann weiterzustricken.

Ich besuchte die Abgeordnete auf ihrem von Schwalben umschwirrten Gehöft. Sie empfing mich im Schaffschurz. Rosen und Petunien leuchteten am Türstock, als müsse Schönheit verschleiern, dass die Initiative am ertrotzten Sieg über den Multi zerbrach. Die streng Gläubige begann des Morgens um vier Uhr mit der Lektüre der Herrnhuter Losung. An dem Tag lautete der Spruch: »Errette, die man zum Tode schleppt, und entzieh dich nicht denen, die zur Schlachtbank wanken …« Auf sich gemünzt, lautete ihre Deutung, bei Unrecht dürfe man »das Maul net halte«.

Wir saßen in der guten Stube unter dem Jesusbild mit dem Leitwort »An Gottes Segen ist alles gelegen«. Sie ordnete das Geschehene in ein bescheidenes Dasein ein, das seinen Maßstab nicht vom Irdischen bezieht. Als Pietistin sähe sie den eigentlichen Wert nicht im Geld, sondern in der Bewahrung unserer Erde. Die Teststrecke nahm sie als eine ihr auferlegte Prüfung an. »Ein Gericht des Herrgotts«, der ihre Fähigkeit zum Guten prüfe. Jederzeit, sagte die Flinner unerschrocken, würde sie erneut Widerstand leisten, obwohl der Konflikt ihr Dasein ins Wanken brachte: »Ich könnte nie für Zerstörung sein!« Die Stars wussten mit ihr wenig anzufangen. Kein einziger grüner Promi verirrte sich je auf ihren Hof. Aber Menschen wie Dora waren Kraftquellen der Grünen. Sie blieb der Partei treu, betont jedoch, es hätte hinlänglich Austrittsgründe gegeben.

Gelegentlich meldete ich mich bei Rezzo. Der Stuttgarter ist die pure Energie, beherrscht mitteleuropäische Höflichkeitsformen und holte sich völlig verdient den Titel »Liebling Killesberg«. Schlauch kannte schon – bitte nicht weitersagen! – Superhotels, als man sich bei alternativen Treffs weihevoll zur »Begrüßungskette« die Hand reichte, die gefürchtete »Bettenbörse« getrennte Schlafplätze für Männlein und Weiblein verteilte und »Selbstverköstigung« drohte. Kroch die Fraktion nächtens in Heuschober, geruhte er im Bad Mergentheimer Kurhotel Victoria Quartier zu nehmen. Er ist der einzige Grüne, der ungestraft den Macho-Spruch, »Frauenpolitik interessiert koi Sau« raushauen konnte. Der Jurist war zudem der Einzige seiner Spezies, den ich länger in meiner Nähe ertrug. Deshalb empfahl ich ihm nach dem Regierungsumzug das Berliner Mietshaus, in das wir 1999 zeitgleich einzogen. Kam er zu Sitzungswochen an die Spree, drehte der Barde auf, stampfte unverdrossen zu Rock und Soul von Tina Turner bis Joe Cocker. Er verstand den Blues, ging aber auch fremd mit »Tocotronic«. »Let the Good Times Roll«, die Wände wackelten. Unter ihm fiel CSU-Kollege Eduard Oswald aus dem Bett. Die Anlage brachte Peter Siller ins Haus, eines der wenigen grünen Talente, zuletzt für Fischer das, was in Berlin *spin doctor* heißt und auf Deutsch bedeutete, dass er buchstäblich bis zum Umfallen rackerte. Mir ist Joschkas unerschütterlich langmütiger Referent aber als wahrer Kenner der snobistischen »Tindersticks« viel sympathischer. Mit ihrer schleppenden Sehnsuchtsballade »You Are my Oblivion« bestehen sie darauf, die allertraurigste Band der Welt zu sein. Ihre Musik ist nah an der Verzweiflung, deshalb mögen wir sie. Sillers eigene Punkgruppe »Wintercamping in Warschau« dagegen bleibt leider ein Phantom. Den versprochenen Sampler rückte er nie raus, weshalb ich nicht mal musikalisch von den Alternativen profitierte.

Teil IV Body-Bilder

»Jeder Griff muß sitzen.«
Joseph Beuys

Wiedergeburt

Fischer war mir so was von wurscht. Jahrelang war er aus meinem Horizont verschwunden. So hätte es weitergehen können, hätte ich ihn mir nicht für die neu gegründete *Woche* auf dem Hannoveraner Parteitag 1993 angesehen. Nach der Schlappe bei der Bundestagswahl erinnerte makaber genug die Erschießung Petra Kellys durch Gert Bastian '92 ein größeres Publikum an die Partei. Auf den muffligen Joschka hatte ich ohne Entzugserscheinungen verzichtet und nichts versäumt. Nur am Rande interessierte mich sein neuerlicher Anlauf im Wiesbadener Kabinett. Nun zog er gebührend verspätet in die Niedersachsenhalle ein. Niemand konnte den Minister übersehen, die Versammlung war voll im Gang. Wichtig wuchteten Hiwis ein Funktelefon auf den Tisch. Sein Statussymbol, schuhschachtelgroß, mit Antenne. Da war er wieder. Ich hatte ihn auf dem Schirm.

Alles schien wie früher, aber nichts mehr, wie es war. Einiges musste in der Zwischenzeit passiert sein. Aber was? In Bonn grassierte Katerstimmung. Der Regierungsumzug nach Berlin nahte. Bald sollte das Haltestellenschild »Bundeshaus« abgeschraubt und durch »Museumsmeile« ersetzt werden. Noch zoomte die Fernsehkamera beim *opener* vom grünen Meeting stillende Mütter und strickende Delegierte herbei und filmte, was ins Klischee passte. Wie gehabt verkündeten unverständliche, bis ins Letzte ausgetüftelte Schriften auf überquellenden Büchertischen das Solarzeitalter. Doch die Ausschau nach lieb Gewordenem galt einer untergehenden Kultur. Ein Fall für Ethnologen, die verschwindende Zeremonien aufzeichnen. Inzwischen übernahmen Pressevertreter den populären Gammellook und stellten Nackenzöpfe zur Schau.

Das war ein anderer Joschka, nicht mehr der Westend-Macker, eher ein Sultan, der Hof hielt. In gewohnter Manier presste er beim Wiedersehen beinah konspirativ durch die tadellos gerichteten Zähne: »Die Gnade der zweiten Geburt.« Er keckerte und meinte seine zweite Ministerzeit. Ohne lange verlegen zu sein, stellte sich alte Ungezwungenheit her, ich musste nur darüber hinwegsehen, dass ein fahleres Feuer in ihm loderte. Sprach er von sich als einem Linken, konnte das nur bedeuten, dass links schnurstracks nach rechts gewandert und der Kompassnadel nicht mehr zu trauen war. Scharfkantig agierte der Grüne nur in der eigenen Wahrnehmung. Vom Amt geadelt, geißelte er mit Hingabe, was alles falsch laufe bei den Alternativen, und entdeckte die gefährlichsten Gegner in den eigenen Reihen. Joschka machte einen sehr zwiespältigen Eindruck, Karikaturisten hätten ihn zum Backenhörnchen verfremden können, die linke Hand lag beim Gespräch genüsslich auf dem Bauch. Auch physisch näherte er sich dem Staatsdiener an.

Beim Veteranentreffen der 68er im Frankfurter Römer erkannte man den Stiernackigen 1993 auf den historischen Fotos kaum mehr wieder. Der CDU-Intellektuelle Alexander Gauland reihte ihn bei der Diskussion »Utopien ohne Zukunft?« ungestraft unter »die Konservativen« ein. Selbst vom *FAZ*-Feuilleton war nicht zu klären, warum der rebellische Geist verschwand, »ob es daran liegt, dass er auf der ganzen Linie verloren oder dass er vollständig gesiegt hat«. Joschka jedenfalls begann gravitätisch zu werden. Gern pries er die Politik der kleinen Schritte, verglich sie nicht ungeschickt mit der in geologischen Zeiträumen voranschreitenden »Kontinentaldrift«. Damit gestand er unfreiwillig, das Positive sei auf der Richter-Skala kaum zu erfassen. Wir haben verstanden: Er wollte kein Bürohengst sein, es wurde immer noch nichts auf weißem Papier gedruckt. Nach »Herrn Beil« kutschierte ihn »Herr Frerghi« aus Eritrea durch die Gegend. Fischers multikulturelle Automobilität.

Wie gehabt. Ein Unglück kommt selten allein. Die Hoechst AG legte – »Du glaabst es net« – den deutschen Rekord von neun »Störfällen« in Serie hin. Joschka hegte den Verdacht, »die Industriegesellschaft wird auch nur von Heftpflaster zusammengehalten«. Zwar kannten wir trübere Schicksale von Ex-Desperados als das beschützte Dasein am Kabinettstisch mit der Aussicht auf eine satte

Pension. Aber im Zuggeschirr der Politik wirkte er ausgepresst, »fix und foxi«. Vorzeitig begann das Haar grau zu schimmern. Dem Alltag fehlte das Pathos eines großen Wurfs.

In der SPD scharrte Gerhard Schröder mit den Füßen und stahl ihm die Schau. Ich hatte den jungen Gerd als »Doppel-Kopf« porträtiert. Changierend begann er meiner Charakterisierung ähnlicher zu werden. Der *Spiegel* rief Kanzlerkandidat Rudolf Scharping zum »politischen Aufsteiger des Jahres 93« aus. Trotzdem vergeigte er die Wahl. Was machte unser Fischer? Der erlitt laut Presseberichten einen »Wadenmuskelriss beim Fußballspiel«.

Joschka zeigte Anflüge einer Unsicherheit. Dass irgendetwas explodieren, zum Himmel stinken oder absaufen musste, damit sein Stern erstrahlte, brachte Schlagzeilen, aber nicht unbedingt solche Schlagzeilen, wie sie Politstars begehren. Die revolutionäre Ungeduld erlahmte. Mit einem Satz, der Minister hatte es satt, mit händeringender Besorgnis an immer neue Brandherde zu eilen. Mein Chef Uli Joerges setzte den Titel »100 Kilo milde Sorte« über das Fischer-Porträt. Dem gefiel das überhaupt nicht. Spielerisch drohte er mit seinem Schwergewicht.

Im Bundestagswahlkampf 1994 bürgt Konrad R. Müller für das Bild eines künftigen Herrschers. Vor Müllers schwarzem Kasten einer Rollei SLX erstarrte sogar Helmut Kohl. Neben dem Riesen wirkte der Kanzlerfotograf mit dem silbernen Köfferchen wie der Leibarzt. Müller verewigte schon 1966 Adenauer, das Gesicht wie eine versteinerte Landschaft. Sämtliche Politpromis standen dem vielfach Preisgekrönten Modell. Ihm wurde nachgesagt, er könne aus dem letzten Kinderpopo ein überzeugendes Porträt zaubern. Die Konkurrenz meckerte, seine Kunst verwandele Quadratschädel in Charakterköpfe. Wir gingen auf manche Reportage-Tour, ich beobachtete ihn ausgesprochen gern, und genauso gern hörte ich mir seine Anekdoten an.

Der gebauchpinselte Joschka fühlte sich bei Müllers Ankunft »wie Claudia Schiffer«, genoss »die Ehre, vom Maestro fotografiert zu werden«. »Maestro« durfte nur Kohl sagen. Die Grünen personalisierten erstmals ihren Wahlkampf, machten Schluss mit der eisernen Regel, die – wer wohl? – Fischer einst vehement verteidigt hatte: »Auf keinen Fall wollten wir dieses Runkelrüben-Prozedere der anderen Parteien, also Köpfe berühmter, berüchtigter oder sonst wie öffentlich liebgewordener Politiker ... zum Wahlinhalt machen, begleitet von irgendwelchen Schwachsinnsparolen ...« Ein öffentlicheres Gesicht als Joschkas hatten die Alternativen nicht zu bieten, ihr Markenzeichen schlechthin.

Der Fotograf war kein einfaches Gegenüber, packte bei den *shootings* unbarmherzig zu, befahl einem Dietrich Genscher: »Mund zu!« Kohl musste für ihn durchs Unterholz brechen. Er lotste Roman Herzog in einen Steinbruch, der ihm als Kulisse unbedingt vorschwebte. Mitterrand und Gattin nahmen sich Zeit. Der Porträtist spielte zum Ausgleich mit ihnen Scrabble.

Konrad ließ Joschka am 18. Juni 1994 im Rheingau posieren. Bei unserer Ankunft in Hattenheim herrschten 30 Grad. Müller erwies sich als der Charmeur, als der er gilt. Für Fischers Claudia brachte er fünfzig Rosen mit. Hätte der eifersüchtige Fischer das üppige Bukett unkommentiert gelassen, hätte mich das sehr erstaunt. Gegenüber Müller verglich er sich in Liebesdingen mit den Gorillas. In der Horde sei er der mit dem silbernen Rücken.

Für Joschka gab's stramme Anweisungen: »Kopp aufrecht! Du hältst die Hand ja wie Kohl!« Konrad fand ihn zu pummelig. Der Artist zauberte ihm mit einem Aufheller warmes Licht für einen Heiligenschein aufs Haupt. Das Jackett baumelt am Finger über der rechten Schulter. Die Partei setzte den Slogan: »Wer rot-grün will, muss GRÜN wählen« aufs Fischer-Poster und kam mit dem Versand kaum nach.

Der Tag unter dem hohen Sommerhimmel schloss auf der Terrasse des »Grauen Hauses« in Oestrich-Winkel. Ein erleichterter Fischer ließ in dem Nobelrestaurant was springen.

Klar, dank Müller stand der Grüne jetzt im Bildersaal der Geschichte. Dass ihn der Maestro ablichtete, war der endgültige Beweis: Joschka ist mit den Konkurrenten gleichgezogen. Die Stunden vor dem unbestechlichen Objektiv hatten viel über ihn verraten. Auf Wunsch war er zur Offensive des Lächelns bereit, er ließ sich sogar anleiten und war sich dabei der Tatsache bewusst, dass ihn das Gespreize vor der Linse mit dem kapitänsgleichen Absuchen eines imaginären Horizonts zu anderen Zeiten dem Gespött preisgegeben hätte. Bei Diane Arbus lasen wir, eine Fotografie sei »ein Geheimnis über ein Geheimnis«. In Joschkas Fall kam beim Entwickeln heraus, hier bog ein Politiker auf die Zielgerade ein. Sein Weg war nicht zu Ende. Er hatte erst begonnen. Zwei Monate später kehrte er in einem Rondo an die alte Wirkungsstätte Bonn zurück.

Liebeshändel

Wieder haben wir uns einige Zeit nicht gesehen. Diesmal sind wir auf dem Frankfurter Hauptbahnhof verabredet. Hing in der Halle noch die riesige »Togal«-Reklame? Die folgende Reportage mit dem Satz zu beginnen, »Vorsicht an der Bahnsteigkante, die Lokomotive der Grünen läuft ein«, stand fest, als Fischers Büro durchgab: »Treffpunkt Gleis 9.« Außerdem hatte Joseph Beuys beteuert: »Die Mysterien finden im Hauptbahnhof statt!« Warum nicht auch in diesem Fall. Der ICE 872 wird uns nach Hannover und den Grünen zu Wahlkampfauftritten bringen. Hier kommt mein Kandidat. Rechts kleines Gepäck, links ein Handy, das – »ich warte auf einen dringenden Anruf« – wie bestellt piepst.

An diesem Tag ist der Fraktionschef ernstlich aus dem Lot. Joschka ist achtundvierzig, vergeht vor Kummer. Seine »Claudi« hat ihn sitzen gelassen, »der Himmel fiel mir auf den Kopf«. Das Ende ihres Toscana-Urlaubs bedeutete zugleich das Aus ihrer Beziehung. »Opfer des Dauerstresses« lautete die im *Spiegel* lancierte Erklärung. Parallel endete die Ehe von Hillu und Gerhard Schröder im Rosenkrieg. Hillu sprach einem Kollegen und mir danach ein melodramatisches Trennungsinterview aufs Band. Ihr Kernsatz: »Dann ist plötzlich eine andere da …!« Schröder soll ausgerastet sein. Wir hatten ein nicht minder verwegenes Gespräch mit »Claudi« im Hinterkopf. Die Verabredung kam nie zustande. Joschka hatte davon Wind bekommen. Er konnte einen nach Gutsherrenart anbellen. Tat er auch.

Jonny Lonesome hängt in den Seilen. Er tarnt die Leiden des Joschka F. mit einer Sonnenbrille. Meist hatte er ein VIP-Problem, bestand darauf, sich selbst auf die Schulter zu klopfen. Im Normalbetrieb fiel ein Mangel an Empathie an ihm auf. Jetzt erlebe ich ihn weich, handzahm innerhalb des Möglichen. Des Zuspruchs bedürftig, ein Häuflein Elend, das sich ein paar Dinge von der Seele reden muss. Obwohl in Trennungen erfahren, hat es den Hammerharten aus der Kurve geschmissen. Aus der schützenden Hülle der Bärbeißigkeit schlüpft der verletzliche Zeitgenosse in ihm. Der Fischer, der selbst wissen muss, warum ihm die wenigsten was ganz Nettes zutrauen. Die brutale Kummerzeit beraubt ihn seiner stärksten Stütze, nagt am Mackertum: »Ich habe gelitten wie ein Hund.« Mit der dritten von nunmehr vier Trennungen reiht sich Joschka dann endgültig unter die »Scheidungsstaatsmänner« ein. Der unschlagbare Begriff ist bei Saul Bellow geklaut.

Meist erwartete er Lob und Sympathie, die er zugleich brüsk abwehren konnte. Heute ist er bereit, sich anderer Leute Argumente anzuhören, und bietet an, ich könne auf dem Rückweg bei ihm in Frankfurt übernachten. Ein Ausbruch von Offenheit für seine Verhältnisse. Doch für einen Ratgeber in Lebensfragen halte ich mich nicht. Man hat ja genug mit den eigenen Händeln zu tun. Ich hätte ihm nur den wissenden Song »Love Will Tear Us Apart« von »Joy Division« mitgeben können und fahre allein zurück.

Für das *SZ-Magazin* wollten wir über Stress reden. Meine Reportage war im Heft prominent neben einem Gespräch zum Altsein mit den Signori Marcello Mastroianni und Vittorio Gassman eingeplant. Dreimal hatte Joschka aus Termingründen ein Date abgelehnt. Ergo: der beste Kandidat fürs Thema. Schon länger deutete er Probleme mit der Pumpe an. Die grüne Rhythmusmaschine plagte die Sorge, schlapp zu machen. Auch er verfüge nur »über eine endliche Energiemenge«. In der Bosnien- und Pazifismusdebatte 1995 sei er »auf Notfallreserve« gefahren. Im kritischen Alter sei er auch, wollte offenbar herauskitzeln, dass man ihn jünger schätzte. Im Gespräch unterstrich Fischer: »1985 habe ich die Politik geheiratet.«

Unser Zug stürmte mit Tempo 250 dahin. Just auf der gegen massiven Bürgerprotest durchs hessische Mittelgebirge gegrabenen, gesprengten, in Einschnitten, Tunnels, waghalsigen Brücken geführten Schnellbahntrasse. Seine Partei hatte das Projekt vehement bekämpft. Joschka fuhr die Route gern und bewies einmal mehr, dass die grüne Nummer eins nicht notwendigerweise grasgrün sein musste.

Manchmal konnte man auf der Strecke den passionierten Modelleisenbahner Hans Eichel treffen, hinter *Auto Bild* vergraben. Volksvertreter dürfen nach Paragraph 16 des Abgeordnetengesetzes alle Verkehrsmittel der Bahn AG unentgeltlich nutzen. Indes jeder Ticketkauf unsereins daran erinnert, dass die Überflieger von Rot-Grün weder eine sozialere, geschweige denn umweltschonende, sondern immer kostspieligere Verkehrspolitik zuließen.

Abgeordnete haben leider kein Archiv. In dieser Stimmung hätte ich Fischer dringend ins Gedächtnis zurückrufen sollen, dass die Bahn zeitgleich mit dem Grünen-Auftakt das Symbol ihrer Zuverlässigkeit abschaffte, indem sie die soliden Edmondson'schen Kartonfahrkarten durch labbrige Computertickets ersetzte. Ein böses Omen: 1981 kostete die Tour Frankfurt–Stuttgart 32 Mark, heute 52 Euro. Ich hätte Fischer darauf hinweisen können, wie Frankfurt im Kampf gegen eine Erhöhung der Straßenbahntarife gekocht hatte. Bei der Blockade der Linie 12 im Sommer 1974 lief er Pressefotografen vor die Linse. Die Demonstranten drohten: »Nulltarif, Nulltarif, sonst biegen wir die Schienen schief.

Mitfahrer flüstern. Ja, er ist's, der Fischer. Er referiert über »Zeitmanagement«. Seine Woche sei zum guten Teil »durch ein enges Termingerüst starr definiert«, montags »machtrelevante Sitzungen« mit dem Vorstand, dienstags folge mit »allerwichtigster Priorität« die Fraktion. Er lehne inzwischen die meisten Einladungen ab.

Ganz nebenbei erwähnte Joschka sein neues Buch *Die globale Revolution*, der achte Titel seit 1984. Gemein, sofort an Lichtenbergs Aphorismus zu denken: »Acht Bände hat er geschrieben. Er hätte gewiss besser getan, er hätte acht Bäume gepflanzt oder acht Kinder gezeugt.« Dann wählte er für sich den Vergleich mit einem gereiften Fußballer: Der spiele »rationell, derweil die Junghirsche rennen und rennen«. Fischer sprach mit einem mir fremdartigen Beamtenernst. Zudem klang die Möglichkeit an, jederzeit den Bettel hinschmeißen zu können.

Tatsächlich hörte man im allzu gemütlichen Bonn einen neuen Fischer-Sound. Im Büro staunte ich über die Aussicht auf das Siebengebirge – und über die blanke Tischplatte. Papierkram lag kaum herum. Das Zimmer eines Managers. Ein gewaltiger Unterschied zum Chaos, das sich 1983 in seinem Zimmer türmte, als von den Grünen gemeinsam nach einem *feeling* gesucht wurde.

An Fischers Handgelenk blitzte eine Omega mit Gliederarmband. Seine vifen Augen streiften das Glitzerding beiläufig. Bei meiner Mathey-Tissot von 1954 funktionierte die Mondphase nicht, sah aber trotz Grünspan attraktiv aus. Joschka mit seinem Uhrentick hatte dafür ein Faible. Sein nobler Zeitmesser bewies, auch Alternative verlangt es nach Ausschweifungen in Luxus und Moderne. Er steht auf edle Chronometer, die für die Ewigkeit gemacht sind. In Kassel zockelten wir zwischen zwei Terminen zu einem Geschäft mit Glashütte-Uhren, die ihm ins Auge stachen. Aber er hatte keine Lust, seine Omega für unser Spezialheft »Alles eine Frage der Zeit« fotografieren zu lassen, sondern druckste herum. Völlig unkompliziert ließen sich Johannes Rau (mit silberner Taschenuhr), CDU-Biedenkopf (mit einer Lange 1) und FDP-Westerwelle (mit einer Swatch Iron) knipsen. Kurz vor Redaktionsschluss sprang von den Grünen der getreue Schlauch ein. Der vollbärtige Buddha trug nur bei Wahlkämpfen eine Uhr, kaufte sich für neunundfünfzig Mark ein Billigprodukt »ohne Schnickschnack« und ließ sich bereitwillig ablichten. Die Omega des oft porträtierten Alphatiers Fischer passte schlecht zur alternativen Bescheidenheit.

Endspurt

In Kassel meldete Joschka Fischer die Kandidatur für die Grünen an. In Kassel steige ich anno '98 in den Wahlkampfbus ein, mit dem er zu Auftritten tingelt. Die *Berliner Zeitung* hatte berichtet, die Grünen seien »Die größte Ein-Mann-Partei Deutschlands«. Der Bus ruckelt und zuckelt Richtung Nordhessen, später nach Frankfurt. Mir wird schwummrig. Durch einen roten Vorhang von Journalisten abgeschirmt, wispert Joschka mit einer Referentin.

Um Himmels willen, was war mit dem passiert? Der Mops von gestern ist nicht wiederzuerkennen. Fischer ist zum Modellathleten umgebaut. Er blökt gefährlich vergnügt: »Du hast seit der letzten Begegnung zugelegt!« Fröhlich hängt er ein »moppelig« daran. Die Spieleröffnung gefällt mir nicht. »Alles O. K.«, lüge ich. Zu meiner Freude verspritzt die Spottdrossel auch ein bisschen Galle beim Fernsehreporter, der ihm das Mikrofon hinhält. Fischer rät, »auf Schweinshaxe zu verzichten«. Bei der Anmoderation wird er als »grazil« vorgestellt.

Wie zufällig kehren seine Hände auf der Suche nach der vertrauten Wampe zum Hosenbund zurück. Das extensive Joggen fräste mit weiteren Kerben eine schiefe Zufriedenheit ins Gesicht. Früher strahlte der Kugelrunde wie ein glückliches Riesenbaby, obzwar die Gleichsetzung von dick mit gütig bei ihm nie stimmte. Jetzt glich er einem vergreisten Kind. Die Anstrengung fügte einen eidechsenhaften Zug hinzu. Joschka ist hyperstimuliert, sogar euphorisch.

Während dieses Kapitel entsteht, regiert die schwarz-rote Koalition ein Jahr. Kanzlerin Angela Merkel ist dekoriert mit bunten Ketten, die vom alternativen Goldschmied »Fritz« aus Kreuzberg entworfen sein könnten. Die Physikerin tut grad so, als habe sie die Glücksformel der Deutschen entdeckt. Franz Müntefering trägt immer noch seinen dämlichen roten Schal. Die Medien melden »den wärmsten Herbst seit 100 Jahren«. Die *FAZ* misst 21,3 Grad in den Alpen. Der Orkan »Kyrill« tobt. Plötzlich stehen »Treibhausgase« und eine befürchtete »globale Katastrophe« auf der Tagesordnung. Umwelt und Natur waren mal das Kerngeschäft der Grünen. Über ihrer Regierung klaffte das Ozonloch, aus erschreckenden Prognosen zum Klimawandel wurden Tatsachen. An der Macht hatten sie Angst vor der eigenen Courage, verplemperten aus Sorge vor Konflikten mit SPD und Wirtschaft die Zeit, statt energisch Gegenmaßnahmen zu forcieren, was die Kanzlerin wenigstens verbal tut. Kaum in der Opposition, plustern sich die Grünen zur »Klimaschutzpartei« auf und fordern, was ihnen unter Schröder entfallen war, einen »Kabinettsausschuss zum Klimaschutz«. Na ja, klingt sehr nach der Sparversion des »sogenannten Umweltkabinetts«, das Fischer 1990 (!) »für unverzichtbar« gehalten hat, aber nie auf die Beine stellte.

Joschka funktioniert seinen Wahlkampf Schritt für Schritt zum Lauftreff um. Das ganze Pathos des Sports, jedes Quäntchen Energie ist auf die Bundestagswahl ausgerichtet. Der Grüne lässt es an Aufforderungen nicht fehlen, ihm bei der Leibesertüchtigung zuzusehen: Joschka auf dem Laufband, Joschka beim Toskana-Training, an Motiven war kein Mangel. Nie zuvor machte ein deutscher Politiker von seinem Körper öffentlich dermaßen Gebrauch. Clever setzt er den Leib ein, als sei das der repräsentativste Teil des Grün-Seins. Die Schaulust am Elefanten, der eine Gazelle werden wollte. Selbsterkenntnis ist der erste Weg zur Besserung. Fischer zeigte die Regungen eines Mannes, der in der Opposition zu viel Zeit vertrödelte, in Pinten versackte und mit künftigen Kabinettskollegen gebechert hatte. Der sein Umfeld trübsinnig musterte, unfähig zum gefürchteten Bohrerblick. Masse war nicht mit Kraft gleichzusetzen, mit bloßem Trimmtrab war ihm nicht zu helfen. Exzessives Joggen fällt Fünfzigjährigen ein, die bei Symptomen des Verfalls panisch in sich hineinhorchen. Die endlich wieder in den Spiegel gucken wollen, ohne geschockt zu sein. Die Konkurrenz schläft nicht. Joschka stand »an der Schwelle« zu seinem »6. Lebensjahrzehnt«, mit einem Satz: Er wollte am liebsten das biologische Alter überlisten und ein letztes Frühlingserwachen wagen. Mehr noch wollte er die eigene Lage wieder in den Griff bekommen. Sie war zum Davonlaufen.

Der deutsche Marathonmeister Herbert Steffny agierte als Fitnessberater. Den studierten Biologen hatte ich 1985, dem Jahr von Fischers Berufung zum Umweltminister, porträtiert und staunte, vom Training mit Joschka zu lesen. Der elegante Steffny flog auf langer Distanz nur so dahin. Auf dem Trikot flatterte ein Schmetterling. Er lief und lief unter dem Motto: »Das Ziel ist erst der Anfang.«

Hinter Fischer lag die schlagzeilenträchtige Trennungsperiode von Claudia. In der Phase unterwarf er sich manisch der Trainingstortur, setzte mit dem Sport einen »festen Bezugspunkt«, begann »dank gut ausgebildetem Überlebensinstinkt« mit der Entwicklung eines zweiten Ichs. Athletik ist ein bewährtes Mittel zur Sublimierung. Fischer-*like* galt es, in einem Akt der Selbstbehauptung, aus der Niederlage einen Sieg zu machen. Es dauerte, aber er näherte sich rein äußerlich dem schmalen Fighter vom »Revolutionären Kampf« an: »Der Würgegriff der Probleme um die eigene Seele löst sich.«

Mit Hang zum Masochismus schmückte Fischer die »endlosen Kaputtmachertage« im Bundestag aus. Danach nahm er 10 Kilometer unter die Füße, kehrte »regelrecht erfrischt« zurück. Beim täppischen Beginn mit der ersten Bundestagsumrundung »bin ich platt gewesen. Du glaabst es net.« Bald reichte es bis zur Wendemarke bei Plittersdorf. Joschka strich am Tag »zwei Stunden Kneipe und Fernsehen«, schwänzte »gesellschaftlichen Firlefanz«, ersetzte die geliebten Vesperpausen durch Kilometerfresserei.

Fortan verschonte er keinen Landstrich mit seinem Body, nicht Paris, nicht New York, nicht mal Frankfurt-Eschersheim. T-Shirt übergestreift, was anfangs abtörnend aussah. Gesetztere Herren in Turnleibchen und seitengeschlitzten Laufhöschen, mit oder ohne drei Streifen, können nun mal ab einer, sagen wir, gewissen Reife, ein seltsamer Anblick sein. Ich weiß, wovon ich rede. Am Abgeordnetenhaus – es trägt die gesamte Historie der Adenauer-Republik in sich, inzwischen steht ein Bauschild für das »UN-Sekretariat der Klimarahmenkonvention« davor – beobachtete ich ihn eines Nachts heimlich und nicht ohne Bewunderung. Fischer spurtete mindestens im dritten Gang vorbei, rote Signallichter an den Oberarmen. Mich rührte sein Kampf mit sich. Aus eigenem Erleiden wusste ich, welche Überwindung tägliches Aufraffen kostet.

Mochte es verzweifelte Euphorie sein, die ihn anspornte, der Organismus des Entwöhnten begrüßte die Rückkehr in den alten Erfahrungsbereich. In Fischer schlummerte der Ausdauerathlet, der er als Radrennfahrer gewesen war. Unter dem Speckgürtel kam ein Tempobolzer hervor. Glucksend erklärte Joschka: »Junger Körper, alter Kopp, das wär was für mich!« Nebenbei floss ein, da plane eine Journalistin eine Biographie über ihn. »Kennst du die Dame?« In der Frage lag ein Quäntchen Angabe und ein Quäntchen Aushorchen. Haste Töne, eine neue Qualitätsstufe war erreicht und Joschka ein ganzes Buch wert! Ich hegte den Verdacht, er wollte von mir bloß wissen, was das für eine Kollegin sei. Psychologisiert sie womöglich herum? Wie viele Tatmenschen hält er dieses Ausdeuten für dummes Zeug. Warum wohl? Gibt's was zu verbergen? Sein Vorurteil lädt natürlich erst recht zum Durchleuchten ein, reichlich angefallenes, empirisches Material zu analysieren und beim Grenzgänger den Seelendeuter zu spielen.

Ein stürmischer Tag in der Gemeinde Polch, Landkreis Mayen-Koblenz. Er mit Windstopper und Radlerhose am Start: »Pack mers.« Weltklasse-Triathlet Jürgen Zäck gesellt sich dazu. Schon ist die kleine Schar unterwegs, von Passanten angefeuert. Rapsfelder säumen die Sträßchen. Ungewohnt zahm folgt Fischer dem Fotografen-Kommando: »Männer, könntet ihr noch ein bisschen dehnen!«

Fischer knetet die Oberschenkel, macht Ausfallschritte, lobt mit ruhigem Atem: »8 Kilometer in etwa 45 Minuten.«
Nackt wie Gott ihn schuf, tapst er hernach in Badelatschen durch den offenen Umkleideraum. Polizisten und Mitläufer um ihn versammelt, Handtücher um die Hüften. Diskret senken vorbeieilende Damen den Kopf. Fischer fönt sich, rasch werden Lichtbilder vom Hamburg-Marathon an die Kabinenwand geworfen. Für mich die aberwitzigste Dia-Show, die ich je mitmachte. Die Startnummer 50 im gelben Höschen, das ist unser Fischer: »Eine Szene am Dammtor, würde ich sagen«, meint er und klingt beglückt. Joschka, ein Politiker des Jahrgangs '48, steht im Zenit seines späten sportlichen Könnens. Die Waden von einem Griechen gemeißelt, man konnte neidisch werden.

Im Bundestag hatte der Abgeordnete bei der Euro-Debatte zuvor noch Helmut Kohl sekkiert. Beim Rausgehen flimmerte der Dünne mit dem schwarzen Schuh im Foyer auf mehreren Bildschirmen. Vom Fleisch gefallen, sah Joschka auf keinem der vielen Monitoren gesünder aus. Er trug das schon gewohnte dunkle Jackett, das locker um die Schultern hing. Dazu das dunkelblaue Hemd Phil Marlowes aus Chandlers *Der große Schlaf*. Niemand hätte sich gewundert, wäre der Satz gefallen: »Ich war haargenau das Bild vom gut gekleideten Privatdetektiv.« Die rote Krawatte gab dem Frankfurter ein schier italienisches Aussehen.

Aber eben nur fast. So wie Joschka immer nur fast ein Rebell, fast ein Held, fast ein erfolgreicher Umweltminister war, jetzt ein Beinah-Klassiker ist. Insoweit war er ein Unvollendeter. Immer blieb ein unerledigter Rest, als strebe der wahre Fischer in der einen Rolle schon wieder nach der nächsten, die er ebenso fast perfekt spielen sollte. Neuerdings den Professor in Princeton. Schafft er es auch nach Hollywood?

Er nahm mich mit in sein Appartement. Genau genommen hatte ich ihn vom Plenum abgeholt. Wir spazierten rüber in eine der Askese gemäße Junggesellenbude. Ob da nicht nur eine Matratze auf dem Boden lag, die Zeitschrift *Foreign Affairs* aufgeschlagen war, ein Computer auffordernd summte und die Wände recht kahl waren? Verbürgen könnte ich mich dafür nicht. Joschka blätterte im Läufer-Magazin *Spiridon*. Das Fachblatt druckte seine medizinischen Werte nebst anatomischer Spezifizierung. Vom Orthopädie-Check gab es eine Kopie für mich: »Etwas wacklig im Knie …, verkürzte Muskeln im Bereich der Hüftbeuger, der ischiokruralen und der Glufaeal-Muskulatur.« Sonst alles paletti, mit dem leicht vergrößerten Herzen des Marathonkandidaten.

»So! Die parlamentarischen Pflichten sind für heute erfüllt.« Joschka entledigt sich der Kleider, hängt die Hose artig auf Falte, führt in Shorts und T-Shirt sein »allmorgendliches Programm« vor. Als da wären achtzig schnelle Liegestützen, ferner Sit-ups bis die Muskeln schwellen, fünfzig nach rechts, fünfzig nach links, was mir übertrieben erschien. Bei der Körperertüchtigung hat er nach dem Prinzip Abschreckung die große Kohl-Biographie im Regal vor sich. Abends klirren die Gewichte im Sportstudio. Man hört förmlich das Eisen scheppern. Sein Pensum von 70 Kilometern in der Woche gereichte jedem Athleten zur Ehre. Vor mir stand eine absonderliche Kreuzung aus Misanthrop und Vitalitätsanbeter.

Sollte man den Roadrunner grenzenlos bewundern oder grenzenlos bemitleiden? Die Schule des Laufens diene ihm über das Trimmen hinaus zum Nachdenken, sprach der Gesundheitsapostel. Bedachte er sein eigenes Treiben, standen ihm die »altsteinzeitlichen Jäger« vor Augen: »Die gingen lange Wege, waren mit Ausdauer und Intelligenz unterwegs, um ihr karges Leben zu fristen.« Das war kühn gedacht und spontimäßig überhöht. Denn kaum gesagt, fuhr der Bundestagschauffeur beim Grünen-Spitzenathleten vor. Fischer hält auf dem Weg zum nächsten Termin ein Vorschläfchen.

Zur Verblüffung aller, die ihn für einen Ignoranten gehalten hatten, dröhnte sich der Beatnik neuerdings mit Wagner zu. Er wurde salbungsvoll bei der Erwähnung. Mir war nicht nach Mitsingen. Wie froh ich war, dass er nicht noch den *Ring des Nibelungen* auf mich losließ. Womöglich Siegmund mit dem Schwert. »Eines höre! Not tut ein Held …« Joschkas Liebe zur Oper ging dem abgedrifteten Schily denn doch zu weit. Kein geringerer Gockel als Fischer, mahnte Otto, Joschka möge ihm nicht alles nachmachen, die Kleidung, die Musik (den Dünkel erwähnte er nicht), und bat, ihm das bei passender Gelegenheit auszurichten. Solche lahmen Späßchen musste man mögen, sobald Schilys abweisende Miene zu entmutigender Heiterkeit wechselte. Es empfahl sich nicht, ihm einen Lacher zu verweigern.

Sonst ein knickriger Gastgeber, stand diesmal eine Flasche Wasser auf dem Tisch. Joschka trank in großen Schlucken. Bot er nicht sogar einen Espresso an? Aus langjähriger Erfahrung war ich nie sicher, sind die Getränke für ihn oder für den Gast gedacht. Fischer ging auf Socken in die Küche, kam mit einer armseligen Banane zurück, hielt sie demonstrativ hoch, und der Apostel sprach zu seinem Jünger: »Mein Lieber, das ist jetzt mein Mittagessen!« Später brachte er ein Tellerchen mit einem Äpfelchen, zur Verlängerung des Genusses in akkurate Scheiben geschnitten. Immerhin, bei der dürftigen Apfelschnitzparty bot er mir ein Stück an, auf Schwäbisch »Versucherle«. Logisch, dass sich König Dickbauch in den Spargeltarzan verwandelt hatte. Die Suche nach dem Ich endete am Ende aller Tage auf der Waage. Gestern konnte kein Gürtel den Schmerbauch bändigen, nunmehr hatte er sich von genau 110 Kilo auf 75 Kilo eingedampft.

Vordem haute er beim Frühstück »richtig rein«, Wurst, Brot, Käse. Manchmal durften es Bratkartoffeln sein. Neuerdings mümmelte er Grünzeug, löffelte »Berge von Müsli mit edlen Früchten«. Uns verdarb er den Appetit, machte die Normalkost mies. Diese Tütenklöße, igittigitt, und das aus dem Mund des Vielfraßes, der Herzhaftes an der Frittenbude ungern verschmäht hatte. Er spendierte Referate über linksdrehende Joghurts. Wer sich bei Tisch für kundige Vorträge über ostafrikanische Wunderläufer mit ihren »paarundfünfzich Kilo« interessierte. Wer über die Biologie des Körpers Auskunft wollte, bei Meister Joschka war er richtig.

Der Guru machte wie immer ein Dogma aus seinem Tun. Er nährte bald die Lust auf die gemeinsamen Essen, bei denen der Metzgersbub die Speisekarte mit Hausmannskost an sich gerissen und in Rekordzeit Schwerarbeiter-Portionen verschlungen hatte. Ich stocherte noch in den Antipasti, Fischer verputzte längst den Braten. Gern hätte ich dem Hänfling jetzt von meinem Schnitzelteller was abgegeben (nicht die Pommes), hätte übersehen, dass er ungeniert die Zahnseide durchzog oder sonstwie im Mund herumstocherte.

Für sein Selbst maßgebend: Beim Fußballspielen mit den Frankfurter Spontis hatte er den Radius eines Bierdeckels. »Jetzt rennt mir keiner mehr davon.« Schade, seine Balltechnik verbesserte sich nie.

Körperwelten

Ehrlich gesagt, warum er sich dermaßen ins Zeug legte, beschäftigt mich bis heute. Laufend *news* zu produzieren war eher ein willkommener Nebeneffekt. Er war süchtig nach dem unbeschreiblichen Gefühl, die Geschwindigkeit und auch sich im Griff zu haben. Glückstaumel, das versteht jeder Sportler. Doch reichen die Endorphinschübe aus, um den Kraftakt zu erklären?

Mehr als ihm bewusst gewesen sein dürfte, trug seine Schinderei Züge einer Ersatzhandlung. Die Politik des dauernden Krisenmanagements bot kaum Erfolgserlebnisse. Schon gar nicht den ultimativen Kick eines Laufs bis an die Schmerzgrenze. Rennend hielt Fischer den Energiespiegel hoch, trotzte der eigenen Unruhe, erlief sich das *runner's high* beim qualvollen Genuss. Wie früher: Er sprach durch seinen Körper. Man musste die Bewegungen entschlüsseln. Es dauerte, bis ich verstand, was sein durch das Medium Sport vermitteltes Beispiel lehren sollte. Joschka übte nicht, um anders auszusehen. Er übte, anders zu sein, bis er es tatsächlich war. So oder so zu Extremen neigend, baute er vor dem mentalen Kurswechsel die Körperzellen um. Jede Faser bekam es mit. Vom Putzmacher zum Außenminister, er hatte endgültig aus der Verranntheit herausgefunden. Sein folgender Bestseller hieß *Mein langer Lauf zu mir selbst*. Treffender wäre *Mein langer Lauf weg von mir selbst*.

1998 erzählten die eingefallenen Wangen von Verzicht und Kasteiung. Dabei gierte Joschka nach Einfluss, kämpfte um Macht und Besitz. Nachdem schon so viele Hoffnungen und Wünsche auf der tagespolitischen Strecke geblieben waren, ließ sich Erstarrung auf der einen Seite durch Bewegung auf der anderen Seite egalisieren. Mehr ging nicht. Die Revolution findet beim Lauftreff statt.

Tatsächlich türmte hier einer augenfällig vor den eigenen Ansprüchen. Rank, verschlankt, Fischer ist das treffende Symbol des um viele grüne Schwerpunkte bereinigten Programms. Nur eine Frage von Wochen, bis die Wähler in dem kargen Läufer den edlen Wilden sehen wollten, der indianermäßig den Bundestag durchschritt. Ihre Stimmen konnte der Popularitätshascher nicht alle absahnen, im Kampf um ihre Gunst wäre er mit jedem um die Wette gerannt. Seine Dürre war keine Schwäche, sondern Stärke. Doch wozu?

Fangen wir mit den Achtzigerjahren an. Für ihn ging es darum, in Wiesbaden überhaupt erst Seriosität zu beweisen. Neben den acht SPD-Ministern speckte Fischer an, der Ballon seiner Bedeutung blies sich deutlich auf. Zehn Jahre später machte er auf dünn, politisch hungrig wie in Zeiten des Häuserkampfes. Ein Mann, der sich neu denkt. Es geht darum, Helmut Kohl aus dem Kanzleramt zu jagen. Die innere Uhr auf einen Zehnjahresrhythmus geeicht, folgt dann die nächste eigentümliche oder folgerichtige Mutation. 2006 schwankt die Magnetnadel wieder zum entgegengesetzten Pol, erneut kommt er kugelrund daher, ein gesetzter Frührentner. Von Frust kann kaum mehr die Rede sein, das Regieren ernährte seinen Mann, der Amt und Macht gierig genossen hat. Fischer beschließt die Laufbahn, Repräsentant der Grand Old Party, die mit ihm alt und satt geworden ist. Das konnte Joschka kaum gemeint haben, als er 2000 postulierte, die Grünen »müssen sich neu erfinden, ohne sich selbst dabei zu verlieren«.

Zunehmen, Abnehmen, Sichaufplustern. Die wechselnden Geometrien sind die geheime Voraussetzung politischer Metamorphosen, so wirkte es auf mich. Selbst Arrivierte wie Helmut Kohl sorgten sich schon um ihren Lieblingsfeind. »Alles was Sie mal geschworen haben, haben Sie doch in den Rhein geworfen.« Vorher: »Keine Macht für niemand!«, nachher: »Alle Macht den Drögen!« Er hat buchstäblich nach Anerkennung gehungert. Die von den Bundespräsidenten ausgehändigten Ernennungsurkunden nahm er als Echtheitszertifikate entgegen. Fischer lief zu großer Form auf. Politisch handelte es sich um das Lob der Langsamkeit.

Siegerehrung

Das Zentrum ist Bonn. Die Uhrzeit abends. Wahlparty der Grünen am 27. September 1998 im Brückenkopf-Forum von Beuel. Techno dröhnt. Klaustrophobische Zustände, eine von Scheinwerfern aufgeladene, subtropische Atmosphäre. Feuchtfröhliche Vorfreude. Qualm von Festzigaretten vernebelt die Parole »Sonne schafft Arbeitsplätze«. Mit jeder Hochrechnung schwappen neue Horrorzahlen für die CDU herein. Kohls Abo auf die Kanzlerschaft endet. Fernsehmoderatoren üben ihre Ansagen vor dem hellen Bühnenbild von Fischers Erfolgsgeschichte, reichen sich die Prominenz wie Bälle weiter. Unter aufgebrezelten Alternativen in erklecklicher Zahl wuchern die Gerüchte über Joschkas Zukunft. Schwelgen im Sieg. Eine Fete ohne Brennpunkt, steuerlos, solange Fischer fehlt. Ihr Recke lässt sich Zeit, bis er unter die Jubelnden tritt. Sie können es kaum erwarten, dass er an ihren Herzsaiten zupft.

Einer hatte mir den Tipp gegeben, welche Route sie nehmen würden. Aus Richtung Bundestag stromaufwärts, ein Stück Wegs den Fluss entlang, wo, mit einem Wort von Wolfgang Koeppen, »im Nebel Kohlekähne wie tote Wale durch das Wasser« gleiten. Während die Gruppe dem deutschen Schicksalsstrom folgt, kann sie in der dräuenden Dämmerung die Parade der künftig rot-grün beflaggten Bundesbauten abnehmen. Linker Hand die Villa Hammerschmidt mit Blumenbeeten und das Auswärtige Amt. Dann zum Opernhaus, das die »Walküre« bringt; Anweisung für den ersten Aufzug: »es ist gegen Abend, starkes Gewitter, im Begriff sich zu legen«. Von der Berliner Freiheit kommend, wechselt Fischers Trupp von West nach Ost. Über die Kennedybrücke muss er gehen. Die letzte Möglichkeit umzukehren.

Ich spaziere Fischer entgegen. Am Sichthorizont dicht, bewegt und doch verlangsamt die Ankunft schemenhafter Gestalten wie bei einer Prozession. Schlauch, Kuhn im Gefolge ihres Strategen im dunklen Gewand: *Men in Black*, der Tarnanzug des neuen Opportunismus, der sich fortan endemisch ausbreitet. Alle von dem Syndrom befallen, existentialistisch aussehen zu wollen wie Philosophen oder Kreative, keinesfalls wie Politiker mit mangelndem Pep. Joschka eng umschlossen. Zehn, zwölf Leute einschließlich Referenten und Sicherungsgruppe sind es, nicht mehr. Dürfte man den Film mit Musik unterlegen, müsste im Hintergrund unbedingt Fischers geliebtes »The Times, They Are A-Changin« von Bob Dylan anschwellen. Ein poetischer Mond sollte am Himmel stehen, ein Bild untrüglicher Fernwirkung direkt von der Datumsgrenze. Sooft ich Bonn besuche, die Erinnerung steigt wieder aus dem Rhein.

Nun hatten sie den Rubikon überschritten. Die Rebellen in ihnen blieben linksrheinisch an der Biegung des Flusses zurück. Hier war der dramatische Scheitelpunkt, das Ende der Konsequenz, ohne dass man hätte ahnen können, wie dramatisch. Storys über Joschka benutzen von nun an den Imperfekt: Es war einmal! Es war einmal ein überzeugter Marxist, es war einmal ein Underdog, es war einmal ein Revolutionär, ein Flippi ...

Wenn ich an einem Ort festmachen sollte, wo die Verstaatlichung und Domestizierung unserer Utopien begann, wo unsere törichten Sehnsüchte buchstäblich ins Wasser fielen und Joschka zum Realitätsdozenten wurde, lande ich bei Flusskilometer 655: Ein Arrangement für Kurosawas »Sieben Samurai«, mit langer Brennweite aufgenommen, es gilt die Ankunft in Slow Motion für sich auszukosten. Riskantes Fernsehlicht. Die Kameras warten. Fischer ist glatt rasiert. Maskenbildner stehen mit Schminkdöschen bereit. Er möchte nicht gepudert werden.

Das Außenministerium, der Palast seiner Wünsche? Dass ich nicht lache. Bestimmt eine hinterlistige Idee der Geschichte. Selbst Kifferträume kämen nicht auf diesen Gag. Das gibt dem Ganzen einen unwirklichen Anstrich. Von Rheinlust keine Spur. Zwielicht verdeckt die Gefühlsseligkeit einer zugespitzten Situation nach all dem Psycho. Fischer hatte die im Sommer nach Benzinpreis-Debatten totgesagte Partei im Alleingang gerettet. Niemand hätte sich gewundert, wäre ihr Messias zu Fuß über das Wasser gekommen. Seine Reden lud er heftig mit dem biblischen »Ich sage euch!« auf. Als ich ihn in der Gruppe erkenne, ist alle Farbe zu Grau verblichen. Fischer ist auf dem Gipfel des Erfolgs, aber nicht auf dem Gipfel des Glücks angekommen. Es ist vollbracht. Der perfekte Moment findet ihn leer. Dies war nicht der Zeitpunkt für den Chronisten, auf den Unterschied hinzuweisen.

Siebzehn Jahre zuvor, bei Joschkas Eintritt in die Partei, hatten wir das Siegerbild in Cinemascope bestellt. Die aufgeheizten Siebziger waren in die aufgeheizten Achtzigerjahre übergegangen. Die Atomkraftwerke liefen noch immer. Aus zwei deutschen Staaten war ein Land geworden. Aus den Bemerkungen über einen Fetten waren Bemerkungen über einen Mageren geworden. Und nun? Joschka sieht nicht wie ein Gewinner aus, sondern nur noch wie ein Star. 6,7 Prozent der Stimmen für die Grünen. Binnen Sekunden scheint er zum Staatsmann gereift.

Nach meiner Vorstellung sollte es Konfetti regnen. Der Champion steht jedoch im stillen Triumph oder schon mit der Entrücktheit eines Vizekanzlers vor ihnen. Die Pose sollte mir noch öfter auf den Keks gehen. Mit dem Stück »Grün ist der Wechsel« war er an die Rampe getreten, hatte die Koalition mit der SPD herbeigeredet, oft und oft mit Oskar Lafontaine telefoniert, andererseits den ihm nicht ganz geheuren Gerhard Schröder als Wunschpartner gepriesen und versucht, Symmetrie mit ihm herzustellen. Bundesgrüne – »aber nicht zitieren!« – verglichen »den Gerd« wechselweise mit einem »Windhund« oder einem »Straßenköter«. Als Rot-Grün platzte, erinnerten sie sich wieder daran.

Nicht ohne Lustgefühl beim Gedanken eigener Unentbehrlichkeit hatte Fischer angekündigt, wäre es denn so weit, »geht das Ruckzuck. Ich habe alles im Kopp«. Inhaltliches, Personelles? »Dazu brauche ich keinen Computer!« Kommando? »Vollschub rein!« Dabei zuckte er unterwegs bei jedem Handy-Klingeln zusammen, rührte fleißig im Meinungsbrei, quälte die Presse mit Erwägungen von Für und Wider. Vorgeblich beschwor er eine Große Koalition und verriet doch nur, wie sehr er um einen Kabinettsrang bangte. Uns konnte Fischer viel erzählen, beispielsweise, ein Ministerposten wäre für ihn alles andere als eine Glücksvorstellung. Er tat mäßig interessiert, als weihe er uns in irgendwas Tolles ein. Dem Virtuosen ging es nur darum, auf den Busch zu klopfen, uns aus der Reserve zu locken. Zuletzt wollte er nur auf das Eine hinaus: »Was machen die Umfragen?«

Das hatte er nun von zweihundertfünfzig Terminen und tausenden Buskilometern. Zum Schluss rollte er sich wie ein Baby auf den hinteren Sitzbänken zum Schlafen zusammen. »Ich bin richtig fertig, sag ich dir.« Im fortgeschrittenen Stadium waren es irre Darbietungen der keine Stadt auslassenden Joschka-Show, obwohl der Meistersänger sich »wie eine Schallplatte mit Sprung« vorkam. Er staunte in ungewohnten Anflügen von Verblüffung darüber, »Marktplatz-Attraktion« geworden zu sein.

27. September 1998. Es dauert eine lange Schrecksekunde, bis sich ins Gesicht ein Lächeln malt, das als glücklich gelten kann. Nicht dass ihn der Trubel kalt ließe, in den Joschka beinahe verschämt und linkisch eingetaucht ist (wie so häufig), während sich in seiner Brust mehr vermengt, als er zu zeigen bereit ist. Er, den es nach dem Sieg

gedürstet hat wie keinen anderen: »1998 oder nie. Die letzte Möglichkeit für unsere Generation!« Genau dreißig Jahre nach der Studentenrevolte: Die Ära von Magic Helmut und Gelbe-Pullover-Genscher ist vorbei, Kohls Kabinett mit Blick auf Schröder & Fischer womöglich schon von dem Gedanken gepackt: »Wir sind die, die ihr erst sein werdet!«

Zeit, Ort, Ergebnis. Alles stimmt. Den Sieger leitet trotzdem eine instinktive Wachsamkeit mitsamt den Reflexen, die man an der Kante braucht. Fischer schaltet schon auf Diplomaten-Modus um, bedenkt Wirkung und Folgen, bevor er womöglich richtige Ursachen benennt. Im Wahlkampf hat seine Kraft-Rhetorik bei weitem das übertroffen, was er jetzt in durch und durch defensiver Anmutung zu sagen gewillt ist: Macht euch keine Illusionen! Kommt die rot-grüne Koalition, wird das kein Zuckerschlecken, sie beschert uns weitere Zerreißproben! Mit diesem skeptischen Gesicht auf dem Schiefhals hatte ich die Spaßbremse schon 1985 in Hessen zu Beginn der im Krach endenden Koalition mit Börner erlebt. Der Sieger evoziert Erinnerungen an die verdrängte Niederlage.

Tatsächlich konnte man meinen, die Götter hätten ihren Joseph erhoben, um den Schützling mannigfachen Stürmen auszusetzen, ihn mit einer erbarmungslosen Folge gravierender Entscheidungen zu prüfen. Der Bonner Fete war Abschiedstraurigkeit beigegeben, ein kalter Unterhauch im Überschwang. Hinterher war es, als habe Fischer die unerbittlich heraufziehenden Waffengänge kommen sehen.

Nichts zu machen. Er kostete den Triumph nicht aus. Der Vorabend seines neuen Lebens blieb ohne orgiastischen Höhepunkt: »Liebe Freundinnen und Freunde, das war ein sehr schwerer Wahlkampf. Wir haben es uns am Anfang selbst nicht leicht gemacht.« Viel mehr als der Dämpfer fiel ihm in dem Brodeln nicht ein, obwohl der Sieg bezeugte, welch glückliches Los ihm beschieden war. Die Party wogte, Joschka huschte rüber zu Schröders Niedersachsen-Vertretung. Wendezeit. Aufgewühlt ging ich ins Hotel. An Schlaf war nicht zu denken. Auf dem Bett sitzend, hackte ich mein Fischer-Porträt in den Apple. In der Frühe suchte ich – Reporteralbtraum – in der Stadt erfolglos einen Druckeranschluss.

Die Nacht im Brückenkopf-Forum verrann im Morgen, an dem

ich Otto Schily eckig und zugleich beschwingt durchs Regierungsviertel hasten sah. Er trug schwer am Aktenkoffer des künftigen Innenministers. An seine Fersen heftete sich die Frage, ob er darin Staatsgeheimnisse herumtrage.

Es ist der Morgen, an dem die Partner Schröder und Fischer vor die Bundespressekonferenz treten und ihre Bodyguards vorab Fluchtwege über die äußere Wendeltreppe checken. Es ist der Morgen, an dem Joschka eine Journalistenfrage in Englisch beantwortet. Es ist der Morgen, an dem alles anders sein soll.

Für Persönliches blieb wenig Zeit. Die paar Sätze, die man im Trubel wechseln konnte, verdichteten sich zum rührseligen Tableau: Gratulation, Joschka, alles Gute, ich drück die Daumen. Wie lang ist es her, dass er Bonn mit dem Lada ansteuerte? »Wir sind alt geworden, mein Lieber.« Fischer kokettierte wieder mit »der Weisheit des Alters, die langsam über mich kommt«. Schon war er weg.

Fünfzehn Jahre sind eine lange Zeit. Lege ich das Siegerbild von 1983 neben das rot-grüne Siegerbild von 1998, fehlt das Beflügelnde. Wir waren einfach in besserer Verfassung gewesen. Wer die Zeichen deuten konnte, bemerkte am Wahlabend die Anstrengung Schröders, Lafontaines und Fischers, einen Mythos zu schmieden. Den Mythos von Rot-Grün. Da steuert das Trio infernale schon die Pressekonferenz zur Regierungsbildung an, das Weltkind Joschka in der Mitten. Die Portalfiguren links und rechts von Frohsinn ergriffen. Wir sind gut drauf! Man ahnt, die offenkundige Übertreibung ist Ausdruck der zur Pose geronnenen Strategie. Hier gilt die Feststellung: Immer überschätzt man den Stehenden.

Die Lehrjahre sind vorbei. Gemeinsam ist den in Ränkespielen Erfahrenen ein unruhiger Geist. Drei Stimmenfänger beim Eindruckschinden, hinter ihnen eine herbstlich braune Wand. Allen, die es nicht wahrhaben wollten, bekunden sie ihre Freundschaft. Seltsam, keiner hielt, was der historische Beginn versprach. Drei Artisten in der Zirkuskuppel ergeben noch lange keine starke Vorstellung. Zum Abschluss der Koalitionsverhandlungen prosten sich die Matadore in Sektlaune zu. Fischer nimmt Mineralwasser. Die Berichterstatter weisen uns eigens darauf hin.

Die Wende ist vollbracht. Sie waren die Beat-Generation. Aber keiner rockte. Speziell Fischer hätte seine Berufung als Einladung zum

Tanz verstehen können. Indes wirkte sein Schwung verhalten, gehemmt. Denn da blieb nicht mehr viel, was er noch werden konnte. Er ist bereits mit der Ortung beschäftigt. Vom Joggen dünn, seine Blässe offenbart: Leute, ich habe einen Kohldampf! Einer Krönungszeremonie angemessen, scheint die Aufnahme um den Onyx-Siegelring an seiner rechten Hand zentriert. Trug Joschka das Schmuckstück rechts, war das für Kenner/innen ein Fingerzeig und er grade wieder mal zu haben.

Fischer steckte im silbrig glänzenden Anzug, als er dem Alternativsein eine letzte Reverenz erwies. Der Austrainierte sah scharf aus. Bald musste er hinaus ins feindliche Leben, musste, in düsteres Tuch gehüllt, auf dem Kriegspfad patrouillieren. Vordem schmiedeten die Grünen »Schwerter zu Pflugscharen«. Nun schmiedeten sich die Pazifisten von gestern in die Militaristen von morgen um. Die Wahrheit des Moments war, gleich würde die Furie des Verschwindens in ihn fahren – die Angst, die Macht wieder zu verlieren. Genau deshalb sollte sie der Koalition 2005 abhanden kommen. Ist es dem Dressman mulmig bei der freundlichen Übernahme durch »den Gerd«? Er guckt ihn von der Seite an, als wolle er sagen: Schau mir in die Augen, Kleiner! Irgendetwas lässt ihn der Zuversicht ermangeln. Menschlich, mit der neuen Höhe plötzlich die größere Tiefe unter sich zu spüren. Ein Sturzgefühl.

Auf dem Weg ins Kabinett hatte Fischer erklärt: »Wir kämpfen darum, dieses Land zu regieren, weil wir es gestalten wollen. Das ist der alte Traum von 1968.« Mit der Akklimatisierung kündigte sich zugleich das Ende aller Träume an. Mein Sohn hörte zur Wahlzeit 1998 Michael Endes *Momo* rauf und runter auf Kassetten. In dem phantastischen Roman (geht es nicht um den Kampf gegen die grauen Herren?) klagt der Geschichtenerzähler Gigi, das Schlimmste seien Träume, die wahr werden! Erfüllte Wünsche sind schrecklich, weil man nicht mehr träumen kann. Das ist der Preis des Glücks. »Nur was nicht ist, ist möglich!«, intoniert Blixa Bargeld (mit seinem dem frühen Fischer ähnelnden Luchsblick), eben wieder in meiner Jukebox. 1983 fuhr ich ja eigens hin zur Besichtigung des Hauptgewinns. Wie das so ist mit Geschenken, Enttäuschungen sind unvermeidlich inbegriffen. Spätestens 1998 nahm ich Joschkas verdruckste Miene für das erste Vorzeichen unseres Verlustes. Die Grünen widerlegten sich bald selbst, verbuchten ihre Kernelemente als variable Größen unter »durchlaufende Posten«, vergaßen, wofür sie gekämpft hatten. Schon im ersten Akt lag die verlorene Zukunft beschlossen.

Der Tag der glücklich vollendeten Reise durch die Systeme ist gekommen. Freak war er, Vizekanzler wird er. Teppiche würden für ihn ausgelegt werden. Er sollte sich überraschend gekonnt in der komplexen Geographie des Globalismus bewegen. Seine Geworfenheit wurde als Suche nach dem Universalen umgedeutet. Schlechte Nachrichten, ernüchternde Tatsachen würden sich häufen, der Wind peitscht ihm ins Gesicht. Das Außenministerium war eine Menge für die Grünen, denen Fischer früh ins Stammbuch geschrieben hatte, an einer weiteren Bonner Staatspartei bestehe »weiß Gott, kein Bedarf«.

Reisen für Deutschland

Joschka Fischer ist »fit wie ein Turnschuh«. Von den Elementen fortgetragen, bewegt sich der konditionsstärkste Vizekanzler der Welt im Jetlag durch alle Breitengrade. Von einem verwechselbaren Airport zum nächsten verwechselbaren Airport, gläsernen, metallenen, egal wie. Streifzüge ohne Raumtiefe, rein physisch und politisch in höchsten Regionen, streng abgekoppelt von der Realität, der er entgegenrast, über die aber entschieden werden muss. Der Planet schnurrt zusammen. Geschwindigkeit ist eine Eigenschaft der Macht. Mobilität bringt das Ego auf Tour. Vielflieger berichten von tieferen Träumen unterwegs als daheim. Schade, nie hörte man Fischer davon berichten. Auch nicht von den neonfarbenen Himmeln bei erdumspannenden Touren.

Überlebensgroß Herr Fischer. Nah und fern, er arbeitet an seiner Bedeutung. Der Vize ist präpariert für den Schlaf in der Koje, für das Aufwachen in austauschbaren Hotels mit pompösen Foyers, die ihm Transitstationen sind. Bis die Grünen nach der Bundestagswahl 2005 unsanft in der Opposition landen, wird er einige hundert Auslandsreisen hinter sich haben. Sein Operationsgebiet ist grenzenlos. Er hat den langen Atem, um im Nahen Osten Frieden stiften zu wollen und die deutsche Haltung in UN-Vollversammlungen hineinzutragen. Wo Deutschland in Gestalt des Joschka Fischer erscheint, sieht er auf imposanten Sesseln (die bequemer aussehen, als sie auf Dauer sind) für wichtige Erklärungen wichtig aus. Wie schnell er sich unter Kronleuchtern heimisch fühlte! Leider stehen die Ergebnisse hochpreisiger Gipfeltreffen oft in umgekehrtem Verhältnis zum exquisiten Rahmen. Denn Stil ist, dem Philosophen Roland Barthes sei's geklagt, fast immer ein Alibi, das dafür herhalten muss, »die tieferen Motivationen des Stücks zu umgehen«.

Wie dem auch sei. Der Außenamts-Fischer ist nicht auf Reisen, er ist auf Mission. Er kann aus dem Stand Reden halten. Ebenso kann er an runden Tischen nicht enden wollende Reden ertragen, ohne wie früher dem Unmut freien Lauf zu lassen. Öffentliche Eile unterscheidet sich radikal von gewöhnlicher Eile. Er ist gewohnt, im halsbrecherischen Spurenwechsel über freigeräumte Kreuzungen von Geisterstädten chauffiert zu werden, sich bei der Ankunft im Tonfall des Krisenmanagers zu räuspern und vor der Abfahrt nach vertraulichem Gespräch mit Amtskollegen fürs Belegfoto ein bittersüßes Grinsen zu riskieren. Selbst retuschiert könnte es nicht echter wirken. Nie lassen sie sich zum rauen Gelächter von Sportsmännern verleiten. Graue Eminenzen auf dem immergleichen Set, mit tragischem Kopfnicken nach ihrem Kriegsrat zu Militäreinsätzen. Pausenlos auf Achse, man konnte annehmen, dieser Fischer lebt im Flieger.

Amtlicher Optimismus ist nicht das Gleiche wie echter Optimismus. Der Vize hat sich habituell eine Schicht von Bedeutung zugelegt, schreitet, nein, wandelt die Gangway herunter, überprüft den Sitz der Krawatte und der militärisch kurzen Haare. Die wichtigste Insignie seines Standes, der Airbus mit 60 000 PS, steht Luftschiffer Joschka von New York bis Peking zu Gebote. Dienstfertige Subalterne verleihen ihm eine dekorative Note mit Ledertaschen wie aus der Via Condotti in Rom für regierungsamtliche Textbausteine. Wo immer der diplomatische Wanderzirkus gastiert, ist er darauf gefasst, als Sehenswürdigkeit angestarrt zu werden.

Nach der Heimkehr aus allen Erdteilen sitzt er auf dem lila Reichstagsgestühl Debatten aus. Bei Oppositionsreden schickt er gottergebene Blicke zur Glaskuppel und muss die alte Impulsivität im Zaum halten. Für die Presse trägt er gelangweilte Gelassenheit zur Schau. Man musste sich entscheiden, war er wirklich lässig oder war lässig ein Ausdruck unterdrückter Anspannung. Hochgewachsene, für Berlin zu braungebrannte Männer, selten Frauen, verfrachten die »Schutzperson« der höchsten Gefährdungsstufe in kugelsichere Limousinen.

Freindle, Freindle

Nach dem Wahlsieg blieb seinem Kumpel Rezzo Schlauch exakt eine Legislaturperiode für die Wonnen der Gewöhnung. Joschka und er lebten in eigenartiger Symbiose. Ich nahm zunächst an, weil Schlauch in seiner gemütlichen Beleibtheit die Anmutung eines »altrömischen Thermenbesitzers« vor sich her trägt, wie ein Martin Walser schriebe. Fischers Umfang fiel an seiner Seite nicht so ins Gewicht. Rezzo seinerseits richtete sich auf, um den Bauch zu verkleinern. Vor der Abmagerungskur brachten sie zusammen leicht vier Zentner auf die Waage. Beide kommen aus dem Hohenlohischen. Die Nestflüchter wurden in Bonn Freunde, bitte nicht zu verwechseln mit Frankfurter Genossen. Zwei große Jungs, die die gemeinsame Provinz hinter sich gelassen hatten. Stütze im Sinne des großen Bruders, warf sich Rezzo bis zur Selbstaufgabe für ihn in die Bresche. Mich hätte es nicht überrascht, wäre er es gewesen, der Fischer den Windsor-Knoten beibrachte. Streiften die einander ebenbürtigen Genießer umher, dachte man an eine Spielart der Blues Brothers. Mit ihnen kam das pralle Leben zur Tür herein.

Ein gut aufgelegter Schlauch ist ein enthusiastischer Chronist. Selbst am Steuer gestikuliert er mit zehn Fingern herum: Gell, der Fischer sei im Krankenhaus Gerabronn von der gleichen Hebamme geholt worden wie er, »von der Frau Schreyer«. Dies hätte schon genügt, um Joschkas engsten Gefolgsmann zu rekrutieren. Rezzo fährt mich eigens an die zum »Seniorenheim Wohnpark Hohenlohe« umfunktionierte Klinik. Er ist neunundfünfzig, kann sich die Bemerkung nicht verkneifen: »Seniorenheim, des passt.«

Keine echte Rezzo-Story ohne Abstecher ins Hohenlohische. Der Jurist kann in zärtlichen Worten seine behütete Kindheit talseits im Bächlinger Pfarrhaus heraufbeschwören. Beim Herumstreifen deutet er hinüber zur Bubenkammer unterm Dach. Fischer kam aus der

Enge des in Sichtweite auf der Bergeshöhe nicht minder pittoresk gelegenen Langenburg. Zwei Flecken, die man sich als »Neschter« vorstellen muss. An Postkartenmotiven mangelt es nicht. Sanfte Kuppen, Bussarde kreisen, Wüstensalbei blüht. Die schwarzweiß gefleckte schwäbisch-hällische Sau läuft herum. »Halbdackel« ist in der gesegneten Ecke eine gröbere Beleidigung als »Dackel«.

Die Bächlinger und die Langenburger »hen sich net gmocht«, betont Schlauch. Deshalb nimmt er an, Joschka und er hätten sich bei den üblichen Rivalitäten »gekabbelt«, beim Schlittenfahren auf der Alten Steige oder beim Herumstromern am Badewehr.

Fischers Eltern sind beschrieben als kleine Leute. Hochfliegende Pläne verboten sich von selber. Joseph Martin war der Liebling seiner streng katholischen Mama. Nach zwei Töchtern dürfte sie sich einen Jungen gewünscht haben. Die Klosterschülerin und Trafikantin zerrte ihr flachbrüstiges Nesthäkchen zum Kleiderkauf, steckte ihn sonntags in einen Anzug mit Kavalierstüchlein. Die Krawatte forderte knabenhafte Abwehr heraus: Joschka geschniegelt und gebügelt, die Mutter konnte mit der Inspektion zufrieden sein. In ihren Exerzitien dürfte ein Grund seiner Vorliebe für Sponti-Kluft liegen. Sie hätte gern erlebt, dass der von seinen Schwestern unter die Fittiche genommene Joseph zum »Finanzbeamten in Dauerstellung« oder wenigstens »kleinen Inspektor« im Stuttgarter Rathaus reüssiert. Diese Perspektive ließ er mit dem Abschied aus dem Schwäbischen wahrlich hinter sich. Sonst jeder psychologischen Analyse abhold, erklärt Joschka sein »ganzes Leben als Freak« mit Mutters eisernem Wunsch, »mich unbedingt zum pensionsberechtigen Beamten machen zu wollen«. So oder so, zum Staatsdiener reichte es dann doch.

Unterschiedlicher als Fischer und Schlauch können Partner nicht ins Leben eintreten. Rezzo, Sohn eines wortgewaltigen Predigers und Heimatdichters, sonntags, zu Hochzeiten und Begräbnissen durfte der »Läutbub« den Glockenstrang ziehen. Er erbte vom Vater die Pastorenregel: »Lange Würste, kurze Predigten!«, genoss das Glück im Winkel, ein Scheinriese von fürsorglicher Weichheit, ohne ersichtlichen Milieuschaden. Schwaben nennen solche Mannsbilder »eine Natur«.

Joschka, der hinter dem Langenburger Stadttor in der Hauptstraße wohnte, schmeckte die Bitterkeit von Niederlagen. Sein Vater scheiterte mit dem eigenen Geschäft, Joschka wuchs mit diesem Makel auf, der Last, vielleicht wie der Papa zu enden. Womöglich sah er sich durch dessen Schicksal zum Proletarier verdammt. Heute ist die Metzgerei Wolz mit Vesperstüble und Bio-Fleisch in Fischers Laden. »Anno 1671« steht über dem Türstock des tadellos herausgeputzten Fachwerkhauses.

Fischer schleppte die Kindheit wie ein Schneckenhaus mit, hielt es überhaupt mit sich schlecht aus, höre ich von einem Frankfurter Mitbewohner. Schlauch schildert mir beim Rundgang durch die Gässchen, nie habe er Joschka bewegter erlebt als bei einer Pilgerfahrt zu den Langenburger Wurzeln: »Das habe ich von ihm gar nicht gekannt.« Bei der Heimkehr in die Jugend hatte er die Namen der Mitschüler im Kopf und wer in dem und dem Haus gewohnt hatte. Fürs Fernseh-Sommerinterview 2005 suchte er sich seinen Badeplatz an der Jagst aus. In die hölzerne Umkleidekabine soll Klein-Fischer ein Gucklock gebohrt haben, aber das ist wirklich ein Dorfgerücht. Im Bierzelt des TSV Schrozberg lief er beim Jakobi-Fest vor dreitausend Leuten zu Superform auf. »Die Vorgruppe«, sagt Schlauch, »machte Schlauch. Wir waren nassgeschwitzt bis auf die Socken.« Im Sprengel erfuhr Rezzo vom »Post«-Eugen, dass der Joschka »scho immer a freche Gosch ghabt hat«. Eugen sparte nicht mit dem Kompliment, eine solche Rede wie die vom Fischer in der Kießling-Wörner-Affäre habe der Bundestag noch nie erlebt.

Schlauch lotste mich anno 98 zum »Bauremarkt« in Rot am See, ein Heimspiel für den »grünen Brummer«. Die Anreise im Miet-Mercedes mit Platz, um seine langen Haxen aufzufalten, erinnere ich als Debakel. Fischer hatte mit ihm Großes vor, wollte ihn zum Fraktionschef küren. Die Handy-Ära hatte begonnen. In Rezzos Pranke verschwand das Arbeitsgerät wie eine Praline. Wir kamen aus Bonn, gurkten von Funkloch zu Funkloch, suchten an jeder Raststätte altvertraute Telefonzellen. Schlauch immer auf »schtandby«. Irgendwo röhrte Fischer ihm ein »Führungsversagen« auf die Mailbox, nie sei er erreichbar. Für die Funklöcher konnte Rezzo wirklich nichts. Unheilschwanger schrie Schlauch »Funkloch, Scheiße. So ein Mischt« in den Äther. Niemand wollte ihn erhören. Trotzdem wurde er Fraktionschef. Kein reiner Freundschaftsdienst. Den Strippenziehern ging es darum, unter Mitwirkung von Fischer den kantigen Ostdeutschen Werner Schulz für das Spitzenamt um jeden Preis zu verhindern. Der Preis hieß Rezzo.

Schlauch wäre bestimmt ein pfundiger Oberbürgermeister geworden. »Zwei Zentner Stuttgart«, lautete seine stimmige Parole, er hätte sich nicht verbiegen und nicht das Eigene leugnen müssen. Aber nein, sehr zu meinem Leidwesen wollte er sein barockes Naturell unbedingt von Joschkas Gnadensonne ausdörren lassen. Das ist gründlich gelungen.

Von meinen fragenden Blicken verfolgt, wuchtete sich Schlauch fortan am Reichstag in die Limousinen. Das selten unfreundliche Rundgesicht verschwand hinter der steilen Ray-Ban-Sonnenbrille. Immer seltener rannte er in dem an die Demo vor der Atomanlage Obrigheim erinnernden T-Shirt herum. Da war er drauf und dran gewesen, Polizisten seine Argumente handgreiflich einzubläuen.

Der nicht zu bremsende Zwischenrufer fiel mir 1988 im Stuttgarter Landtag auf. Schlauch drosch mordsmäßig auf die CDU ein, »bretterte« gegen die Sozen. Der Rundfunk hängte eigens ein Saalmikro über seinen Sitzplatz. Rezzo schnaubte im Zorn, dass die Landkarte an der Bürowand effektvoll knisterte. Ließ es der »Spätzles-Grüne« krachen, machte sich Lothar Späth im Plenum noch kleiner, als er ist. In Berlin lebte ich, wie gesagt, im selben Haus wie er mit weiteren Abgeordneten. CDUler, CSUler, klangvolle Namen darunter. Alle hatten nachts das Fenster auf, damit sie den Ruf ins Kabinett nicht versäumten, der nie kam. Vom Großvater her Sozi durch Vererbung, merke ich, meine gewachsene Distanz gegenüber dem Politbetrieb hat auch mit diesem Zusammenwohnen zu tun. Die Mandatsträger entscheiden über Krieg und Frieden. Aber daheim stecken sie den Hausmüll in die Papiertonne, lassen die Hemden im Waschautomaten modern, gießen nie auch nur einen Eimer Wasser auf die Pflanzen im Hof. Ich will niemand verdächtigen, aber man klaute mir im Abstellkeller Fahrradpumpen. Andrerseits war es höchst unterhaltsam, wie im Flur CDUler über die Grünen, die Grünen über die CDU und SPD spotteten und alle zusammen über die Merkel und nicht anwesende Chefredakteure herzogen. Namen nenne ich keine.

Eines Sonntagmorgens klingelte die Fotografin Herlinde Koelbl bei Schlauch Sturm. Sie stand mit kiloschwerer Ausrüstung vor seiner verschlossenen Tür. Ersatzweise bat ich sie auf einen Tee herein. Frau Koelbl trug zu ihren grünen Augen einen grünen Pullover, erzählte von ihrer vielgelobten Langzeitstudie *Spuren der Macht*. Ihr war es geglückt, Fischer im Gespräch für ein Tiefeninterview, wie man so sagt, »zu öffnen«. Eine Aufgabe, die man seinem Feind nicht wünscht. Schlauch tauchte zum Fototermin nie auf.

Joschka und Rezzo. Das waren Grüne, die zuvor bei Demos gegen Militär und Nachrüstung mitmischten. Nun ist es an Schlauch, seinem Fischer gottergeben widerborstige Alternative zur Kosovo-Abstimmung einzufangen und für ihn die Front zu halten. Die Bundeswehr wurde zur Bombardierung Serbiens gebraucht. Rezzo erledigte einen »bockelharten Job«, der Blitzableiter für alle. Bei Schlauch zappte sich der Weltumsegler ein, sobald es Abweichungen von seiner Generallinie gab. Nach Telefonaten auf ihren magischen Kanälen blühte Rezzo sichtlich auf. Schwieg Fischer, sackte er sichtlich zusammen. Dann flog Schlauch wegen der »Bonusmeilen-Affäre« auf. Bruchlandung. Der Anfang vom Ende. Redakteure, die zuvor von seiner Offenheit profitiert hatten, hauten ihn in die Pfanne.

Treffen zum flotten Dreier, Fischer, Schlauch und Landsmann Kuhn im Berliner »Sale e Tabacchi«. Nach der Bundestagswahl 2002 wird Schlauch streng vertraulich beim Abendessen verfrühstückt. Joschka soll die Zeche gezahlt haben, mehr gab Schlauch nie preis. Er kam als Fraktionschef, Stunden später trollte sich Ritter Rezzo von der Tafelrunde ohne den geliebten Titel heimwärts. Freindle, Freindle. Fritz Kuhn sollte den Posten übernehmen. Grausam für Schlauch. Er hatte seine Schuldigkeit getan, er musste gehen.

Nachdem man ihn abserviert hatte, deutete Rezzo tapfer nur die Oberfläche einer äußersten Gemütsregung an. Als ob er den Verlust des begehrten Amtes bereits abgeschüttelt hatte, wollte er die Deutungshoheit behalten. »Wenn es am schönsten ist, soll man aufhören«, hauchte er ungewohnt schwach beim Müsli im »Café Einstein« und ließ sich mit dem Titel »Parlamentarischer Staatssekretär« ins Wirtschaftsministerium wegloben. Joschka verehrt er weiter. »Er ist der Einzige, der regelmäßig durchläutet.«

Ehrensache, 2005 telefonierte Fischer hinter dem in der chilenischen Atacama-Wüste auf 4000 Meter Höhe von den Berliner Turbulenzen abgeschnittenen Spezl her, informierte ihn über Schröders

Harakiri-Projekt vorgezogener Neuwahlen. Er hatte den Geruch einer Pleite in der Nase. Vorher habe der Vize mit seiner amerikanischen Kollegin Condoleezza Rice gesprochen, berichtet Schlauch. Da stimmt die Rangfolge wieder.

Milieustudie

Die Grünen tagen im Südturm des Reichstags. Über der Glaskuppel kreisen Krähenschwärme. Leibwächter geleiten den Außenminister über den Flur bis zu den Toiletten. In der Lobby hauchen sich die Alternativen Küsschen auf die Wangen. Ein in der Paartherapie praktiziertes Sichherzen und Rückentätscheln. Warum bloß pflegen die Sanften dermaßen an tätliche Angriffe grenzende Umarmungsorgien? Der Flur hallt wider von übergeschnappten Begrüßungen, da hält keine Kontaktbar mit. Die Vorsitzende Claudia Roth, mit Vorliebe für kreischigen Fummel, dass einem psychedelisch zumute werden konnte, ist Dramaturgin. Von daher bestens geübt in der Prüfungsaufgabe »Wie erreiche ich im Theater Emotion?«. Sie liegt sich mit allen in den Armen. Journalisten drückt »die Claudia« an ihre Brust, man fürchtet um die Pressefreiheit. Mann, Frau versichern sich körpernah unverbrüchlicher Freundschaft. Unter dem Wärmestrom pulsiert ein Strom Kälte.

Das freudlose Busseln wiederholt sich beim Parteirat, um nicht weniger verbissen intakten Teamgeist vorzuführen. Das Gremium tagt im Haus der Grünen beim Neuen Tor, die Fassade im heiteren Gelb der Selbsterfahrungsindustrie. Am Nachmittag des 11. September 2001 bin ich dort mit Parteichefin Roth verabredet, die den Titel kriegspolitische Sprecherin führen könnte. Wie sie sich in der Rolle als Mutter der Kompanie fühle, will ich für ein Porträt ergründen. Auf dem Tisch liegen Batikdeckchen. Eine Kerze, »a Kerzle«, sagt sie, wird angezündet. »Peace« und »Paix« steht darauf. Ein Anruf kommt. Die Vorsitzende telefoniert im Stehen. Das Gespräch klingt eindringlich, dann völlig entsetzt. Panik tritt in die Rothschen Puppenaugen. Sie schaltet den Fernseher ein. Bilder vom brennenden World Trade Center, Flugzeuge schlagen in Wolkenkratzer ein. Immer mehr Handys klingeln. Sie wird nach draußen gerufen. Wir vertagen uns. Vor dem

Haus weiße Partyzelte und Bistrotische. Das für den Abend angesetzte Sommerfest fällt aus. Bei meiner nächsten Verabredung mit Frau Roth beginnt auf den Straßen die Demo der Friedensbewegung gegen die Bombardierung Afghanistans und die zur Kriegspartei gewordenen Grünen. Das war ihr Milieu, noch gestern hätten Alternative den Zug angeführt. Heute, nachdem sie das Protestmonopol verloren hat, klingt »die Claudia« beleidigt und hilflos.

Am 18. September besucht Joschka Fischer ein Amerika im Ausnahmezustand. In Washington trifft er Präsident George W. Bush. Die *FAZ* zitiert den Außenminister mit den Worten, die USA ließen sich »nicht von Rachegefühlen« leiten, sondern von »kluger Entschlossenheit«. Ich beginne eine Reportage über Fritz Koenig in Landshut. Den Bildhauer verbindet mit dem World Trade Center mehr als jeden anderen Deutschen. Der Künstler schuf Anfang der Siebzigerjahre seine »Große Kugelkaryatide«, eine 7,64 Meter hohe Monumentalplastik, die sich bis zum 11. September auf dem Platz vor den Zwillingstürmen drehte. Nun liegt sie mit den vielen Toten unter Schutt und Asche. Mitsamt der Infotafel, auf der ein Name stand: Fritz Koenig.

Der Professor ist ein vergrübelter Mensch, mit Wangen wie Winteräpfel. Er trägt ein unverwüstliches Tweedjackett mit Lederflicken am Ellbogen. Koenig gilt als eigenbrötlerisch, ohne Ehrgeiz, sich öffentlich zu erklären. Am Telefon bittet er, Zeit mitzubringen für eine Geschichte, die bei ihm an der Peripherie heiter begann und mit der Tragödie auf dem Gräberfeld New Yorks endete. Er räumte ein, es sei nicht leicht, sich ihm zu nähern. Indes verbinde sich damit die Hoffnung, es sei auch schwer, sich von ihm zu trennen. Genauso kam es.

Der Siebenundsiebzigjährige lebt auf dem Ganslberg in einem von wildem Wein überwucherten Haus. Auf dem Weg macht er Halt an der scheunengroßen Werkstatt. Drinnen sinniert er über unbegreifliche Zusammenhänge, die jedes rationale Erklärungsvermögen übersteigen. Oder wie soll man plausibel begründen, warum ihn die Nachricht der durch die Hochhäuser rasenden Feuerwalzen in eben diesem alten Schuppen erreichte? Auf ausdrücklichen Wunsch der New Yorker Turmbauer entstand hier 1968 streng unter Ausschluss der Öffentlichkeit eine der meistfotografierten Skulpturen der Welt.

Das Minimodell der Kugel hat er in der Hand, als seine Ehefrau atemlos mit der Schreckensbotschaft des Attentats angesprungen kommt. Die Maria schreit: »Amerika brennt!«

Im Gespräch berührt der Künstler eine Abfolge von Ereignissen, die untereinander in Beziehungen stehen, ihre unheimlichen und verstörenden Koinzidenzen. Innere Stimme, Fügung, was soll man sagen: Dreißig Jahre stand die mattschimmernde Bronze, klein wie eine Faust, unter einer Glasglocke auf dem Fensterbrett. Von Norden flutet das Licht in das weiß gekalkte Atelier. Weil ein prominenter Sammler das Objekt kaufen will, beschäftigt sich Koenig am 11. September wieder mit seiner Karyatide. Exakt während der Zerstörung seines wichtigsten Werkes befand er sich auf »Rückbesinnungsstrecke zur Kugel«. Koenig kennt sich als einen Menschen der »Unglückserwartung«, er sei geplagt von »furchtbaren Qualitätsvorstellungen von Unglücken«. 1997 hatte er mit einer Papierarbeit zusammenkrachende Türme vorweggenommen. Koenig ist nicht der Mann, dies als einen Zufall zu deuten, derweil sich um ihn die Zeichen mehren.

Krasser konnte der Kontrast nicht sein. Das Fernsehen bringt ihm die Horrorbilder vom Hudson in die Idylle. Vom Hof gellen Pfauenschreie. Hierher kamen die Hochhausbauer zu »Knödel mit Schweinernem« und dachten, es könne nicht schaden, etwas von der betörenden Aura des Ganslberg nach New York zu transferieren. Der Koenig in jedem Detail bekannte, nun in giftgelben Rauch gehüllte Tatort mit pochend über der Ruinenlandschaft stehenden Helikoptern – unerträglich, sich das Inferno auszumalen: »Wahrscheinlich habe er g'weint.« Eine Art Schüttelfrost sei das gewesen. Den habe er als Soldat aus Russland heimgebracht. »Aber das geht jetzt zu weit.«

Der Bildhauer schüttelt den Kopf. Soll er es aussprechen? Doch, es muss heraus. Einmal habe er mit dem Architekten Minoru Yamasaki zu Füßen der knapp 420 Meter hohen *skyscraper* gestanden. Er, Koenig, habe geunkt: »Wenn deine Dinger umfallen, möchte ich net derschlagen werden.« Drei Jahrzehnte konnte man sich eine Linie von seiner Kugel zur Turmspitze denken, darin die schwindelmachende Idee, mit dem Unendlichen in Beziehung zu treten. Unglaubliche hundertzehn Stockwerke. Fast unerklärlich, der auf dem Lande verwurzelte Bayer nahm in New York die Konfrontation mit einem

Kraftfeld an, in dem es um Kapitalfluss, imperialen Ehrgeiz, zuckende Kurse geht. Dagegen stand seine fragile Skulptur, widerstrebende Kräfte in scheinbarer Schwerelosigkeit gebändigt, »mit äußerster Gefährdung der Balance«. Schwebend-Zerbrechliches neben dem scheinbar Unumstößlichen.

Die Apokalypse vom 11. September lag außerhalb jeder Vorstellung. Gleichwohl, im Werk, das Koenigs Rang festigte, erkannte die Kritik »Bedrohliches, Bestürzendes«. Ob man das Werk als Schädel oder Fratze ansieht, ein verletztes und verletzliches Antlitz kommt zum Vorschein, ein zyklopisches Auge, auf die Gesellschaft gerichtet. Ein Wagnis, die Ahnung von Leid und Tragik in das Metall einzuschmelzen, »das Einäugige, Stürzende«, den Tod mit dem Blick auf Lebendes. Die Kunst verwies den Menschen auf seinen Rang in der Welt.

Bei den Räumungsarbeiten auf Ground Zero schälte sich das Glitzerding aus den Trümmern, die eierschalendünne Metallhaut nur eingedellt. Wrackteile der Jets fanden sich im Inneren. Koenig flog hin. Der Ehrengast bei der Gedenkfeier verstand sich wortlos mit Hillary Clinton. Unter der ramponierten »Sphere« nahmen sie sich bei der Hand. Von der rot-grünen Bundesregierung lud niemand den Bildhauer zum Mitfliegen nach New York ein. Mit CSU-Kanzlerkandidat Stoiber wollte er nicht.

Der 11. September lässt uns nicht los. Am Ganslberg kam unausweichlich die Rede darauf, wie Deutschland dasteht in der Welt. Wir sprachen über den für mich zunehmend bizarren Minister Fischer. Von dessen bewegter Vergangenheit wusste Koenig wenig. Aber der Bildhauer ist auf Physiognomien und ihre Deutung fixiert. Er spürte ihm eine Distanz zum Amt an, ohne dass er es hätte begründen wollen. Ich hätte es auch nicht an einem bestimmten Punkt festmachen können. Außer an meinem Unbehagen, dass Fischer irgendwie verkleidet wirkte und auf mich den Eindruck machte, im übertragenen Sinn den Anzug zu verachten, den er trug. Vielleicht war es zu einfach gewesen, Außenminister zu werden? Am Ende verkörperte er den Staat, den er einst hatte abschaffen wollen.

Entfremdung

Zur Verleihung des Ehrenbürgerrechts der Stadt Frankfurt an Helmut Kohl reist im September 1999 auch der Außenminister an. Mozarts Streichquintett in C-Dur, Köchelverzeichnis 515, erster Satz, Allegro, Würdigung des Altkanzlers in der Paulskirche durch Spaniens Ex-Ministerpräsident Felipe Gonzales. Beim Hinausgehen erspäht mich Fischer unter Grützkes gewaltigem Rundbild »Zug der Volksvertreter« und raunt, ihm sei zu Ohren gekommen: »Du sprichst schlecht über mich.« Es war der Versuch, einen Zusammenhalt zu beschwören, den sein politisches Handeln längst aufzulösen begonnen hatte. Ja, ich schrieb über ihn. Positives hatte ich kaum zu vermelden. Die Erinnerung fällt mir leicht, unter F wie Fischer bewahre ich die Einladungskarte auf.

Damals beschäftigte mich der Stasi-Spion »Kid«. Am Morgen des 22. April 1991 hatten ihn amerikanische Geheimdienstler in Berlin auf offener Straße gekidnappt. »Kid« war in seiner verpfuschten Laufbahn Sergeant Jeffrey M. Carney gewesen, die Hauptfigur eines Thrillers, wie er nur im geteilten Deutschland möglich war.

Er diente bei der »6912th Electronic Security Group« in Berlin-Marienfelde, die DDR-Spionage hatte keine Probleme, den Homosexuellen für ihre Zwecke zu dingen. Die Stasi wusste mit Knetfiguren umzugehen. Kid, wie Kind, ist der passende Codename für den psychisch instabilen Spund. Der amerikanische Freund spielte dem Osten den *top-secret*-Plan zu, »gefakte« Befehle in den Funkverkehr der Warschauer-Pakt-Staaten einzuspielen. Die Datenbank mit Stimmenprofilen existierte bereits. In aller Kürze: den von Kid angerichteten Schaden bezifferten US-Militärs auf 14,5 Milliarden Dollar.

Die Fahnder des Air-Force-Abwehrdienstes entführten Carney am helllichten Tag vor seiner Berliner Wohnung und flogen ihn in die Staaten aus. Eine Nacht- und Nebelaktion im souveränen Deutschland, ein schwerwiegender Rechtsbruch auf deutschem Boden, Verstoß gegen alle völkerrechtlichen Statuten. Das Militärgericht machte kurzen Prozess und verknackte Kid zu achtunddreißig Jahre Haft. Der Fall übertrifft in seinen Facetten die Verschleppung des Murat Kurnaz ins US-Gefangenenlager Guantánamo.

Die Regierung Kohl hatte den Mantel des Schweigens über den Skandal gebreitet. Nach dem Regierungswechsel wandte ich mich an Fischers Ministerium. Da bot er mir an, in seiner Maschine nach Berlin mitzufliegen. Wir würden uns an seiner Eschersheimer Wohnung treffen. Es war tiefe Nacht. Der Tross jagte hinaus zum Flughafen und durch den VIP-Eingang.

Mir ist immer noch nicht klar, warum Fischer mich einlud. Vielleicht aus reiner Freundlichkeit. Ich dachte an früher. Das Rollfeld konfrontierte uns doch mit einer gemeinsamen Niederlage. An nichts war ich weniger interessiert als am Anblick einer absurden Maschinenlandschaft aus der Vogelperspektive. Wollte er mir den trügerischen Anblick einer miniaturhaft verkleinerten Zerstörung vermitteln, das Schachbrettmuster kahler und weniger kahler Flächen? Wollte er mich kompromittieren und zum Komplizen machen durch dieses eigenartige Déjà-vu-Erlebnis an der 18 West? Ich wurde den Gedanken nicht los, der Sturz durch Raum und Zeit sollte mir vorführen, ich sei auch nicht anders als er.

In einem seiner vielen Leben hatte Joschka die Hessen-Grünen 1982 gewarnt: »Sicher, ihr werdet mit der SPD keine Gespräche führen können, wenn diese Startbahn weitergebaut wird.« Am 19. April 1983, verbürgt im Archiv »Grünes Gedächtnis«, redet er in der »Aktuellen Stunde« seiner Bundestagsfraktion ins Gewissen: »Joschka Fischer erinnerte an eine Demo an der Startbahn West am 7. 5. 83. Um zahlreiche Teilnahme von Mitgliedern der Bundestagsgruppe wird gebeten ...« Später sitzt er kraft Amtes im Aufsichtsrat der Flughafen AG. Ihm vorwurfsvoll zu kommen und in eine Debatte über den Kahlschlag zu verstricken war sinnlos. Grün-Wähler reisen laut Studien fleißig mit dem klimaschädlichsten Verkehrsmittel. Fischers Replik hätte ich vorhersagen können, hatte er an anderer Stelle doch mit Geringschätzung gestichelt, dem Rudolf Bahro sei er das erste Mal auf dem Frankfurter Flughafen begegnet: Der Messias sei gerade »von einer Verkündigungsreise aus Spanien« zurückgekommen. Ende der Durchsage. Ein Zufall wollte es, die »18 West«, Chiffre für Zerstörung schlechthin, ist am 12. April 1984, Joschkas 36. Geburtstag, eröffnet worden. Das Orwell-Jahr übrigens.

Ich hasse fliegen. Es riss uns vom Boden zu einer von mir als grässlich erinnerten Schaukelei. Der Jet gewann an Höhe. Schon verschluckten uns die Nachtwolken. Nur die Crew und Leibwächter waren an Bord. Wir saßen uns am Tischchen gegenüber, Saft kam. Ein ums andere Mal rammte es mir die Faust in den Magen. Fischer meinte, schon andere Turbulenzen erlebt zu haben. Er hörte sich die Kid-Story an. Sie endete mit meiner Bitte, dem armen Teufel müsse geholfen werden.

Der Vizekanzler war im zweiten Amtsjahr schon schwer von der Ruhmsucht angekränkelt. Sein erster Auftritt in der UNO-Vollversammlung stand bevor. Ein distanzierter, über den Dingen des Alltags schwebender Weltendeuter saß mir gegenüber. Er vermittelte nicht den Eindruck, besondere Aufmerksamkeit auf Kid zu richten. Es war kein ergiebiges Gespräch. Zum Schluss stellte er die von mir als rhetorisch verstandene Frage, ob wir denn dächten, er solle seine Kollegin Albright anrufen? Genau das meinte ich, Fischer war doch die Galionsfigur der »Menschenrechtspartei«. Wurde nicht kolportiert, die schützende Tante habe einen Narren an ihm gefressen?

Über den Wolken gewährte er mir Einblick in die »Phantomrealität« eines Außenministers. Erhellende Passagen dazu finden sich in John Updikes Roman *Meine Jahre mit Ford*. Tatsächlich gab es zwischen Joschka und mir unterwegs nur ein einverständliches Thema, den Autor Philip Roth und seinen Roman *Sabbaths Theater*. Das Buch hebt mit dem Satz an, der ein Programm verspricht: »Schwöre, dass du keine anderen mehr fickst, oder es ist Schluss.« Das war schon etwas deftiger als der Szene-Renner *Schweine mit Flügeln*, der in Fischers Marx-Antiquariat für vier Mark fünfzig über den Tresen ging. Wir waren kurz auf Roth Epos zu sprechen gekommen, flachsten über die politisch überhaupt nicht korrekte Hauptfigur Mickey Sabbath. Ich witzelte, mit den grünen Frauen sei bestimmt schwer über die knackigen Stellen zu sprechen.

Was wir für etablierte Ami-Belletristik hielten, war lange unter linke Denkverbote gefallen. Von den verhassten USA ließ man nur Coca Cola und die Levi's-Jeans 501 gelten. Gepflegte Vorurteile schlossen Autoren wie Updike mit ein. Fischer hatte eine starke Kerouac-Phase, ich war begeistert von Mailers *Nixon in Miami*. Eldrige Cleavers *Seele auf Eis* musste her. Aus purer Opposition verordneten wir uns die unzugänglichen Avantgarde-Schriftsteller Lateinamerikas und noch sperrigere Franzosen. Was für eine Erlösung, die selbst auferlegte Zensur zu unterlaufen und mich endlich Saul Bellows *Humboldts Vermächtnis* hinzugeben. In dem weit verzweigten Kosmos geht es um einen dunklen Anderen, den man im Leben nicht los wird. Eine Lektüre für Fischer.

Bei unserem Plausch über Philip Roths Sexbesessenheit rückte Fischer natürlich nicht damit heraus, dass er in den Siebzigern amerikanische Pornos für den Verleger Jörg Schröder übersetzt hatte. Dessen März-Verlag gab im Westend ein aufregendes Gastspiel. Schwaden der im Erdgeschoss situierten Hähnchenbraterei zogen durchs Haus. Das hinderte die kleine Crew nicht, in knallgelben Schutzumschlägen Leonard Cohens *Schöne Verlierer* herauszubringen und mit der von Brinkmann/Rygulla gefüllten Wundertüte *Acid* die Underground-Literatur in Deutschland einzuführen. Die Bände musste ich mir damals absparen.

Im Kellerlager hätten sich die Pornos von Olympia-Press gestapelt, berichtet der Hersteller Adolf Heinzlmeier, heute spezialisiert auf Frankfurt-Krimis. Laut Schröders Eintrag in seinem *tazblog* vom 19. September 2006 gehörte Fischer zu der »Handvoll Linken«, die Pornos für ihn übersetzten: »Ja, auch Joschka Fischer war dabei.« In seinem Buch »Mehr und Mehr« schmückt Schröder das weiter aus und schreibt, der habe in der Rossertstraße gesessen und unter einem Pseudonym gearbeitet, »obwohl ihn noch keiner kannte als kleener Karl-Marx-Buchhändler und Taxifahrer«.

Der alte SDSler Lothar M. qualmt wie ein Hochofen bei der Schilderung, wie er unter dem kalauernden Tarnnamen »Carl Lingus« ein Dutzend dieser Hardcore-Sachen eindeutschte. Je Buch habe er zweitausend Mark erhalten, gutes Geld für eine Woche Arbeit. Ein Kampfgenosse Joschkas erklärt, beim Porno-Übersetzen sei es darauf angekommen, »zu straffen und die saftigen Stellen zu betonen«. Er hat sein Auskommen längst in der Verwaltung. Ein Zimmernachbar aus der Fischer-WG versuchte sich für fünfundzwanzig Mark Honorar je Blatt am Porno-Comic *Anne und Hans*. Das Ausfüllen der Sprechblasen sei hochgradig diffizil gewesen, im Englischen gebe es dutzende Begriffe für die entscheidenden Körperteile.

Der Autorin Krause-Burger vertraute Fischer an, »das war schnell verdientes Geld, erregend war es nicht«. Freilich waren es mitnichten »Edel-Pornos«, wie die Biografie suggeriert, sondern richtiger

Schmuddelkram. In der 38. Folge von *Schröder erzählt* plaudert der Verleger aus dem Nähkästchen, Fischer habe »doch (...) eindeutig schmutzige und harte Pornos für uns ins Deutsche« übertragen und spottet: »Na, irgendwie muss ein Diplomat ja sein Englisch lernen!«

Mit Pseudonymen ist das so eine Sache. Fürs *SZ-Magazin* planten wir einen Artikel mit dem Arbeitstitel »Mein Name ist Hase«. Ich sollte rausbringen, nach welchem hochkomplizierten Schlüssel der Bundesnachrichtendienst Agenten-Decknamen auswählt. Die Antwort lautete: »Mit dem Telefonbuch.« Der sicherste Zufallsgenerator. Damit war der Report nach dem ersten Anruf gestorben. Die Information kam von einem gewissen »Juchatz«. Später traf ich ihn an der Theresienwiese wieder. »Grüß Gott, Herr Juchatz«, sagte ich. Er lachte mich aus und gab sich mit einem irgendwie enttäuschenden »Herr Baumann« zu erkennen, ohne dass ich mir beim Verwirrspiel sicher wäre, dass das der richtige Name ist.

Das Geheimnis, unter welchem Namen Fischer Deftiges übertrug, ist allerdings noch nicht gelüftet. Den Joschka-Code wollten schon viele Schlauköpfe dechiffrieren, ohne ihn knacken zu können. Mir geht es auch nicht anders, und spekulieren will ich darüber nicht, unter welchem Falschnamen sich Fischer möglicherweise hätte verstecken können. Immerhin finden sich Parallelen bei den Initialen »J« und »F«, die zu Vermutungen Anlass geben könnten, zum Beispiel beim Übersetzer *Petrus Josua*, der sich den Roman *Lotus* vornahm, über den gnädig der Mantel des Schweigens gebreitet bleiben soll. Der Petrus aus der Bibel ist ja bekanntlich Fischer von Beruf. Das Pseudonym Bobby Florian, Bearbeiter der Pornos *Die Wünschelrute* und *Das gestiefelte Kätzchen* erinnert manche an das Schachgenie Bobby Fischer, dessen Partien dem Schachspieler Joschka sicher bekannt waren. Übrigens, sein Namensvetter provozierte bei Turnieren durch seine Turnschuh-Auftritte.

Endlich war der Flug mit dem Vizekanzler zu Ende. Was mich betraf, lag die Temperatur unter dem Gefrierpunkt. Im dunkleren Teil des Airports Berlin-Tegel ließ der Minister mich mehr oder weniger stehen. An Fischers Wagen glühten die in der Nacht entschwindenden Rücklichter. Die Limousinen rasten zur nächsten kosmopolitischen Erkundigung davon.

Kurz darauf kam er mir joggend beim Bahnhof Friedrichstraße entgegen. Er blieb auf ein Schwätzchen stehen, stoppte die Uhr, damit ihm das Gespräch die Laufzeit nicht verhunzte. Unsere paar Sätze dürften sich um Biorhythmus, Hechelatmung, den »anaeroben Bereich« und amerikanische Laufschuhe gedreht haben. Er kannte die Vorzüge und Nachteile einzelner Marken. Zu Kid hörte ich nichts mehr von ihm.

Joschka trabte Richtung Reichstag, vorbei am letzten DDR-Plattenbau im Regierungsviertel. Ein Beispiel des abreißbaren Klassenbewusstseins, der Block fiel bald. Meist am Wochenende huschte er die Spree entlang, begleitet von rostigen Kähnen und der Weißen Flotte. »Kehr wieder«, »Kapitän Morgan« und wie die Pötte sonst noch heißen. Er rannte raus zum Schloss Charlottenburg. Phantastische Distanzen für Amateure wie mich, die nach fünfundvierzig Minuten ums Mausoleum unserer Hoffnungen, das Kanzleramt, auf den Felgen daherkommen. Die Mütze tief im Gesicht, den kurzsichtigen Blick nach innen gerichtet, war Fischer ein Farbtupfer mit kanariengelben Schuhen. Dann verlor ich ihn aus dem Blickfeld.

Eines Tages sandte mir Häftling Kid eine vier Sätze kurze Mail aus Cincinnati, Ohio. Der wichtigste lautete: »Ich bin wieder frei!« »Nach elf Jahren, sieben Monaten und zwanzig Tagen« im berüchtigten Fort Leavenworth habe man ihn im Dezember 2002 ohne »Feierlichkeiten aus der Gefängnistür rausgeschmissen«. Fischer tagte zu der Zeit beim EU-Gipfel in Kopenhagen. Kid hatte noch eine Katze in Berlin. »Peter der Große« erkannte ihn beim Besuch nicht mehr.

Der deutsche Wald

2002 ist es dreißig Jahre her, dass der Öko-Bestseller *Die Grenzen des Wachstums* das Land schockte. Joschka mischt zwanzig Jahre bei den Grünen mit. Ich bin in Kassel, um nachzusehen, was aus dem Projekt »7000 Eichen« des Joseph Beuys wurde. 1982 hatte er den ersten Baum eigenhändig vor das Museum Fridericianum gepflanzt, mit den Koordinaten 3534825/5686543 im »Datenprogramm Beuys« erfasst. Genial versprach der Professor »Stadtverwal*d*ung statt Stadtverwaltung«. Danach führten wir am Düsseldorfer Drakeplatz ein Gespräch über Bäume. Lieblich blühten Schneewittchen-Rosen. Man verstand, warum er propagierte: »Ohne die Rose tun wir's nicht, da können wir nicht mehr denken.«

Das Atelier. Auf dem Sims wachte ein roter Zuckerhase. An der Wand über dem mannshohen Kühlschrank hing sein »Hammer für Schwerhörige«. Mir gefiel eine Guglhupfform besser. Das Ledersofa war eigentlich zum Versinken, aber mit Papieren übersät. Man saß auf einfachen Stühlen am Holztisch, ebenfalls mit Papieren übersät. Zum ersten Mal trank ich Kaffee aus einem Bodum-Drücker. Aufnahmen aus der Kunstakademie lagen herum, mit Beuys berühmter »Fettecke« rechts oben in Raum 3. Auf der Tafel stand mit Kreide: »Nur noch 2388 Tage bis zum Ende des Kapitalismus.« Sie sind längst um.

Seine 7000 Eichen, langlebig, festes Kernholz, summierten sich zu einem drei Millionen Mark teuren Geschenk. Heute ist der Miniwald ein unbezahlbares Denkmal. Ihn darüber reden zu hören bedeutete, ausladende Baumkronen in den Himmel wachsen zu sehen, Blätterdächer, vom Wind bewegte Wipfel, Laub in vielen Farben, Schatten werfende Alleen, kürzere und längere. Die elektronischen Klanglandschaften von »Kraftwerk«, mit seinem Schüler Emil Schult, hätten dazu die ultimative Filmmusik erzeugen können. Beuys war dreiundsechzig. Beuys war neugierig, Beuys war stark, Beuys war willens, seinen Bäumen noch lange zuzugucken. Ein König im Reich der Phantasie.

Ausführlich erklärte er das Credo »Kunst ist die einzige Form, in der Umweltprobleme gelöst werden können«. Kreativität weise Wege aus der Gefahr. Er hätte hinzufügen können, Kunst ist ein Mittel, um die Beschleunigung auszubremsen. Beuys schloss die Augen, breitete die Arme aus, deutete eine Waage an und zeigte, wie sich sein flächenhaftes Multiple aus Belebtem und Unbelebtem im Laufe der Zeit austariere: In seiner Gleichung wird der Stein weniger, dafür wächst das Grün. Wo andere trennten, wollte er die Einheit von Denken und Fühlen, die Einheit von Leben und Werk, die Einheit von Mensch und Natur.

Joseph Beuys, das sprudelnde Medium jener Jahre, in denen das Wünschen noch geholfen hat. Der gebürtige Klevener zählte zum Grünen-Kreisverband Düsseldorf. Ausweisnummer 0511–104, von

Ehefrau Eva für mich herausgesucht. Er kämpfte vehement für das Prinzip »Direkte Demokratie und Volksabstimmung«. Seine »Stadtverwaldung« war eine Metapher des Grün-Seins, für Leben, für die Art von Ideen, die den Alternativen Pfiff und unverdienten Glanz gaben. Zudem lieh er ihnen seine Berühmtheit.

Am Tag, als der EU-Gipfel in Brüssel über die Konsequenzen aus dem Klimawandel stritt, sah ich im Münchner Residenztheater den fabelhaften Stefan Hunstein als den Arzt Astrow in Tschechows Stück »Onkel Wanja«. Ich war mit Hunstein im Ayinger Wald gewandert und hatte ihn in seiner Doppelrolle als Schauspieler und und Fotokünstler porträtiert. Über seinem Schreibtisch hängt das Beuys-Objekt »Ich ernähre mich durch Kraftvergeudung«. Irgendwie kamen wir drauf, sein Vater Heinz sei der Kasseler Zahnarzt von Beuys gewesen. Im Vorgarten steht ein mächtiger Beuys-Baum. Über Astrow wird bei Tschechow das Schönste gesagt: »Er pflanzt einen Baum und denkt dabei daran, was daraus in tausend Jahren wird, schon jetzt kümmert er sich um die Zukunft der Welt. Solche Menschen sind selten, man muss sie lieben…« Wie Beuys, der Visionär, am Rand der Zeit und ihr doch voraus: Der Prophet der Vergänglichkeit. Er prangerte an, dass wir immer die falschen Prioritäten setzen. Unser Lebensthema.

Der geübte Selbstdarsteller trug das Gewohnte: Anglerweste, Jeans. Den weichen Hut behielt er auf, zeichnete mir mit Bleistift einen Borsalino. Wie er dasaß, erschien er mir in ein Geheimnis gehüllt. Ein sanfter, wilder Denker, listig, verletzlich. Beuys konnte verzaubern, in wacher Verträumtheit weit in die Zukunft vorausdenken. Durch Fragen ließ er sich nicht beirren. Aus dem Schamanen sprach die schmerzhafte Sehnsucht nach dem Heilen, erfüllt vom Wunsch, mit 7000 Eichen das Naturschöne zu verteidigen. Von den Polit-Promis sponserte übrigens einzig Helmut Kohl einen Baum. Fehlanzeige bei den Grünen.

Nach den Aufzeichnungen seines treuen Assistenten Johannes Stüttgen hatte er 1983 die Bundestagsfraktion besucht. Joseph Fischer sei auch herumgesessen. Zum »Tag der Deutschen Einheit« forderte Beuys hintersinnig die »Nichtanerkennung der DDR und die Nichtanerkennung der BRD«. Er hatte einen Sensus für Ausstrahlung, gute und schlechte Schwingungen, erfühlte, wer eine »innere Linie« hat und wer keine. Beim Hinausgehen habe er, so Stüttgens Erzählung, den Abgeordneten Joschka »am Öhrchen« gepackt und ihm ins Gesicht gesagt: »Du blickst auch nicht durch!«

Spätestens 1985, wusste Eva Beuys und blätterte im Kalender ihres Mannes, »wollte er absolut und endgültig die Grünen nicht mehr«. Hinter ihm lagen schlimme Demütigungen. Am 23. Januar 1983, auf den Tag genau drei Jahre vor seinem Tod, sei bei der Listen-Aufstellung zur Bundestagswahl »ein regelrechtes Komplott« gegen ihn inszeniert worden, betont Stüttgen. Die Kleingeister (heute beuten sie Beuys bei jeder Gelegenheit für ihre Zwecke aus) hielten dem wichtigsten Künstler der Gegenwart vor: »Du kostest uns Stimmen!« Er solle besser mit seinen »Fettecken« weitermachen – und ließen ihn durchfallen. Die grünen Banausen schlugen den falsch geschriebenen »*Josef Boys*« als Kandidat für den »Kunstbeirat der Deutschen Bundespost« vor. Seine Frau hat ihn »nie so zerstört erlebt« wie nach den Begegnungen mit »dieser sogenannten Basisdemokratie«. Was Fischer lockte, stieß ihn ab: »Das heißt doch das Schlimmste von allem, politikfähig zu sein, heißt, auf alles zukünftige Ideenpotential zu verzichten.« Er lehnte strikt jede Koalition ab, formulierte unnachahmlich, »wir sind noch nicht mal Opposition!«.

Joschkas Geschichte weiter verästelnd, könnte man lange darüber spekulieren, ob Wille und Taten bei den Alternativen ebenso auseinandergedriftet wären, hätten sie mehr den charismatischen Kräften von Kelly oder Beuys vertraut. Für sie war Grün eine Verpflichtung, kein Gemischtwarenladen zur beliebigen Selbstbedienung, für ihn war Grün »die reine Vernunft für eine bessere Welt«, keine Verführung.

So standen die Dinge. Beuys kam im November 1985 zu einer »Rede über das eigene Land« in die Münchner Kammerspiele. Niemand im ausverkauften Haus ahnte, dass es seine Abschiedsvorstellung sein würde. Ich gestehe ja, es ist die reine Nostalgie. Ich hatte die *natur* mit meinem emphatischen Artikel über Joseph und die 7000 Eichen dabei: »Beuys zaubert Bäume aus dem Hut«. Ich wollte nicht zu ihm hinauf auf die Bühne. Meine Frau ermannte sich, der Künstler kringelte mit schwarzem Stift quer über die Aufmacherseite: »Das gehört zur sozialen Skulptur.« Eine größere Ehre konnte keinem Artikel widerfahren.

Teil V Berühmte und Berüchtigte

»Das Vergessen war unsere größte Leidenschaft.«
Guy Debord (der erste Sponti)

Groß und Klein

Der 17. Oktober 2000 ist ein trockener, wechselnd bewölkter, bis 13 Grad warmer Dienstag in Frankfurt. Sichtlich vom Leben zerstört, betritt der Angeklagte Hans-Joachim Klein den Gerichtssaal 165 an der Konrad-Adenauer-Straße. In diesem Raum verurteilte das Landgericht 1968 Andreas Baader und die von Otto Schily verteidigte Gudrun Ensslin wegen Kaufhaus-Brandstiftung. Sie wollten mit ihrer Tat ein Fanal gegen den Vietnamkrieg setzen. Die Geschichte der Rote-Armee-Fraktion, RAF, nahm ihren Lauf. Bei der Urteilsverkündung ordnete der Vorsitzende an: »Der Unruhestifter Cohn-Bendit ist aus dem Saal zu entfernen.« 1974 schickte Muhammad Ali in Zaire den Favoriten George Foreman auf die Bretter. 1974 besuchte der Philosoph Jean-Paul Sartre im Stammheimer Gefängnis Andreas Baader. Klein war als Chauffeur und Aufpasser dabei, für die Szene seitdem mit einem Gefühl von Wichtigkeit gesalbt.

Alles hängt mit allem zusammen. Im Gericht trennt Sicherheitsglas Prozessbeteiligte und Zuschauer, Relikt der Verhandlung gegen die Startbahngegner. Die Aufteilung signalisiert eine Gefahr, die es nicht mehr gibt. Wachtmeister mit Kreolenring im Ohr führen den gefesselten Klein vor. Die Kripo trägt die schwarzen Lederhosen der linken Subkultur, in der sich Klein und Fischer bewegten. Ein paar Kilometer westlich eröffnet der Außenminister und »passionierte Leser« am gleichen Tag die 52. Buchmesse »hier in Frankfurt, der Stadt des Euro ...«.

Fünfundzwanzig Jahre, dreihundert Monate, 9100 Tage sind vergangen, seit sich Bürogehilfe Klein am 21. Dezember 1975 das Leben versaute, indem er mit einem aus Deutschen, Lateinamerikanern und Palästinensern rekrutierten Kommando »Arm der arabischen Revolution« die Wiener Konferenz Erdöl exportierender Länder, der Opec, überfiel. Bei der spektakulären Geiselnahme kamen drei Menschen um. Nach einer Flucht über Algier versteckte er sich bis 1998 in Frankreich. In diesem Algier hatte der frühe Joschka beim »PLO-Solidaritätskongress« 1969 Jassir Arafat stehend applaudiert.

Die Szenerie ist eine große Bühne: Auf einer Seite das höher sitzende Gericht. Gegenüber Zuschauerplätze, die Presse auf der Empore. Unbeirrt geht die quadratische Saaluhr weiter. Die Zeit bewegt sich rückwärts. Der Vorsitzende Richter Heinrich Gehrke betont: »Mord verjährt nicht!« Klein verkriecht sich tief in seine Daunenjacke. Die Kälte kommt von innen. Die Luft ist drückend schwül.

Gedämpfte Atmosphäre. Der Angeklagte gelb wie eine Wachspuppe. Er ist da und zugleich abwesend. Freunde versorgten ihn zur Verhandlung mit Kleidern. Bald wird der Ex-Genosse Joschka in den Zeugenstand treten, vom Mantel der Geschichte umhüllt. Um 1970 hatten sie sich kennengelernt. Die alten Kameraden sollten sich beim Schauspiel der öffentlichen Vergangenheitsbewältigung und öffentlichen Zerknirschung gegenüberstehen. Klein trägt Handschellen. Fischer Luxusuhr und biedere Miene. Jeder gemahnt den anderen an verlorene Schlachten.

Mit dem Gesicht eines Unglücksraben wirkt »Klein-Klein« störrisch, nicht einnehmend, wie es sich bei der schwerwiegenden Anklage dringend empfohlen hätte. Er nuschelt kaum verständlich über die Anarchophase am Main. Kein Vergleich mit dem Demonstranten, der auf Siebzigerjahrefotos Fischer frappierend ähnlich ist. Damals, als die Gruppe »Revolutionärer Kampf« Straßen zu rechtsfreien Räumen machte und die Lokalpresse vermeldete, die Polizei kloppe sich lieber mit Zuhältern als mit diesen »Polit-Rockern«. Vieldeutige Wortspiele wie »Feuer und Flamme für den Staat« oder »Goethe – aber nur *die Faust*« zierten manch teure Westend-Fassade.

Brüder im Geist, noch keine fünfundzwanzig, das Kinn von Flaum verschattet. In kurzen, engen Joppen, feste Helme auf der Mähne. Mit den theatralischen Requisiten hätten die Asphaltcowboys ebenso gut auf der legendären BMW R 90 des Kult-Buchs *Zen oder die Kunst ein Motorrad zu warten* angeritten kommen können, wäre die Maschine erschwinglich gewesen. So unterschiedlich sie waren, sie hatten was von einer Biker-Gang, verwegen, darin glichen sie sich wie ein Ei dem anderen. Die Internationale der Militanten, »Street Fighting Man« von den »Stones«, pulsierte im Ohr. Beide hatten Wut im Bauch.

Klein kannte sich mit Autos aus. Fischer ließ Jochen an seinem VW-Variant herumwerkeln, kam in erhebliche Begründungsnot, weil sich später herausstellte, dass der Bastler (ohne sein Wissen) mit dem Auto Knarren herumgegurkt hatte. Deswegen geriet Joschka als »Spur 74.4.9.10 Fischer« in eine großräumige Telefonüberwachung. Erst am Tag seiner Wahl in den Bundestag, Punkt 23 Uhr, gehen die Schnüffler aus der Leitung.

Nachdem die alten Tage entschwunden sind, ist zur Rekonstruktion nichts besser geeignet, als an dieser Stelle Fischers Eingeständnis von »Kaputtheit« in der (vom Verfassungsschutz am gründlichsten studierten) Zeitschrift »*Autonomie*, Materialien gegen die Fabrikgesellschaft« zu lauschen, Ausgabe fünf. Mit damals üblichem Bekennertum lesbar als verklausulierte Absage an »Macker« und »Gewaltmuftis«, wie er selbst einer war. Originalton 1977:

»... im Zusammenhang mit der Notwendigkeit sich zu wehren, sich zu schlagen, da wurde dann leicht auch, ja, die LUST am Schlagen draus, ein tendenziell sadistisches Vergnügen, auch wenn's ein Bulle war.«

Fischers Artikel ist mit knackigen Gliedvorzeigern illustriert. Der Text »Vorstoß in ›primitivere‹ Zeiten« löste ein Erdbeben unter den Freunden aus:

»Wirklich dagegen war die Erfahrung der direkten Konfrontation mit der staatlichen Gewalt und ihren Schweinen, wirklich war meine Angst davor und mein Glück und mein Stolz, (jawohl, Stolz) wenn wir's ihnen mal erfolgreich gezeigt hatten, und wirklich war auch die Überwindung meiner Angst, (...): ich lernte IN der Gewalt zu leben, mit ihr ERFOLGREICH (?!) umzugehen und mich psychisch total darauf auszurichten (der Militantismus hat ja 'ne richtig kleine Subkultur hervorgebracht mit eigenem Habitus, Ritualen, Kleidern etc.).«

Er schwärmt von der Solidarität, hält sich bedeckt und ist doch konkret:

»Es ist unser und mein dunkelstes Kapitel, ich weiß, oder ahne es besser nur, weil ich da selber wahnsinnige Angst vor bestimmten

Sachen in mir habe. Bartsch und Honka sind Extremfälle, aber irgendwo hängt das als Typ in dir drin.«

Beim Wiederlesen ist man froh, dass man nicht kapierte, auf was die kruden Sätze letztlich hinauswollten.

Oben und Unten, Klein und Groß, der Berühmte und der Berüchtigte, das Drama braucht beide Figuren. Den Akteur, der in einen Albtraum stürzt, den Widerpart, der traumhaft aufsteigt. Klein war Joschkas Negativ, was hell war bei Fischer, war dunkel bei ihm. Einst waren sie Seit an Seit auf den Beinen, leichtfüßig, um nach Randale fix zu verduften. Davon ging die fast körperlich zu spürende Spannung aus, übertrug sich auf den Saal. Der Abgeordnete Fischer, hatte noch 1985 im *Playboy*, zwischen »Miss Februar« und der Frage »Wann zeigen Sie ihrem Partner, dass Sie mit ihm schlafen wollen?«, die »tolle Atmosphäre« auf der Straße gepriesen:

»Die Stimmung vor großen Demonstrationen, wenn Zoff in der Luft liegt, ist vergleichbar einer elektrostatisch aufgeladenen Atmosphäre kurz vor dem ersten Blitz und Donnerschlag.«

Ob es uns gefiel oder nicht. Ob es ihm passte oder nicht. Das Wiedersehen der beiden Draufgänger stellte eine Parabel der Zeit in lebenden Bildern dar, die ebenso zum nationalen Gedächtnis gehören wie Joschkas Turnschuhe. Klein war 1998 im französischen Sainte-Honorine-la-Guillaume von Zielfahndern geschnappt worden. Fischer kam 1998 in Bonn mit Rot-Grün an die Macht. Ein irrer, verwickelter Kreislauf. Jeder auf seine Weise eine verblassende Legende der BRD. In keinem war mehr der Heißsporn zu entdecken, dem ziemliche Verrücktheiten im Kopf herumgespukt hatten.

Ehe Klein an seinem achtundzwanzigsten Geburtstag für acht Schillinge in Wien einen Trambahnfahrschein löste, um mit Topterrorist Illich Ramírez Sánchez alias »Carlos« zum Tatort zu fahren, ist er ein »Frankfurter Bub« gewesen. Er zählte »zur Putzgruppe, in der auch mein Freund Joschka Fischer drin war«. Eine schlagende Verbindung. Wie sich herausstellte, hatte Fischer in ihm einen fast bedingungslosen Bewunderer. Klein charakterisierte ihn »als Vorbild«. Militanz war die Basis, die Clique probte den revolutionären Kampf. Im Ernstfall hätten sie »wie die Kesselflicker« hingehauen, hielt das unverbesserliche Großmaul Jochen fest.

Wenig kommt der Intimität von *streetfightern* gleich. Gemeinschaftspathos, Nervenkitzel, Blut, Schweiß, Tränen. Man kann die Angst riechen. In der Erregung sind sie sich nah wie Boxtrainer ihren Schützlingen. Bei *in-fights* in der City stiefeln sie martialisch daher, Leib an Leib wie für ein düsteres Fries montiert. Unerschrockenheit vorzuführen gegenüber der Staatsmacht gehörte zum Wertekanon. »Macht kaputt, was euch kaputtmacht« hörte sich auf Demos schlüssig an. An vorderster Front ziehen sie den aufblitzenden Polizeiknüppeln entgegen, teilen aus, stecken auch Keile ein. Fischer erwischt es nicht zu knapp.

Im Gericht scharfe Eingangskontrollen mit Abtasten und Sicherheitsschleuse. Ein Sondereinsatzkommando im Hintergrund. Die Fenster blicksicher. Anklagen wegen schwerster Verbrechen sind an der Tagesordnung. Diesmal ging es um mehr als eine Geiselnahme in einem aus der »Tagesschau« vertrauten Wiener Konferenzgebäude. Rechts vom Staatsanwalt steht es unschuldig-weiß im Modell 1:50. Das Zentrum des Wahns.

Klein-Klein sollte man sich nicht als besondere Leuchte vorstellen. Im November '75 meldete er sich bei seinen Freunden »in Skiurlaub« ab. »HJK« lebte in der Wahnvorstellung, er könnte bei einem terroristischen Überfall mit »all dem Klunkerkram« mitmischen – Maschinenpistolen, 15 Kilo Sprengstoff, Eierhandgranaten, Revolver unterm Mantel – und danach wieder den Aktenboten im Anwaltsbüro spielen. Schon diese Einfalt musste sein Schicksal besiegeln. Mit einem Bauchschuss schleppte er sich nach dem schaurigen Finale fort. Das Fernsehen zeigte ihn mehr tot als lebendig auf Helfer gestützt. Die von der »Volksfront für die Befreiung Palästinas« ferngesteuerte Gruppe nahm fünfunddreißig Geiseln, darunter elf Minister. Auf die Selbstüberschätzung folgte der Sturz ins Nichts. Klein hatte sich ins Ausweglose manövriert und war der Gejagte. Das BKA vermutete ihn in Mailand, Südtirol, an Adria und Riviera. Er versteckte sich vor »Carlos«, er versteckte sich vor der Justiz. Das kam einer doppelten Verbannung gleich.

Als es wirklich zu spät war, rief man dem Abgetauchten in szenetypischer Verlogenheit nach: »Wir umarmen dich.« Der *Pflasterstrand* malte anno '77 »die Heimkehr des Genossen Lokalmatador...« verkitscht, schuldbewusst, nicht frei von Bewunderung aus: »Vorneweg/kleine Mädchen/blumenstreuend/dahinter/links Joschka/rechts danny/mittendrin/(fest im griff)/unser klein-klein .../ einer von uns – ganz ohne Zweifel/am Straßenrand/10 000 jubelnde Spontis ...«

Seine Kumpel sah er erst im Gericht wieder. Für Fischer die Begegnung mit seinem eigenen Schatten. Die Geschichte des einen ist der Geschichte des anderen eingeschrieben. Jochen, Überbleibsel einer unendlich fernen Ära, hörte staunend seiner eigenen Story zu. Das verhärmt-bittere Gespenst von einem Angeklagten löst eine lange Assoziationskette aus: Bürgerkinder stilisierten sich zu bewaffneten Widerstandskämpfern, befahlen »Befreiung durch die Tat«, begleitet vom wohligen Erschauern der Sympathisanten. Viele standen am Abgrund und machten kehrt. Auch Fischer. Klein wollte ums Verrecken die Tiefe ausloten und ging im Strudel unter. Dieser Abgrund war es nun, der sie trennte.

Die Verhandlung sollte eine Reise in die kältere Hälfte ihres Lebens werden. Hier tagte ein Gericht, aber man wohnte einem Seminar bei. Der revolutionäre Zorn ist verraucht, die emotionale Resonanz dauert bis heute. Aus nicht wenigen seiner Frankfurter, wie sagt man, »Bezugspersonen« sind Vizekanzler, tote Terroristen, Barbesitzer, Kafka-Sammler, Leitartikler, Windhunde, Zyniker, Millionäre geworden. In verblüffender Parallele zu Joschka hatte sich Klein, der »Stinke-Frankfurter-Typ« (wie er sich nannte) von der studentischen Protestbewegung mitreißen lassen. Den Wortführern Dutschke, Krahl, Wolff, Fischer und Cohn-Bendit hing er an den Lippen. In der roten Mao-Fibel stand »Studiere fleißig!« Die neu übersetzte Fassung (mit der einer meiner Freunde seine erste Million verdiente) kam am 2. Juni 1967 auf den Markt. An diesem Tag erschoss ein Polizist in Westberlin den Studenten Benno Ohnesorg, der eine Demo gegen den Schah-Besuch beobachtete. In Stuttgart mischte sich Joschka unter die Protestierenden.

Fischer ohne ordentlichen Beruf. Klein mit abgebrochener Autoschlosserlehre, prügelndem Vater, trübseliger Kindheit in Spitälern und Heimen. Seine Mutter nahm sich das Leben. Bei beiden war manches den Bach runtergegangen. Die Zukunft versprach nichts. Viele Handicaps, das kam den Milieutheoretikern zupass. Sie schreiben Fehlschläge der sozialen Herkunft zu und erklären damit alles. Klein spottete: »Die waren froh, wenn auch mal ein Proli kam. Einer wie ich.« Er habe dort erstmals Liebe erfahren.

Theorie und Praxis

Die am Main besonders hochschlagenden Wogen der 68er-Revolte erfassten beide. Joschka verfügte über ungenutzte Talente, schulte seine multiple Persönlichkeit im Schnellkurs, übersprang die soziale Schranke. Er hatte im Übermaß, wovon Jochen nur träumen konnte: hellwachen Verstand, Temperament. Qualitätsreserven nennen Unternehmensberater, was in dem Ungeschliffenen bereitlag. Fischer büffelte, lechzte nach Erleuchtung, hatte für jede Lebenslage Zitate in der Hinterhand. Mit seiner Lesemanie galt er den eigenen Leuten fast schon als Sonderling.

Haben wir schon erörtert, warum Fischer beinah idealtypisch die Einheit von Theorie und Praxis vertrat? Er konnte so, er konnte auch anders. Die Genossen bewunderten seine »apodiktische Kraft« und bekräftigten, er handle nach der Maxime: »Ich bin, deswegen tue ich!« Man muss nicht gleich dem Verdikt des Romanciers James Salter folgen, der feststellt: »Leidenschaft, Energie, Lügen: das sind die Dinge, die das Leben bewundert.« Fischers Durchmarsch fehlt es wahrlich nicht am Schmalz. Hat er nicht vom Bösen abgelassen und Frieden geschlossen? Das Publikum verehrt reuige Helden, er ließ es an öffentlicher Zerknirschung nicht fehlen. Ein Schelm, wer Böses dabei denkt.

Politik ist dann groß, wenn sie Kolportage ist. Fischer strebte wie von selbst an die Spitze, erfüllte den beliebten Unglaublich-aber-wahr-Effekt. Der Outsider bewegte sich durch die Klassen, mit Hochs und Tiefs für die gängige Phantasie. Unmöglich, an Joschka zu denken, ohne die vielen Ungereimtheiten, die er nach Art des Trendforschers bündig machte. Die Handlung, irre aber nachvollziehbar trotz vieler Erzählstränge, nahm einen gefangen. Der Plot ist wirklich gut, das können die wenigsten Politiker für sich reklamieren.

Konnte man mittlerweile nicht sogar behaupten, er habe diesem System ein Liebesopfer gebracht, nämlich seine Radikalität, seine Gesinnung? Eine versöhnliche Sichtweise. Freilich nur unter der Annahme, dass es ihm schwerfiel. Aber das weiß nur Joschka selber. Das gute Ende vorausgesetzt, durfte er als Beispiel einer geglückten Resozialisierung gelten, mehr noch: als Liebling einer offenen Gesellschaft, die das Recht auf Veränderung zubilligt, das unveräußerliche Grundrecht auf Versuch und Irrtum eingeschlossen. Mit einem Rückfall war nicht zu rechnen. Nicht zuletzt Medien begrüßten den Wandelbaren enthusiastisch im Establishment.

Die romantische Sicht auf ein soziales Geheimnis war natürlich Unsinn. Unter der Hand wuchs sich das Stück »vom Rebell zum Macher« zur weltweit verbreiteten Rührgeschichte aus, die nur einen Nachteil hatte, sie hat so nie gestimmt. Zumal diese Kinofassung die sonderbare Verkettung glücklicher Umstände und unerforschlicher Launen des Schicksals ignoriert, denen grade Glücksritter Joschka seinen Rang verdankt. Doch das Mäandernde und Negative hat seinen besonderen Reiz, auf Außenseiter lässt sich eine Menge projizieren. Der Sonderfall diente als Ausgleich für die vielen an der Gesellschaft Gescheiterten. Die Linien liefen auseinander, sei es, dass sich Genossen Fischers Weg ins Saturierte verweigerten, auf dem Linkssein beharrten, keinesfalls mit einem wie ihm gewinnen wollten. Sei es, dass sie den Absprung verschliefen oder ihnen schlicht der Dusel fehlte, mit dem er instinktiv die richtige Weiche für sich wählte. Stehen den glückhaften (vom Steuerzahler nobel alimentierten) Szene-Biographien nicht genug unglückselige oder stinknormale Verläufe assimilationswilliger Weggefährten gegenüber? Taxifahrer, Sektenprediger, verhinderte Literaten, Copyshop-Mitarbeiter, Radkuriere, Schuhverkäufer. An manchem Ex-Spontis nagt der Misserfolg, einige wurden irre, andere brachten sich um, viele blieben auf der Strecke.

Dankbar für glaubwürdige Märchen, gewannen die Wähler seiner im Detail nach wie vor schwer deutbaren »Putzmacher«-Zeit eine pikante Note ab, als wären sie allesamt übermütig geworden. Wiewohl ernsthaft zu erwägen ist, ob Fischer hätte werden können, was er wurde, wären seine Schläger-Aktivitäten vorher publik gewesen. Wohlfeil oder nicht, ungefragt offenbarte er eine Bringschuld gegenüber der Gesellschaft: »Deutschland ist, insgesamt gesehen, ein wunderbares Land ... Ich sage es hier öffentlich: Ich liebe mein Land.« Warum verabschiedet er sich mit Süßholzraspeln und beteuert das Selbstverständliche? Niemand vermutet im Vizekanzler einen Staatsfeind.

Erinnerungszeit

Im Frankfurt der Siebzigerjahre. Man war »drauf«, scharf auf *action*: »Legal, illegal, scheißegal!« Freund oder Feind, Fighter oder »Bulle«. Politiker waren »Charaktermasken«, ersatzweise »Kryptofaschisten«, ihre Verlautbarungen »Kriegserklärungen«. Kerlen wie Fischer, Kerlen wie Klein war glasklar, auf welcher Seite der Barrikade man im »antiimperialistischen Kampf« stehen sollte. Auf der Seite der Wahrheit. Ihrer Wahrheit. Im »Kolb-Heim« und im Stadtteilzentrum Bockenheim baldowerten Militante verwegene Aktionen aus.

Es fiel dem Gericht nicht schwer, das Geheimnis von Kleins Naivität aufzudecken. Frankfurt war für seinen Brass nicht groß genug. Seine in Allmachtsphantasien umgewandelten Ohnmachtsgefühle liefen auf eine »Starrolle« im internationalen Guerilla-Theater hinaus. Nach Wien hinterfragen linke Blättchen seinen »verzweifelten Drang«, der »TOP-Fighter, der King, der Bewunderte« sein zu wollen. Jochen gab sich in vermeintlicher Opferbereitschaft den Kampfnamen »Angie«, stammelte verwundet: »My fightname is Angie«. Richter Gehrke zitierte den schrecklich nach Revolutionskitsch klingenden Satz mehrmals. Klein entlehnte den Namen einer mit Piano und Geigen unterlegten Stones-Ballade: »Angie, Angie/When will those clouds disappear?/Angie, Angie/Where were the ladies from here?« Er bewunderte einfach die falschen Leute und war empfänglich für das Verhängnisvolle. Hartgesottene wie der später in Entebbe erschossene Geiselnehmer Wilfried Böse zogen das Unglück an und hatten es beim Konspirieren im Stadtwald leicht, Jochen für den Wiener Überfall zu gewinnen. Eben hatte ihn seine Freundin wegen eines italienischen Genossen verlassen. Der entscheidende Impuls für den Todestrip, meinten Kenner.

Prozesstag um Prozesstag ging ins Land. Scheinbar gelassen ertrug Klein, was über seine Verwicklung zu sagen war. Man kennt die in sich versunkenen Angeklagten aus den täglichen Tragödien, Verbrechen aus Hass, Liebe, Gier, Verzweiflung. Richter Heinrich Gehrke galt als eigenwilliger Entwirrungsspezialist. Er verstand es, den Kern des Verstrickungsmotivs freizulegen, dem Beschuldigte durch ihre Taten aus dem Weg gegangen waren. Gefangene ihrer Selbsttäuschung wie Klein. 1989 hatte Gehrke, aufsehenerregend, einen Wehrdienstgegner vom Vorwurf der Verleumdung der Bundeswehr freigesprochen. Der hatte sich auf die Tucholsky-Behauptung »Soldaten sind Mörder« berufen. Mit dem gleichen Satz auf ihren Plakaten bedrängten Pazifisten Fischer auf dem Bremer Parteitag 1995 bei der Debatte um einen Bundeswehreinsatz in Bosnien. Das kränkte ihn schwer.

Über die Sponti-Ära kursierte nur Ungefähres, nichts Genaues, Tratsch ohne Ende, *oral history*. Dank Richter Gehrke öffnete sich im Prozess unversehens das Fenster, gab in verwirrender Zusammenschau auch den Blick frei auf einen unbekannten Joschka. Der Vorsitzende hatte dem Vizekanzler mehrere Termine für eine Aussage vorgeschlagen. Seine Geduld war ziemlich strapaziert, da erschien Fischer endlich. Als sei mit dem Schlimmsten zu rechnen, bahnte ihm eine Ehrfurcht gebietende Motorradstaffel die Furt. Das Viertel war abgeriegelt. Über der Kolonne kreiste wie zur ärgsten Radauzeit der Polizeihubschrauber. Nie war jemand schneller bei Gericht vorgeprescht.

Was für ein Aufgebot. Fischer flankiert von Schützern und Begleitern, als brächte er ein Offizierskorps mit. Der Schnappschuss ging um die Welt. Das Arrangement konnte ihm den Anschein des Unberührbaren verleihen. Mich erinnerte es aber verdächtig an ein 1973 geschossenes Bild des behelmten Straßenkämpfers und seiner Musketiere. Klein mit rotem Stern und geschlossenem Visier geht links. Auf beiden Fotos ist Joschka zufällig der Vierte von rechts in der ersten Reihe.

Der Auftritt stellte Fischer auf eine harte Probe. Ernst und blass kam er daher. Was mag ihm auf dem Weg in den Zeugenstand durch den Kopf gegangen sein? Noch mehr interessierte mich, was die an Stickern erkennbaren Bodyguards dachten, die an diesem 16. Januar 2001 mit teilnahmsloser Miene ihre »Schutzperson« in einen Terroristenprozess geleiteten.

Leibwächter sind Indizien höchster Wichtigkeit. Jedem anderen hätte Joschkas Trupp Unterlegenheitsgefühle aufgenötigt. Nicht dem Vorsitzenden Gehrke. Ihm ist der Gedanke vertraut gewesen, was es für Außenamtschef Fischer bedeutete, mit *streetfighter* Joschka konfrontiert zu werden. Er zwang ihn, den Korridor der Macht zu verlassen, gleichsam neben sich zu treten. Den Zeugen trennten wenige Schritte vom Angeklagten, beim Abgang verabschiedete sich Fischer knapp. Jeder hatte auf seine Weise mit der Militanz gebrochen, war den Ballast trotzdem nicht losgeworden. Für Klein ein Lernprozess mit tödlichem Ausgang.

Sex und Angst

Erstmals hatte der Vize die Lage nicht mehr in der Hand. Anklagevertreter Volker Rath war Spezialist für Terrorismus und politisch motivierte Kriminalität, gefürchtet wegen ausufernder Nachforschungen. Nicht zur reinen Freude seiner Vorgesetzten hatte er es sichtlich darauf abgesehen, die Technik am Vizekanzler zu erproben. Bei Raths frühem Tod kursierte das Gerücht, er habe das Mauern der »Putzgruppe« sattgehabt und daran gedacht, den Veteranen mit Haftbefehlen und Durchsuchungen einheizen zu wollen. Vorfälle mit dem Aufschrei der Empörung hochzuziehen, zu skandalisieren (und damit in die Medien zu dringen), das hatten sonst die Spontis perfekt beherrscht. Diesmal wendet sich die eigene Taktik voll gegen Fischer. Die Gegenwart hatte freundlich für ihn ausgesehen. Er erweiterte seine Einflusssphäre, bastelte an seiner wahren Größe. Der Prozess platzte in die schönste Ordnung hinein. Die Umschulung zum Diplomaten schnitt ihn automatisch von früher ab. Erinnern gehörte nicht zu Fischers Leidenschaften. Jetzt musste er sich mit fremder Hilfe das Gestern vergegenwärtigen.

Joschka besaß schon bei den Spontis Autorität. Führungskunst bestand in der Entschlossenheit, sich zu wehren. Den Nachweis ihrer Potenz erbrachten Fighter bei Straßenschlachten. In ihrer Körperwelt roch es gewaltig nach Testosteron. Machismo pur. Unterm T-Shirt spannten sich die Muskeln. Mann zeigte in direkter Gegenüberstellung mit »Bullen« »dicke Eier«. Militanz, darauf kam es an, war eine spezifische Präsenz, die keine intellektuellen Erklärungen verlangte, sondern die ihren Grund in der Stadt fand. Ihren Grund, sich an sich selbst zu berauschen. Fischer selbst hat 1998 in einem *Spiegel*-Gespräch erklärt, »er habe nie bestritten«, dass er »fast zehn Jahre lang auch unter Einsatz von Gewalt die verfassungsmäßige

Ordnung der Bundesrepublik umstürzen wollte«. Er gehörte zweifellos zu den »Bellos«, den Schönen. Das Kosewort der Sponti-Frauen für »Bullenklatscher«, um den unterschwellig erotischen Aspekt von Gewalt zu betonen. Angst und Sex sind Verbündete. Gesetzlose Helden waren begehrt, standen auf der Attraktivitätsskala ganz weit oben. Die Militanten waren auf Sieg & Liebe aus.

Dominanz, Hormonüberschuss, Promiskuität. Libertinage. Sie mimten bloß die Stecher. »Unmöglich, den Überblick zu behalten, wer, wann, wo mit wem geschlafen hat.« Die Prahlerei des gesetzten Cohn-Bendit, in ihrer WG Bornheimer Landstraße habe ein »lebhaftes Sexualleben« floriert, lässt eher auf Verklemmung denn Befreiung schließen. Die Frauengruppe vom »Revolutionären Kampf« machte sich auf die Matratzensportler einen anderen Reim: »Schwanz hin, Schwanz her, Schwänze tragen ist nicht schwer! Die Herrschaft der Schwänze hat ihre Grenze!!!« Mann beachte die drei Ausrufezeichen. Nicht wenige Weiber klopften Karten in eigenen Doppelkopf-Runden.

Bis heute ist der um Fischer zentrierte Teil der Frankfurter Szene dem Mann mit dem Siegelring in einer Treue verpflichtet, als hätten sie sich in die Hand geschworen. Was man an Anekdoten über unzertrennliche Männerfreunde aufgetischt bekommt, ist maßlos übertrieben, ausgeschmückt zum Epos ihrer Jugend. Ein Szene-Jurist mit langjähriger Fischer-Kompetenz behauptet, sein Kumpel sei sozial vereinsamt, unfähig, Beziehungen zu halten und zu pflegen. Ex-Spontis sind bei Reporteranfragen überwach, noch das kleinste Licht suhlt sich in Joschkas Bedeutung, als sei er ein spirituelles Medium. Sie allein bestimmen, was von früher rausgelassen wird und was nicht. Einer aus seiner WG berichtet, selbst mit dem Abstand vieler Jahre nähmen sie sofort wieder den Faden auf, egal, wo man sich zu den Geisterbeschwörungen treffe. Neuerdings oft bei Beerdigungen.

Joschka ist der Gigant ihrer inszenierten Erinnerungen. Mit nie versiegender Wonne verklären sie untereinander das gemeinsame Gestern, halten sich für fabulöser, als sie es je waren, und belassen es bei Genre-Bildchen, die den Schrecken der glorifizierten Jahre ausblenden. Geht es um »Comandante Joschka«, bekommen sie Nervenflattern, flüstern klandestin oder schweigen verstockt. Man erführe gern, was ihre kollektive Amnesie bewirkt. Linke *omertà*. Plaudert jemand außer der Reihe, halten sie das für einen meldepflichtigen Störfall, machen den Genossen dumm an, stoßen Drohungen aus, laden ihn nicht mehr zu Feten ein. Mindestens einer will seine Story aber noch verkaufen.

Auf den Spuren der Verirrten müssen Journalisten hinter jedem Heftchen vom »Revolutionären Kampf« herrennen, als handele es sich um Bastelanleitungen zum Bombenbau. Dabei geht es um peinliche Ergüsse von Leuten, die ähnlich Joschka den Traumberuf »Revolutionär« anstreben, die Realitäten nicht wahrhaben wollen und sich in der Semantik von Regimegegnern über »Konsumterror«, »Schweinesystem« und »Zwangsanstalten der Fabrikgesellschaft« verbreiten. Fischer-Recherchen sind nervig und komplizierter, als den Stasi-Abhörer von Helmut Kohl zum Erzählen zu bringen. Der sagt noch jede Kanzleramts-Telefonnummer auf. Im Internet kreisen und kreisen unbewiesene Anschuldigungen anonymer Feinde, die Fischer wegen damals noch am Zeug flicken wollen.

Die Ruhe nach dem Sturm war die Ruhe vor dem Sturm. Es fing an wie ein Geländespiel im Taunus. Aber Gewalt folgt ihrem eigenen Gesetz. Der Sog riss genug Leute ins Verderben. Ein Fischer-Spezl beteuert, für Demos habe man sich die Telefonnummer 280141 vom Anwaltskollektiv Hochstraße auf die Handfläche gekritzelt. Ungeschriebene Statuten billigten Attacken auf Polizisten, nachzulesen in Kleins Lebensbeichte *Rückkehr in die Menschlichkeit*, die in einer Prosa wirrer Bilder und Ideen von der Lust am Untergang erzählt. Darin steht, die Chaoten hätten sich als »die Elite-Truppe der Militanten« gesehen. Die Botschaft für die Subkultur lautete: »Leute schaut auf uns, lernt von uns; ihr braucht 'nen Sackschutz, 'nen Helm, Handschuhe, Knüppel, Stiefel, Gesichtstuch, Chlorgasbrillen, und ihr müsst trainieren, trainieren, trainieren.« Trainieren wie Fischer, trainieren wie Klein.

Kam es zum Krach, umkreiste man tänzelnd Polizisten, ging zu mehreren auf sie los, *hit-and-run*-Taktik, wie vom Choreographen für einen Reigen der Gewalt einstudiert. Wegen ihrer aufreizenden Zurschaustellung ernannten Medien die Schläger zu »Hells Angels auf politisch«. Namenlose Wesen bis zum Tag, an dem Fischers eigene Leute ihm die maskenhafte Vermummung vom Gesicht reißen und ihn für eine meiner Reportagen erstmals enttarnen. Heute ist Joschka ein gemachter Mann. Damals war er ein Rabauke, der einfach mit sich selbst nicht zurechtkam. Er hasste Autoritäten, hasste Mächtige, witterte den Gegner überall, auch da, wo keiner war. Das entsprach mehr, als mir heute lieb ist, auch meinem Denken.

Enttarnungen

Beim Klein-Prozess brachte mich ein *Rundschau*-Kollege mit einem Zuschauer zusammen, einem in die Jahre gekommenen Autonomen in zu jugendlicher Kluft. Etliche Abgefahrene in Holzfällerhemden und Stiefeln saßen da herum, die mit den »Revolutionären Zellen«, RZ, geliebäugelt und den verführbaren Klein in ihren ideologischen Besitz vereinnahmt hatten. Der Informant hatte mit Joschka eine Rechnung offen und eine reich bebilderte Rathaus-Broschüre über die Frankfurter Straßenkrawalle mitgebracht. Er schlägt die Seite siebenunddreißig mit den Fotos von Maskierten auf, die einen Polizisten in die Mangel nehmen. Der hält den Schutzschild kraftlos in der Rechten, geht inmitten von fünf Gegnern in die Knie, die Überzahl schickt ihn vollends in den Ringstaub. Sein Helm kullert davon.

Mit einiger Befriedigung identifizierte mein Gesprächspartner den Schläger mit dem Helm als Fischer. Ich erkannte Joschka sofort an den Augen voller Trotz, den hohen, geschwungenen, dunklen Brauen, den charakteristischen Säbelbeinen. Der stürmische Flügelmann war Klein. Mit Kribbeln im Bauch rannte ich ins Stadtarchiv und überzeugte mich von der Authentizität der vergriffenen Schrift.

Ende November 2000 druckten wir im *Tagesspiegel* das sensationelle Foto von »Fischers Putzgruppe« ab, die Ausgangsszene für die monatelang das Land erregende Fischer-Debatte. Die Sequenz zeigte ihn in Aktion, den einen Fuß vorgestemmt, mit dem hinteren federnd, die Hand zum Schlag bereit, in der Bewegung dem Polizistenschädel bedrohlich nah. Ein Kollege eilt dem Beamten mit vorgehaltener Pistole zu Hilfe. Joschka in Bürgerschreckpose, mit den unübertrefflichen Aufnahmen beginnt für ihn eine Selbstbefragung, von der er geglaubt haben muss, er habe sie längst hinter sich. Der *Spiegel* hat aus den Bildern geschlossen, man müsse nur die Gesten sehen, »um zu wissen, wie grossartig sich Fischer offenbar als Krieger gefühlt hat«.

»Streunende Bullen aufklatschen« habe 1973 die Devise der »Putzgrüppler« geheißen, lautet unsere Bildunterschrift. Die Tatortfotos des *FAZ*-Reporters Lutz Kleinhans ließen sich schlecht ins Reich der Fabel verweisen. Schwarz auf weiß die Bestätigung oft gehörter Behauptungen über den »Kriegshäuptling«, die man für großspurig gehalten hatte. Ein gefährliches Indiz, der Vizekanzler stand mit dem Rücken zur Wand. In den kritischen Wochen hätte man besser nicht darauf gewettet, dass sich die Kippfigur halten kann. Im Wiesbadener Justizministerium malte ein CDU-Staatssekretär dem Frankfurter Oberstaatsanwalt schon genüsslich aus, mit Fischers Rücktritt wanke die Regierung Schröder.

Nachdem seine Vergangenheit hochgekommen war, schwadronierten Joschka-Anhänger von einer »Verschwörung« Hamburger Magazine. Banal genug waren es Alt-Spontis, die das inkriminierende Material unter die Leute brachten. Die Infos wurden einem nicht heimlich zugespielt wie im Krimi, sondern in aller Öffentlichkeit übergeben. Im langen Reporterleben bin ich nie günstiger an Hochbrisantes gekommen. Die Zeche machte 370 Mark für Fotoreproduktionen im Archiv, 10 Mark für Kuchen und Cappuccino im Hotel gegenüber dem Gericht kommen dazu.

Fischer ist inzwischen zweiundfünfzig. Er ist noch schlank, er ist in vierter Ehe mit einer Journalistin verheiratet. Er steht auf dem gusseisernen Außenamts-Sockel, gestützt vom mächtigen Apparat des Amtes. Er genießt als Bundestagsabgeordneter Immunität, der Status schließt eine starke moralische Komponente mit ein. Enthüllungen kommen immer ungelegen. Hatte das Minister-Prestige nicht ein für allemal das Brisante bannen und ihn von mehr oder weniger lässlichen »Jugendsünden« erlösen sollen? Sofern man mit fünfundzwanzig noch jugendlich ist. Nun tobte eine heftige Fischer-Kontroverse.

In der Redaktion besprach ich das Manuskript rauf und runter mit meinem Chefredakteur Giovanni di Lorenzo. Die Hausjuristen prüften den Text rauf und runter. Früher hätte ich Fischer einfach angerufen und mit dem Sachverhalt konfrontiert. Jetzt war er Vizekanzler. Die zehn mühsam aus ihm und seinem Hofstaat herausgekitzelten Telefon- und Faxnummern auf vier verschiedenen Karteikarten meines altmodischen Zettelkastens waren nichts mehr wert, außer dass sie ein

Flussdiagramm seines Werdegangs ergeben. Die strikte Abschottung des Fischer-Grals war nicht einfach zu durchbrechen. Hätte unser Draht noch funktioniert, hätte man sich zu einem Kaffee getroffen wie vordem im Bonner »Bistro 14«. Jetzt musste das Ministerium offiziell um eine Erklärung ersucht werden. Die Kreise einer Institution wurden nachhaltig gestört.

Der Vize bereiste gerade Angola, Burundi und Ruanda. Die von seinem Sprecher übermittelte Auskunft auf unsere Anfrage lautete, man habe ihm den Vorgang gezeigt. Der Minister habe gemeint, das seien »bewegte Zeiten« gewesen. Der wichtigsten Frage jedoch, wer der besagte Schläger wäre, wich er aus: »Dazu verhält er sich nicht.«

Als Politiker kannten wir ihn im feinen Häs. Nun kannten wir ihn maskiert, wir kannten ihn mit erhobener Faust. Welche Geschichte erzählten die Bilder, die keiner an sich ranlassen wollte? In der Summe ergeben sie ein Rebus. Die *Frankfurter Rundschau* druckte das Foto gar nicht ab, wie mir ihr Gerichtsreporter Norbert L. bestätigte. Er hätte die ganze Story exklusiv haben können.

Man kann lange streiten, wer die in den schönsten Farben gemalte Joschka-Saga erschaffen hatte. Er selbst oder die Medien. Mit so viel Ahnungslosigkeit wie Sympathie begleiteten wir Journalisten seinen Aufstieg. Die verklärende Form der Betrachtung bis hin zum Beschreibungstabu war jedenfalls bequem und ersparte eigene Recherchen. Ehrlich gesagt, ich habe auch nicht genau hingesehen, wollte es auch nicht so genau wissen.

Bis dahin hatten die vagen Skizzen von Fischer als einem Akteur der extremen Linken nicht wenig zum flirrenden Image beigetragen. Mehr noch, der obskure Hintergrund hatte ihn mit dem Flair Robin Hoods versehen, auf das sich die Medien nach langen Mehltau-Jahren mit Kohl stillschweigend geeinigt hatten. Stoff für die unermüdliche Fischer-Erzählung, die ihn zum Volkstribun machte, die Story von einem, der *nicht* auszog, Politiker zu werden, aber Vizekanzler wurde. Der Putzmacher lugte hin und wieder hervor, ab und an ließ sich mit den Pfunden des Protests wuchern. Dann erging er sich in Reminiszenzen, wie man den Bullen eine »aufs Maul gegeben« habe, »eine dröhnen« laut Klein-Klein. Im 98er-Wahlkampf kokettierte Joschka angenehm subversiv beim üblichen Italiener in Fulda mit der Krawallphase. Der Champion unterhielt die gesellige Runde damit, wie fremd er sich als alter *streetfighter* brav Händchen haltend mal in eine friedliche Menschenkette um die Domtürme eingereiht hätte: »Und das mir!« Die selektive Darstellung irgendeiner Aktion auf dem »Feld der Schlachten« im Westend hielt den vielschichtigen Sachverhalt im Nebulösen, als wäre er Fiktion. Die Militanz versank im Anekdotenschatz.

Die Deutschen betrachten das »Auswärtige« mit besonderer Achtung, die auch dem Mann an der Spitze gezollt wird. Qua Amt verbieten sich anarchistische Assoziationen. Beim Gewicht des Vorgangs schien uns Joschkas »Mir kann keiner« als Auskunft entschieden zu wenig. Hier ging es nicht um eine Form der Majestätsbeleidigung. Ohne das Auffüllen weißer Flecken verfehlt jede Biographie ihren Sinn. Bis dahin war der Aspekt ausgespart, der am Main seinen Ruf entscheidend gefördert hatte. Allen war klar, was der *scoop* bedeuten würde. Man greift nicht alle Tage ein Kabinettsmitglied massiv an. Ich schlief schlecht, obwohl ich in halb Europa Kenner des Kämpfers auftrieb. Dann stand die Geschichte im Blatt. Der ins Wasser geworfene Kiesel zog konzentrische Kreise. Das Wirkungsgeheimnis investigativer Reportagen.

Der Gebrannte

Mein Tippgeber kam noch auf die dramatischen Ereignisse nach dem Tod von Ulrike Meinhof zu sprechen. Im Mai '76 schwappte die Erregung in einer Welle von Gewalt sofort auf Frankfurt über. Plakate klagten an: »Meinhof ermordet!« Bei einer verbotenen Demo bekriegten sich zweihundertfünfundsiebzig Polizisten und sechshundert Protestierer in der City. Am Roßmarkt hagelten Molotowcocktails aus dem militanten Block auf die Polizei. Es ging rasend schnell, am Steuer des Funkwagens sah der Beamte Jürgen Weber nur das Aufblitzen der Gefahr. Seine Kleidung züngelte, dicht und dichter stieg der Qualm. Lebensgefährlich verbrannt kam er ins Spital. Ein Schock. Die mörderische Attacke wurde zum Wendepunkt für die militante Linke. Eine kostenlose *Bild* erschien mit der Headline »Polizist liegt im Sterben«. Bei der Fahndung lief auch Fischer auf, zusammen mit dreizehn anderen wegen »dringender Verdachtsmomente« festgenommen. Bis auf einen kamen sie mangels Tatverdacht binnen achtundvierzig Stunden wieder frei. Weitere Ermittlungen oder eine Anklage gegen Fischer hat es nicht gegeben.

Unter dem Polizeifoto, das im Rahmen der routinemäßigen erkennungsdienstlichen Behandlung gemacht wurde, steht »Josef Martin Fischer«. Er trägt gewelltes, schulterlanges, von keinem Kamm gebändigtes Haar, lange Koteletten, einen ungewohnten Schnauzbart. Sein Aussehen erinnert mich an einen berühmten Hardrocker von Led Zeppelin, mir fällt nur der Name nicht ein. Polizeifotos schmeicheln nicht, selbst ein Friedensnobelpreisträger sähe gefährlich aus. Das Fernsehen ging so weit, ein Tableau mit den Gesichtern der Festgenommenen dreiunddreißig Sekunden lang zu senden. Für die Sympathisanten bis heute das erniedrigende Bild einer traumatischen Grenzerfahrung. Mobile Einsatzkommandos griffen sie sich laut einer linken »Dokumentation« mit allen Schikanen: »sie holen ... die genossen aus den betten, legen ihnen handschellen um und fotografierten sie damit nackt.«

Zum Jahreswechsel 2001 fuhr ich zu Jürgen Weber nach Nordhessen. Über den Tag, an dem er in hellen Flammen stand, konnte er nur unter Tränen sprechen. Der Polizist hätte frei gehabt, tauschte den Dienst. Von überall her seien »die Dinger« durchs Fenster ins Innere geflogen, sein Opel Rekord brannte lichterloh: Er habe für immer den Ruf »Raus, raus, raus« im Ohr. Kollegen befreiten ihn aus der Falle, rollten ihn »wie ein Fass« und erstickten endlich die Flammen.

Wir saßen in der Küche. Der Polizist hat schöne klare, aber sehr traurige, blaue Augen. Auch Jahrzehnte später war das Thema für ihn eine Qual. Beim Gespräch mischt sich der Geruch von schmorendem Plastik mit dem von Salben und Tinkturen. Mehr als sechzig Prozent seiner Haut waren zerstört, Oberkörper, Arme und Extremitäten mit Verbrennungen zweiten und dritten Grades. Unauslöschliches setzte sich in ihm fest. Sobald die Bilder hochkommen, schnürt es ihm die Kehle zu. Er falle jedes Mal in ein Loch. Der 10. Mai 1976 machte aus ihm einen Gebrannten.

Das Opfer, die Großfahndung – auf die Genossen stürzte genug ein, um Panik in sich zu entdecken. Hinter ihrer Angst erblickten sie nur Leere. Ihr Fischer war doch fern vom Tatort gewesen, trotzdem kassierte ihn die Polizei. Er war unschuldig und doch *mit* versengt von dem Desaster wie die anderen mit ihm Verhafteten auch. Die beinah unerträgliche Lektion aus Ergreifung und Polizeigewahrsam konnte nur lauten: So ging es nicht weiter.

Vorher hatten die Szene-Burschen ihre *law and order*-Albträume auf die »Klassenjustiz« übertragen. *In dubio pro reo*, jetzt entdeckten die Paranoiker die Vorzüge des Rechtsstaats. Der schwer verletzte Weber wurde noch rasch befördert. Das hätte im Sterbensfall die Witwenrente erhöht. Trotz der Rekordsumme von 50 000 Mark Belohnung blieb der Anschlag ungesühnt. Keiner der vielen Zuschauer hat was gesehen. Die Insider halten dicht. Im großen Vergessen wirken altes Feindbild und Sündenstolz fort, die gefährliche Hingabe an eine fixe Idee. So kam nie heraus, wer in ihren Zirkeln zuvor für die Molli-Kaskade plädiert hatte; ein bisschen Benzin an der richtigen Stelle, das sich als politische Tat feiern ließ. Heute steht fest, in dem folgenschweren Feuer kulminierte der Frankfurter Straßenkampf – und erlosch. Danach war Schluss.

Die Ermittlungen wegen des »Mordversuchs zum Nachteil Weber« kamen trotz Sonderkommissionen keinen Schritt weiter. Anfang 2007 ist das »Verfahren 61/50 Js 456/76 von der Staatsanwaltschaft Frankfurt eingestellt worden. Die wegen des gleichen Delikts nach dem Sturm auf das spanische Konsulat angelegte Akte wurde gleichfalls geschlossen. Beide Verbrechen schreiben Ermittler der Szene zu.

Am 15. Februar 2001 ergeht das Urteil gegen Hans-Joachim Klein. »Die Judas-Rolle liegt mir nicht«, hatte er auf der Flucht getönt. Jetzt packte er aus. Im Szene-Slang nennt man das, durch Singen den eigenen Arsch zu retten. Sehr zu seinem Vorteil kam durch den Wirbel um Fischers Vergangenheit die Beschreibung der Terroropfer bei der Verhandlung entschieden zu kurz. Kleins Schicksal war strafmildernd zum Schicksal einer Generation uminterpretiert worden. Nur die – von Linken massiv angefeindete – »Kronzeugenregelung« samt der hohen Kunst seines Verteidigers Eberhard Kempf ersparte ihm das unausweichliche Lebenslänglich: neun Jahre Haft wegen dreifachen Mordes, eines Mordversuchs und Geiselnahme. Alte Genossen stellten das Gnadengesuch. Er ist wieder frei.

Meine Recherchen über Straßenkämpfer Fischer wurden mit einem Wächter-Preis der Stiftung »Freiheit der Presse« ausgezeichnet. Die Ehrung fand im Kaisersaal des Frankfurter Römers statt. Alle Parteien waren geladen. Grüne wurden keine gesichtet. Die Urkunde überreichte Frankfurts Oberbürgermeisterin Petra Roth, CDU. Inzwischen regiert sie mit Fischers Partei.

Fröste der Freiheit

Der Prozess hatte vollends deutlich gemacht: Der Außenminister war auf abenteuerlichen Umwegen im Außenministerium am Werderschen Markt angekommen. Eine gesicherte Enklave, besser abgeschottet als vorher das ZK der SED. Kein anderer Job eignete sich besser für Joschkas Ambitionen. Mit wehenden Rockschößen und dichtem Terminkalender hetzte er umher, losgelöst von den Niederungen des Grünen-Alltags. Gleichzeitig machte ihn die Position unentbehrlich. Mit seiner Partei verband ihn auf regierungsamtlicher Flughöhe nur noch vage Identifikation. Er lebte in anderen Zeitzonen. Die Grammatik der Diplomatie – geräuscharme, undurchsichtige Rituale und Vermeidungsregeln nebst dem Pomp von Staatsbesuchen – verschleierte Fischers deprimierend vertraute Diagonalkarriere: flott von links unten nach rechts oben. Fischer passte in die Schablone. Minister, die vor dem Urnengang anders reden als danach, kannte ich genug. In die Weltpolitik geworfen, unterschied er sich von ihnen allenfalls in der Hierarchie des Vergessens. Auffallend blieb lediglich das Tempo, mit dem er die verlorene Zeit wettmachen wollte, auffallend blieb die Radikalität des Wandels und die kurze Verfallszeit von Versprechungen.

Leicht gerät also ins Moralisieren, wer ihn auf der Schwundstufe seines Widerspruchsgeistes analysiert: Von wahnsinnigen Revolutionsideen zu einer Nüchternheit, die einen wahnsinnig machen konnte. Fischer wurde klassisch. Dass seine Wandlung pathetisch unterlegt war, machte nichts besser, sondern löste bei mir zunehmend Verdruss aus. Mir fällt einfach nichts Freundliches zu der »greisenhaften Gleichmut« ein, die der Dichter Alfred Andersch in den Bewusstseinssprüngen von Altlinken entdeckte. Ins Bild zu passen schienen mir die zum Reichstag jagenden, unbezahlbaren Boliden. Hinter beschichteten Scheiben, wie missliebige Politiker im Sowjetreich, wähnte ich Fischer verborgen.

Im November 2001 versammeln sich die Grünen in der Stadthalle Rostock unter dem Motto »Streitbar-Offen-Zukunftsfähig«. Ein Tag der Entscheidung, diesmal geht es um den Afghanistankrieg. Die Chefs befürchten die übliche Selbstzerfleischung bis hin zur Spaltung. Als sei des Irrsinns noch nicht genug, überspielt bei Claudia Roths Ankunft wieder mal der Hit »Keine Macht für niemand« von den »Scherben« das versammelte schlechte Gewissen. Wer hätte vergessen, dass die Schallplatte dieses Titels mit einem Spielzeug-Katapult verkauft wurde, bei jedem Umzug fiel sie einem wieder in die Finger. Sänger Rio Reiser, ihr Gott der frühen Jahre, hatte für die Band »eine gewisse Gefahr schon in der Anpassung an den Grünen-Kurs« gesehen und vosichtshalber gefragt: »Vor allem, was ist grün? Der Dollar ist auch grün.« Man könnte den Schlussakkord der Gruppe hinzufügen: »Wo sind wir jetzt/Seele versetzt ...«

In der Halle am Wilhelm-Pieck-Ring hatte vordem »der Wille der SED« seinen Ausdruck gefunden, schwor die Partei ihre Aktivisten auf »die Wirksamkeit der ideologischen Arbeit im Kampf um die Stärkung des Sozialismus und die Sicherung des Friedens« ein. Zum Rostocker Hafen ist es nicht besonders weit, 1992 hatte ich an Pier 1 unter einem scharfen, klaren Küstenhimmel tagelang die »Ingenieur Machulskiy« beobachtet. Bilder von bewegender Kraft beim Abzug der Roten Armee. Blutjunge Soldaten dösten bis zum Einschiffen auf ihren Geschützen, für sie ging es heim in eine ungewisse Zukunft. Bei den Anglern tauschten sie ihre Zigaretten gegen Heringe. Die frische Brise trug Kommandos der DDR-Waffenbrüder über die Warnemündung. Im ersten Überschwang der gewonnenen Freiheit verlangten die Studenten der Uni Rostock beim Zug durch die Stadt damals »Bildung statt Jäger 90!«.

In der Rostocker Stadthalle, um das nicht zu unterschlagen, verprügelten die DDR-Boxer 1987 die BRD-Staffel nach Strich und Faden. Durch eine kurze Rechte zur Leber schlug ein gewisser Henry Maske in der ersten Runde Sven Ottke k. o.

Nun ist der deutsche Außenminister Chef im Ring. Ganz Mister Universum, versetzt Fischer die Grünen mit der Bitte »Ich möchte ...

dass ihr mich nicht alleine lasst« in einen Zustand der Erweckung. Nicht zu verwechseln mit einer Offenbarung. Auf dem Podest seines Herrschaftswissens (Herrschaft ist schon eine Form der Suggestion) spult ein inbrünstiger Fischer das traditionelle Repertoire ab. Tut so, als sei er mit der Einsamkeit des Entscheiders geschlagen und nähme bloß um ihretwillen die Bürde auf sich. Aber missen will er sie auch nicht. Schlechterdings unmöglich, im Schwall von Argumenten die Kernbotschaft nicht mitzukriegen: Es geht um die Vertrauensfrage! Zu mir gibt es keine Alternative!

Das macht ihm so schnell keiner nach: Orientierungsmotivation übt man bei Managementseminaren ein, er übte bei den Spontis, Stimmung in Strategien zu pressen. Gilt es mit Emotionen zu hantieren, kann Joschka seine Überheblichkeit abstreifen und große Oper spielen. Schon immer nimmt er gekonnt die einst von den Linken verpönte bürgerliche Melancholie für sich in Anspruch. Wenn der Minister zur Basis hinabsteigt, tränkt er seine Rhetorik vollends mit Pathos. Das Hemd trieft, als sei die Leidenschaft, nach einem Wort von Roland Barthes, ein auszuwringender Schwamm. Er muss über die übliche Überredungskunst hinaus öffentlich mit sich ringen. In der künstlichen Helle durch Fernsehscheinwerfer übermäßig erleuchteter Säle konnten die Augen tränenfeucht schimmern. Aber wie gesagt, das mag auch bloß der Effekt der Kontaktlinsen gewesen sein. Im Applaus für ihn liegt nichts mehr außer der Einsicht des *anything goes*. Wahr ist, was dem Leben nützt. Spürte er das?

Ein grandioser Auftritt. Fischers Blick enthielt die Weltlage. Die Zeit des mit Hasch versetzten Gedenkens an Peace & Flower Power war verstrichen. Hier stand der Außenminister und konnte nicht anders. Schon gar nicht konnte er mit den in Krisenstäben perfektionierten Mechanismen Zweifel in sich aufsteigen lassen. Bedenklich oft war nachher in Kommentaren von »alten Friedenskämpen« und »altem Widerstandsgeist« die Rede. Drängendes im Auftritt, beschwichtigte der Vordenker mit hübschen Floskeln auch die paar Verbohrten, in denen noch der Antimilitarismus pulsierte. Die wähnten sich im falschen Stück, bis er sie aufklärte, warum sich ihre traditionelle Friedenstaube neuerdings harmonisch mit Bundeswehreinsätzen vertrug. Die Partei ließ den beknackten Friedenskram hinter sich und zog mit Fischer in den Krieg. Gemessen an seinen mit einem Schuss institutioneller Härte gewürzten Kadenzen klangen die Untergangsängste der Parteigründer seltsam schrullig.

Den Daumen am Dreiteiler eingehakt, aus Joschka sprach der Sachverständige für Frustrationsexperimente, bei Bedarf mit tragischer Stimmlage. Definierte der seinen Anspruch, ging es pausenlos um das große Ganze. Irgendwo ging es unter einer Menge verhüllter Beweggründe um den Status von einem, der sich für die Bestbesetzung hielt: Joschka Fischer. Mit dem unmissverständlichen Unterton einer bockigen Primadonna orakelte er, gehe es daneben, sei die Geschichte halt heute zu Ende: »Adios« noch an diesem Abend. Finster drohte der Bluffer ihnen mit einem CSU-Stoiber als künftigem Kanzler.

Man konnte nur staunen, wie er die Beschwörung eines Popanzes mit dem Ziel verband, ihnen die Zustimmung für eine deutsche Kriegsbeteiligung in Afghanistan abzuringen. Das Fernsehen hätte die Stimme eines Frontberichterstatters über den Beitrag legen sollen. Die *Süddeutsche Zeitung* konstatierte: »... die Rede von Außenminister Fischer erwies sich als kriegsentscheidend.« Das Transparent auf der Tribüne »Wir kämpfen gegen den Krieg! Ihr um eure Jobs« durfte eingerollt werden. Die Historie lehrt, Militärisches ist der höchste Ausdruck von Macht.

Fischers hochgradig situative Intelligenz lobten (und fürchteten) schon seine Genossen. Dialektisch geschult, sprach kein Politiker so oft das »verfluchte Dilemma« an wie er. Die passende Denkfigur für einen großen Verführer, der mit sagenhafter rhetorischer Flexibilität alle negativen Empfindungen zu Wort kommen lässt und anschließend durch zielführende Vorschläge entkräftet. Am Ende packten die Delegierten wortlos ihre Sachen und trollten sich hinaus in eine neblige Ostsee-Nacht. Zur Behebung der latenten Gemütskrise standen daheim die Schallplatten der Protestikone Joan Baez im Plattenschrank. Von Peter Scholl-Latour, dem Nestor der Auslandskorrespondenten, müssen sie sich 2007 vorhalten lassen: »Mir scheint, dass die schlimmste Kriegspartei in der Opposition ist ... Die Grünen. Die einstigen Pazifisten sind überall vorndran, wenn es um Auslandseinsätze geht.«

Rostock lieferte Kommunikationstheoretikern den praktischen

Beweis: Je komplizierter das System, desto schwächer die Überzeugungen. Die Grünen kamen aus dem Widerstand. Fischer lehrte die Protestpartei Gehorsam, als wäre das ein genialer Deal. Aber Joschka war es nicht, der ihnen ihren Glauben austrieb. Das machten sie schon selber. Er musste mit seinem letzten Trumpf des Pragmatismus die Gegner nicht mal mehr austricksen. Von der Macht zermürbt, sind sie zum SPD-Mehrheitsbeschaffer verdonnert. War es nicht Rilke, der gesagt hatte: »Wer spricht von Siegen? Überstehen ist alles.«?

So wie Bruce Springsteen seiner »E-Street-Band« Status verlieh, war Joschka der Vorsänger und die Partei seine Background-Gruppe, die Fischer-Chöre. Ein Rückfall in den Personenkult, den die Antiautoritären befehdet hatten. Gemeinsam sahen sie fortan vom Feldherrenhügel auf das Unabwendbare, nachdem der Kosovo und Afghanistan den Vizekanzler in einen Zwilling des Kriegsgotts Mars verwandelt hatten. Grundstürzend für eine Partei, die in ihren Urzeiten bei einer eigenen Pressekonferenz zum »Rüstungssteuerboykott« aufrief und den Verteidigungsetat drastisch kürzen wollte. Was immer man von Fischers Metamorphosen hält, sein Wenderoman beinhaltet eine bittere, vielleicht allzu menschliche, jedenfalls epochentypische Botschaft: »... selbst wer das Gute wollte, wurde leicht zu einem anderen Mephistopheles, der stets das Böse schafft«, schreibt Wolfgang Koeppen im *Treibhaus*. Das Buch spielt in der Bonner Republik.

2002 hatten sie schon Routine darin, den eigenen Grundsätzen zu entsagen. Folgerichtig besiegelte ihr Berliner Kongress nahezu einstimmig den endgültigen Abschied »vom Prinzip der absoluten Gewaltfreiheit«, einem Essential bei der Parteigründung. Nicht ohne dem guten alten Pazifismus wie einer verstoßenen Geliebten Krokodilstränen hinterherzuweinen. Die Versammlung fand im »Tempodrom« statt, gleichfalls ein gescheitertes Alternativprojekt. Beim Gesinnungsbankett lagen lila Decken auf den Tischen. Lila ist die Farbe der Passion, der Spiritualität, verbunden mit dem Blut des Opfers. Resignation hatte sich über die Partei gesenkt, die Zersetzung der grünen Seele war perfekt.

Überspitzt gesagt: Freak Joschka ist in die Szene eingetaucht. Er hat Manifeste für eine kuriose Blütenlese fundamentaler Irrtümer verfasst. Er hat Drogen genommen, vom Umsturz geträumt, Polizisten verdroschen. Und warum das alles? Um zu guter Letzt stellvertretend für viele auf dem Biedermeiersofa des Erzählers Platz zu nehmen, mit der theatralischen Geste der Umkehr sein Garn über die Revolution zu spinnen?

Seien wir ehrlich, in Sturm und Drang war es ein Spiel, an die Revolution zu glauben. Sie hatte ihre Zeit gehabt. Wir haben sie geliebt, aber nur, weil sie nie eingetreten ist. Unsere Rebellion blieb eher symbolisch.

Wer danach fragt, warum Fischer der beliebteste Politiker wurde, landet bei der Antwort, dass er es war, der der Linken den Weg aus der verdammten »Utopie« wies. Nach Ernst Bloch ein von den Politikern ohnehin total in Verruf gebrachter, völlig missverstandener Begriff. Die Szene ließ sich Joschkas Muster nicht ungern aufprägen, log sich mit ihrem »aufgeklärten falschen Bewusstsein« (Peter Sloterdijk) in die eigene Tasche, sie seien das kleinere Übel, andere Parteien würden den Kram noch schlechter erledigen. Ein wackliger Trost. Jeder hat seine Relativitätstheorie. Insoweit erlebten sie die Regierungsbeteiligung nicht als vertane Chance, sondern als Erlösung aus ihrem Abseits und überspielten damit das Gefühl, die Kurve nicht gekriegt zu haben. Die Sympathisanten fühlten sich durch Kritik an ihrem Einzigen stets mit angegriffen. Sie solidarisierten sich umso stärker mit ihm.

So wie nur die SPD mit Arbeitslosengeld II und anderen Begriffen der Agenda-Ideologie den Sozialabbau verbrämen konnte, konnte nur ein Joschka Fischer die Grünen dazu bringen, ihren Idealen abzuschwören. An ihrer Mainstream-Politik klebte zwar noch das Etikett »alternativ«, aber die sprachliche Verpackung verbarg in Wahrheit einen Mischmasch von Sponti-Floskeln mit neoliberalistischen Thesen. Wurde es eng für die Koalition, war sein Berühmtheitswert das schlagende Argument und der Machterhalt eine stete Versuchung zumal für jene, die mit ihm aus der Marginalität radikaler Splittergruppen zu hochbezahlten Vorzeigepolitikern/innen umgeschult hatten. Beste Umfrageergebnisse lieferten triftige Gründe für Zumutungen an die Partei und setzten den Vize ins Recht.

Ihre Funktionäre und Wähler (auch Journalisten) bedrängt der Zwiespalt von Wunsch und Wirklichkeit im Alltag ebenso. Ebenso fest kleben sie an ihren Planstellen und Privilegien. Für sie ist Fischer kein Rätsel, sondern eine Person, die Nachsicht, ja Zuneigung verdiente. Das ist der Grund, warum bisher am grünen Firnis allenfalls gekratzt wurde und nur Light-Versionen des Niedergangs vorliegen. Alle kennen das Disparate vom eigenen Tun nur zu gut: Arbeitsplätze ja, Waffenexport nein? Eliteschule oder Kiezschule? Datenschutz oder Anti-Terror-Gesetze? Der alternative Stammwähler, Vegetarier mit 2,5 Kindern, Filter-BMW, Weleda-Produkten und mit 7, 66 Euro Spende monatlich für den Fischotterschutz vermisst in der täglichen Zwickmühle politischer Korrektheit den neuen Mut.

Wohin ist in den ermüdenden Jahren der Täuschung und Selbsttäuschung bloß unsere Zuversicht entschwunden? Die guten Vorsätze? Zerbröselt! Der alte Schwung? Hin! Wir sind nicht mehr die Streiter (und Tugendbolde), die unsere Biographien vorgeben. Joschka kannte seine Pappenheimer. War es nicht am Ende so, dass er den Grünen half, der lästigen Moral zu entsagen? In seinem Aufstieg tarnt sich das Versagen unserer Generation in existentiellen Dingen (Klimapolitik, Arbeitslosigkeit, Bildung, soziale Frage) als Erfolg. Der Beifall für ihn besiegelte unsere (uneingestandene) Niederlage.

Dies alles konnte nur mit einer Partei geschehen, die in der Mitte zu Hause sein wollte. Wer die Koalitionäre an unerledigte Beschlüsse und Zusicherungen gemahnte, galt als »depressiv«. »Depressiv« waren »Fundis«, depressiv waren »Grundsätze«. Wer über »Regierungs-Grüne« spottete, galt als »Spielverderber«. Wer sie an ihre Wurzeln erinnerte, war »altmodisch«, wer sich empörte, wer »Nein« sagte zu Kriegen, die »Friedensmission« heißen, galt als »naiv« oder »uncool«: »Du bist den Realitäten nicht gewachsen.« Mit freier Aussicht auf die Kuppel, habe ich das von Fischers Entourage in der »Eins« am Reichstagufer oft genug gehört, solange sie noch am Drücker waren (und sich im *inner circle* wähnten, bloß weil der Kanzler ihre Namen kannte). Schon die hohe Frequenz der Wiederholung bestätigte mir, dass es mit ihrem Optimismus nicht weit her war. Vielleicht war es einfach nur naiv gewesen, ihren missionarischen Eifer von gestern für die Erfüllung von morgen zu halten.

Demut zählt nicht zu Fischers herausragenden Tugenden. Mit jedem Amtsjahr steigerte sich sein Gestus politisch-moralischer Überlegenheit, sonst wäre wohl der Druck von allen Seiten gar nicht auszuhalten gewesen. Er konnte so tun, als obliege ihm die Vermessung der aus den Fugen geratenen Welt. Die Genugtuung ließ sich dabei nie verhehlen, am deutlichsten las man es seinem Gebaren im Fernsehen ab; man musste nur den Ton abstellen. Das Amt hatte ihn mit Haut und Haaren erobert, das falsche Leben im richtigen, wie ich es empfand. Trotzdem konnte man bei der Begegnung mit den Mächtigsten einen Obrigkeitsreflex beobachten, nichts kann so trostlos aussehen wie ein ehemaliger Straßenkämpfer, dem beim Händeschütteln ein geschmeicheltes Nicken unterläuft. Fischer mag gewusst haben, dass hinter seinen Rücken getuschelt wurde, er habe eine Menge erreicht (vielleicht mehr, als ihm bei seiner Vorgeschichte zustand) und dafür sein Herz hergegeben. Mir blieb die Person exotisch, die laut gehämmertem Namensschild Joschka Fischer hieß und unser Minister des Äußeren war.

Innenansicht der Macht

Im Februar 2001 besuchte Fischer seinen amerikanischen Kollegen Colin Powell, Ende der Sechziger Stabsoffizier im Vietnamkrieg. Zu der Zeit hätte man Joschka mit Megafon vor dem Stuttgarter US-Generalkonsulat demonstrieren sehen können, auf Protestplakaten stand »US = SS«. In den Achtzigern befehligte Powell dann amerikanische Truppen in der BRD. Sie waren das Feindbild für die grüne Friedenspolitik. In den Neunzigern spielte der Generalstabschef eine Schlüsselrolle im Golfkrieg. Fischer kritisierte die Invasion scharf: »Militärisch unterfütterte Geopolitik!« Zur Unterredung bringt er Powell einen Kupferstich von seinem geschichtsträchtigen Stationierungsort Gelnhausen mit, der Stadt Barbarossas. Feldherren unter sich.
　Die Gleichzeitigkeit des Ungleichzeitigen. Von entfernteren Umlaufbahnen hätten sich zwei Politiker nicht aufeinanderzubewegen können, um danach wieder ihrer eigenen Fügung zu folgen: Vertrauensvolle Geste beim *shakehands*, Flaggen beider Staaten hinterfangen den Auftritt und fokussieren die Akteure deutlicher. Synchron mit dem Aufleuchten der Scheinwerfer knipsen die Herren Minister

ein automatisiertes Zwecklächeln an, das in den politischen Krimis eines Ross Thomas wenig Gutes verheißt. Powell widmet Fischer das Bild handschriftlich *with admiration and best wishes*. Es kommt in den Erinnerungsschrein des Berliner Arbeitszimmers. Daneben in barockisierendem Rahmen eine Aufnahme von Papst Johannes Paul II. Mit Nelson Mandela für Fischer die eindrücklichsten Begegnungen.

Im Ministerbüro war ein Bild von Willy Brandt der eindeutige Blickfang. Fischer hatte sich den Sozialdemokraten in Andy Warhols Pop-Art-Variante vom Bonner Haus der Geschichte ausgeliehen, 101,5 x 101,5 cm gerahmt, in Acryl. Lediglich zwei der fünf Siebdrucke auf Leinwand sind original auf der Rückseite signiert, auch das Prachtstück, unter dem sich Joschka fotogen ausnahm. Warhol hatte Brandt 1976 mit der Polaroidkamera geknipst und die Vorlage in ihm eigener Klasse mit »kunstvollen Fiktionen von malerischen Retuschen« bearbeitet. Damit kam der Sozi neben Königin Elizabeth und Mick Jagger in seine Galerie zeitgenössischer Gesichter, vom »Hofmaler der 70er Jahre« auch noch mit dem Satz verklärt: »Nur Mao ist schöner.« Warhol stilisierte Willy mit rosiger Haut und Lidschatten zur Politdiva.

Jedenfalls guckt Fischer beim Regieren ein echter Warhol zu. Wer wenn nicht Andy kann die Phantasie entfachen. Die Wahl weist den Minister nicht nur als Liebhaber der aktuellen Kunst aus. Sich den Genossen fürs Büro zu erwählen drängte Besuchern förmlich auf, welche Fußstapfen Fischer treten könnte. Die Präsentation lenkte die Aufmerksamkeit auf Willy und legte für Joschka schmeichelhafte Vergleiche nah. Sah er zum beliebtesten SPDler auf oder sah Brandt auf den beliebtesten Grünen herab? Der Grüne war inzwischen gleichfalls zum »Popstar« stilisiert worden. Zweifellos ein Kompliment, das ihn aber zugleich unter die Oberflächenphänomene verbannte.

Der Friedensnobelpreisträger hinter ihm ist nicht zu übersehen. Kein bescheidener Anspruch, den seligen Brandt zum Ahnenbild zu erheben. Joschka machte noch den Chaoten, als Willys sozialliberale Regierung »mehr Demokratie wagen« wollte. Sponti sein und SPD wählen wäre ein Widerspruch in sich gewesen, darauf hatte Fischer ausdrücklich hingewiesen. »Warum haben wir dann 1969 nicht Brandt gewählt? Warum nicht 1972? Warum haben wir nie gewählt ...?« In der ersten Bonner Legislaturperiode saß Brandt rechts von Fischer, »das war schon äußerst surreal«.

Moment mal. Ein in Ehren ergrauter Hausbesetzer hatte mir nicht ohne Hintersinn die RK-Zeitschrift *Wir wollen alles* zum gelegentlichen Studium kopiert. In Heft 2 vom März 1973 stoße ich zu allem Überfluss auf ein Bild des SPDlers mit Amerikas Präsident Richard Nixon. Dazu die Zeile: »Nixon ist ein Mörder – Brandt ist sein Komplice«. Wir lassen beiseite, wer die Polemik verfasst hat, die sehr nach der Devise klingt, lieber einen blöden Spruch raushauen als gar keinen. Im Impressum des Blattes steht »Presserechtlich verantwortlich: Josef Fischer. Frankfurt, Postfach 4202«. Hier also der Brandt als linkes Feindbild. Da der Warhol-Brandt als Zimmerschmuck, was aus dem Büro eine Ehrenhalle für Fischers Rang machte. In der Gegenüberstellung steckt wohl keine andere Quintessenz als die, dass völlig diametrale Positionen – Schmähung und Verehrung – durchaus in einem einzigen Leben unterzubringen sind.

In diese Gedankenkette passt, dass Joschka in einer Art Gegengeschäft für den unerschwinglichen Warhol dem Museum einen Anzug der Marke »Needs Clothing Corp.« überlässt. Blaues Jackett mit Ton-in-Ton-Streifen. Die »Wissenschaftliche Objektbeschreibung« umfasst im Telegrammstil folgende Stichwörter: »Außenminister, Bündnis 90/Die Grünen, politische Kultur, Kosovo-Konflikt, Protest, Bundeswehr, Kriegsgegner«.

Der Außenminister trug die Kluft am Himmelfahrtstag 1999 beim Sonderparteitag in Bielefeld – am 51. Tag des Waffengangs gegen Jugoslawien. In der Halle stank es nach Buttersäure. Pfeifen trillerten. Ein Demonstrant bewarf ihn aus Protest gegen den Kriegskurs mit einem Farbbeutel, traf den bleichen Herold der Nato am Kopf. Giftiges Rot, die Farbe des Krieges, läuft über Ohr und Koteletten aufs Sakko, die letzte Auflehnung der Friedenspartei.

Durchzuckte ihn in der Schrecksekunde der Gedanke an den Grünen Frank Schwalba-Hoth? Im August 1983 verübte der Abgeordnete im Musiksaal des Wiesbadener Landtags einen ähnlichen »Blutanschlag« auf US-General Paul S. Williams. Mit ausdrücklicher Billigung der Fraktion wollte Schwalba-Hoth ein Exempel statuieren wie Fischers Gegner auch: »Blood for the bloody army«.

Die Berichterstatter schwankten. Schwappte Rot oder Orange über Joschkas Jackett? Das war am wichtigsten. Weniger ging es in ihren Artikeln darum, warum sich Fischers erste Bundestagsfraktion noch einstimmig weigerte, mit Annemarie Renger, SPD, in die USA zu reisen, nur weil mit einer Bundeswehrmaschine geflogen werden sollte. Damals bekämpfte man den militärisch-industriellen Komplex. Inzwischen düste ihr Vizekanzler mit dem Luftwaffen-Jet »Konrad Adenauer« um den Globus.

Wer immer sein extravagant gemeintes Repräsentationszimmer eingerichtet hat, ein besonderer Ästhet war nicht am Werk. Vielleicht waren die Möbel praktisch, eine Konzeption ist nicht erkennbar, außer Vorliebe für die Achtzigerjahre. Dominierend der rote Couchtisch, der immerhin teuer aussieht. Rot ist die Komplementärfarbe zu Grün. Darauf ein falsch gewähltes Blumengebinde und die Konfektschale. Der von Jasper Morrison entworfene Beistelltisch »Orly« ist mit dem schwarzen Telefon und einer ornamentierten Kiste drapiert. Die Innenaufnahme der Macht zeigt ferner unglücklich gewählte Ledersofas mit deutlichen Gesäßabdrücken. Mit 60 Quadratmetern ein Raum für große Erwartungen, ohne jede persönliche Note, abgesehen vom Bild seiner damaligen Frau Nicole Leske. Als wolle Fischer niemandem eine Chance geben, vom Interieur auf den Hausherrn zu schließen, der mehr Zeichen der anderen als seiner eigenen Welt ausstellt.

Fischers Schreibtisch ist überladen mit Miniglobus, Orientalischem, Medaillen, Plaketten, Steinen, Münzen, Paperweights. Eine Galerie des Bedeutungsschweren, die in Devotionalien seine unglaubliche Karriere beglaubigt. Zu den Nachweisen der Internationalität kommen eine Goethe-Büste und der Preis der »Deutschen Rednerschule«. Griffbereit die Unterschriftenmappen und der grüne Stift für die Minister-Paraphe. Sein Souvenirladen führt zu viele Dinge, die beim Abstauben Arbeit machen.

Kein Designer, dem ich Farbaufnahmen vom Fischer-Museum vorführe, konnte dem Ambiente mehr als ein Kopfschütteln abgewinnen. Selbst mit einem Warhol, trotz hochwertiger Einzelstücke und indirekter Beleuchtung, es bleibt ein unbelebtes, ja unbehaustes Zimmer, kühl, glatt, bieder. Das Holz harmoniert nicht mit dem Leder, das Leder harmoniert nicht mit dem Tisch, die Details ergeben nichts Ganzes. Wo man mindestens auf Stäbchenparkett gefasst war, verbreiten Terrakottafliesen toskanischer Landhäuser eine falsche Folklore. Auf dem diagonal verlegten Boden schwimmt das Mobiliar. Eine Kommandozentrale hatte man sich anders vorgestellt.

In Fischers Trakt saß zur DDR-Zeit Erich Honecker unter einer Porträt-Medaille Lenins. Zweiter Stock, Büro VII, wie mir der ehemalige DDR-Unterhändler Wolfgang Vogel ausmalte. Der Staatsratsvorsitzende kam über Hof 4 in das »Haus ohne Namen«, die Zimmer trugen nur Nummern. Unvergesslich für Vogel die Schrankwand mit den verborgenen Tresoren. Darin verwahrte der Genosse Erich kleine Koffer mit Unterlagen, als plane er jederzeit seine Republikflucht.

Damit kein Zweifel aufkommt, spannte sich einen Monat vor dem Fall der Mauer im Oktober 1989 über die gesamte Länge des ZK-Blocks die Durchhalteparole »40 Jahre DDR – alles für das Wohl des Volkes, für Frieden und Sozialismus«. Es sind die Grünen, die im Vereinigungsprozess anno '90 den womöglich richtigen Vorschlag zur Unzeit vorlegen. Sie fordern eine »gemeinsame neue Verfassung« mit stärkerem Gewicht auf »ökologische und radikaldemokratische Gesichtspunkte«, die »Entmilitarisierung Deutschlands«, die Auflösung von Bundeswehr und Nationaler Volksarmee. Einer »Ausdehnung der Nato auf die DDR« erteilen sie eine Absage. Fischer war erklärter Gegner der deutschen Einheit: »Vergessen wir die Wiedervereinigung. Halten wir die nächsten 20 Jahre die Schnauze darüber.«

Zur Wende-Zeit verirrte ich mich im ZK-Gebäude, ein »Hochsicherheitstrakt der Macht« in Heiner Müllers Worten, landete mit dem Paternoster tief in den Katakomben des Nazibaus. Keine Gänge, sondern Tunnel zu den einstigen Reichsbank-Tresoren. Im gräulichen Licht sollten die im Krieg zur Orientierung aufgemalten Phosphorstreifen blitzen. Die stählernen Panzerschränke standen offen. In die Ungetüme mit armdicken Riegeln und Scharnieren dachte ich mir von der SS geraubtes Gold, Silber und Juwelen hinein. Das meiste stammte von Juden aus den Konzentrationslagern. 207 Behälter und 4173 Beutel, mit deutscher Gründlichkeit von den Buchhaltern des Todes eingetragen. Im Hades der nie vergehenden Vergangenheit war es vollkommen still, kein Mensch weit und breit. Endlich hallte eine erlösende Stimme und brachte mich von meinem Irrweg ans Tageslicht zurück.

Das Ende vom Lied

Je näher die Gegenwart, desto ferner wurde mir Joschka Fischer. Irgendwann sah ich ihn mir wieder einmal live und in Farbe an. Es war die Zeit des Nato-Einsatzes gegen Jugoslawien. Fischers äußerst umstrittenes »Ja« hatte die Grünen in die Existenzkrise gestürzt. Nun preschte er mit dem gepanzerten Mercedes am Reichstagsufer heran. Gegenüber am Schiffbauerdamm sitzt in Metall gegossen Bertolt Brecht, man hatte ihm eine Teerose angesteckt. Auf seinem Denkmal steht: »Krieg wird sein, solange auch nur ein Mensch am Krieg verdient.« Fischer stieg aus dem Auto: Dünner Mann, was nun? Zwei Dutzend Kameraleute lauern auf ihn und seinen Gast Kofi Annan.

Einst hatte die umjubelte Friedensgöttin Petra Kelly die »Verhinderung der Nato-Aufrüstung mit Pershing II und Cruise Missiles« zum konstitutionellen Element der Grünen erhoben. Fischer und Genossen zählten das US-Militär zu den Mächten der Finsternis, ganz schief lagen sie damit nicht. Jetzt galt es ausgerechnet ihn als Krieger zu porträtieren. Der Termin im erbarmungslos hellen Licht lehrte mich mehr über Fischer, als ich je über ihn erfahren wollte: Er thronte mit dem Argwohn eines Wächters auf der Bühne. Seine dunkle Kluft sollte Rüstung sein, hatte ihn aber verletzlicher gemacht. Fischer, der geisterhafte Nachfahre seiner selbst, war zum »Selbstverteidigungsminister« mutiert, ein Politiker am Rande des ihm Möglichen. Seine Eskorte stiebt mit zuckendem Blaulicht davon. Gegenüber sitzt weiter Brecht und schweigt. Alles war gesagt: »Es war einmal ein Mann, der war sehr übel dran.«

Sentimentale Bilder

Bis zum Ende von Rot-Grün erholte sich Joschka Fischer in starrer Distanz zur Partei von jeder Krise. Eine Trauerspur im Gesicht blieb. Der Vize war in Krieg und Frieden ihr Schutzpatron respektabler Wahlergebnisse. Er hielt den Laden zusammen, er hielt sie an der Macht, er hielt sie in Unmündigkeit, er zehrte sie aus. Sie waren quitt. Elegie hin oder her. Ich hatte den Hagestolz einfach dick. Doch als er sich endgültig verdünnisierte, tränkte eine gewisse Schwermut den Abschied. Politik ist ein Entfremdungsprozess, trotzdem bleibt ein emotionaler Rest. Wider alle Vernunft evoziert sein Abgang eine sentimentale Collage meiner Jahre mit ihm.

Frankfurt, Bonn, Wiesbaden, Berlin, Sponti-Sprüche, Häuserkampf, Zoff, die »Weiber«, Ede, Inge, Claudia, Vereidigungen, Turnschuhe, *Spiegel*-Titel, Startbahn West, Hoechst AG, Grüne Raupe, Raketen, Helikopter, Kosovo, Afghanistan, Irak, Marathon, Visa-Ausschuss, Klein-Prozess, Siegesfeiern, Pleiten. Erste Eindrücke, letzte Eindrücke, der Anfang, das Ende. Gesichter, Orte, Eindrücke, alles was einen bewegen konnte, rauschte vorbei, verschmolz am Ende der Reise zum Bilderbogen des Abenteuers, zu dem die Grünen einst aufbrachen; man wird mit dem Alter gefühlsduselig. Ich rechnete Fischer die unbarmherzige Vernutzung an, registrierte seinen Ausstieg mit melancholischer Achtung oder grimmiger Melancholie. Vermutlich beidem. Immerhin hat Fischer mehr zu vergessen, als die Göring-Eckhardts, Kuhns, Bütikofers und die nachwachsenden Yuppie-Grünen je wissen werden. Joschka war unsere Projektionsfläche für zu vieles gewesen.

Schlussendlich konnte er den Blick wohlgefällig auf sich ruhen lassen. Seine Tollheit war ihm oft genug bescheinigt worden. Eine singuläre Erscheinung. Sorry, auf der Hessenrangliste hängt ihn zwar Rudi Völler ab, aber im Internet finden sich unter dem Suchwort »Joschka Fischer« über 11 000 Bilder bei Google. Er surft und surft weiter auf der Popularitätswelle. Wie er das hinkriegte, hat dann schon wieder Klasse.

Joschka hinterlässt eine Partei auf der höchsten Stufe des eigenen Historismus. Das angestammte Vokabular der Friedenspartei ist geschreddert. Die Signalwörter Pazifismus, Natur und Ökologie sind zwar noch präsent, simulieren aber nur noch ihre Grundwerte. Welcher Berater mag wohl den entlarvenden Begriff »Klima-Check für Gesetze« erfunden haben, mit dem die Partei in der Opposition jetzt krampfhaft Anschluss an die »Umweltbewegung« gewinnen will?

Tatsächlich ist der von den Grünen absorbierte gesellschaftliche Widerstand erlahmt. In den Zeiten des Terrorismus sammelt der Überwachungsstaat mehr Daten denn je. Nennenswerter Protest erhebt sich nicht. Kaum war man mit dem deutschen Nein zum Irak-Einmarsch der Amis sehr einverstanden und dachte, es ist doch nicht egal, wer die Regierung stellt, folgte die Nachricht auf den Fuß: »2003 genehmigte die Bundesregierung mehr Anträge auf Waffenexporte als je zuvor«, das Volumen stieg auf 4,9 Milliarden Euro. Oder: Als der Turbokapitalismus nach dem Ende des Kommunismus richtig Gas gab, wie es die wüsten Pamphlete vom »Revolutionären Kampf« an die Wand gemalt hatten, fiel dem Vizekanzler erstaunlich wenig dazu ein. Man sehnte sich nach einem Marx-Zitat aus Fischers berufenem Mund, trauerte der »Subversion des Stillstands« nach, die seine Spontis ausgelebt hatten. Aber er steckte in der Globalisierungsfalle. In diesem Sinn glich ihr »Ideenwerkstatt Bundestagsfraktion« überschriebener Prospekt von 2006 dem Flyer einer Fondsgesellschaft, glatt, glänzend, vielsagend. Wir kennen die Grünen seit ihrem ersten Tag, aber wir erkennen sie nicht mehr. Sind sie die Gewinner des Wettbewerbs, wer sieht einem Alternativen am wenigsten ähnlich? Planen sie unsere feindliche Übernahme? Im Parteiarchiv visualisieren ihre Broschüren die Tendenz diverser Jahre: Je geringer der Gehalt, desto pompöser die Ästhetik.

In einer Art Schubumkehr profitierte vom steten inhaltlichen Niedergang einer ganz besonders: Joschka Fischer, der vom Ruhm geadelte Weltpolitiker. Was die Moral der Geschichte betrifft, könnte sie wiederum Heimito von Doderer formuliert haben: »Im Grunde hat jeder Mensch, der nach langer Mühe durch den Erfolg sozusagen rehabilitiert wird, etwas widerwärtiges an sich oder um sich, etwas widerwärtig Braves. Es ist auf jeden Fall ein bedenkliches Lebensstadium.«

Gipfelstürmer

Man könnte eine Pointe darin erkennen, dass Fischer den amerikanischen Traum wahr machte, nach dem es jeder schaffen kann. Ausgerechnet er, der lange Jahre verbiesterte Antiamerikaner. Oben angekommen, verglich sich Fischer mit weit entrückten Teufelskerlen, stellte sich in eine Reihe mit den größten Bergsteigern. Er sah sich gar »auf dem Mount Everest«, wie der *Spiegel* festhielt. Dieses Bild versteht jeder. Mich elektrisiert es, weil ich mein Fischer-Buch unter Farbporträts von Ang Rita Sherpa schreibe. 1998 hatte ich ihn für das *SZ-Magazin* in der Schweiz getroffen. Dem Jahr, in dem der Sherpa mit zehn Besteigungen des höchsten Punkts der Erde zum ungekrönten König der Berge aufstieg und Joschka in der Regierung Fuß fasste. Als Fischer davon sprach, da oben sei »die Luft dünn und eisig«, vergaß er nicht die Leichen, die den Weg der Gipfelstürmer säumen.

»Schneeleopard« nennen die Nepalesen ihren Rekordhalter zärtlich. Er kann nicht schreiben, malte Zeichen auf eine Visitenkarte und wußte nicht, wie er sich vor den Kameras aufbauen sollte. Er ist Fischers Jahrgang. Über Supermänner, die auf die teuflischen 8848 Meter raufwollen, damit sie angeben können, höher ging es nicht, schüttelte er nur den Kopf. Er kennt die Schwindelgefühle, von denen Fischer zu seiner Stilisierung spricht. Auf den Graten und Zinnen der eisigen Everest-Bühne kommt das wahre Wesen klarer heraus, eine Begegnung mit sich, die man lieber vermeiden möchte. Das macht Joschkas Analogie für mich faszinierend. Nimmt man einen Gedanken Georg Simmels auf, ist das Hochgebirge »eine unhistorische Weltgegend«. Fischers Vergleich erhöht mithin seine eigene Mission ins Transzendentale und enthebt ihn so der Verantwortung. Er wählt das Beispiel eines Menschen in extremer Situation, Einsamkeit, Ausgesetztsein, Leiden. Wie immer hat Joschka Fischer den schwersten Part.

Ausverkauf

Das grüne Jahrzehnt mit Joschka dauerte sieben Jahre. Kurze? Lange? 2005 hatte ihr Wahlkampf schon längst nichts mehr vom fröhlichen Reigen, mit dem die Partei einst in Bonn begann. Ironischerweise fiel Fischers Abtritt von der Zeitgeschichte mit seinem 256-Seiten-Werk *Die Rückkehr der Geschichte* zusammen. Ich hatte mich mit der Wiederkehr des Verdrängten für mein Buch über den Maler Gerhard Richter beschäftigt und das Familiendrama des teuersten Künstlers der Gegenwart enthüllt. Beim Schreiben reißt mich der Noise-Pop von »Sonic Youth« mit dem Raspelgesang ihrer Bassistin Kim Gordon mit. Zum Schluss kannte ich jeden Riff der Platte »Daydream Nation«, ein Kerzen-Bild von Richter ist vorne drauf. Eben klingt zum wiederholten Male ihr Track »Teen Age Riot« aus, für den ich knapp vierzig Jahre zu alt bin. Über der Arbeit vergaß ich die Bundestagswahl. Bis ich realisierte, dass sich das Ende der Regierung Schröder im September 2005 mit dem Ende von Fischers Projekt, dem Marx-Antiquariat, überschnitt. »Ingrids Bärchen Box« übernahm den Laden: »Fruchtgummis, Lakritze, Geschenkartikel«. Duplizität der Ereignisse, die Schließung dieser Institution, die sich überlebt hatte, wirkte ebenso logisch wie das Scheitern des rotgrünen Generationenprojekts. Die Politik ging weiter. Erstaunlich bruchlos würde Joschkas Nachfolger den Platz übernehmen.

Wie uns die Zeiten ändern

Den allzu vertrauten Schädel wie ein Rugbyspieler zwischen den Schultern, strebte der Vizekanzler a. D. ab durch die Berliner Mitte. Wer den Sponti mit seinem unbestreitbar ansteckenden Größenwahn erlebt hatte, den erfasste Mitleid über diesen ausladenden Würdenträger. Ein trauriger Anblick. In der *taz* verabschiedete sich Fischer mit aufgesetzter Ironie, die ich als Alterswehmut deutete: »Ich war einer der letzten Live-Rock'n'Roller der deutschen Politik.« Wer, bittschön, waren die anderen? Jetzt komme in allen Parteien »die Playback-Generation«.

Reichlich selbstzufrieden stilisiert sich Joschka zum Original. Zurück bleiben Kopien. Was man halt sagt, um Entzugserscheinungen zu verschleiern. Eher hätte auf ihn gepasst, was einem berühmten politischen Autor einfiel: »Er erinnert an einen alten Elefantenbullen ... verletzt und aus vielen Wunden blutend, gefährlich aber bis zur letzten Sekunde.« Ein Satz aus Fischers Feder zu Ministerpräsident Holger Börner am Ende von Rot-Grün 1987 in Wiesbaden.

Überfällig, in der Parteizentrale das Fischer-Plakat abzuhängen und mitsamt dem Slogan »Außen Minister, innen grün« im Fundus endzulagern. Denn hier sprach der Opa der Bewegung. Beim Abschied ohne Wiederkehr schwärmte er leichthin vom Leben danach wie von lang vermisster Freiheit. »Ich habe die These von der Droge

Politik nie geteilt. Ich halte sie für falsch … Was da nicht immer angeführt wird, wovon man angeblich abhängig ist: Privilegien, Leibwächter, Dienstwagen – ich brauche das nicht.« Die Masche von Entthronten, die so tun, als hätten sie persönlich und nicht der Wähler das Ende ausgehandelt. Dabei ist Politik im Wesentlichen das Feilschen harter Männer um Besitztümer, ausgesprochen Fischergemäß. Wer, wenn nicht er, ist ein harter Mann.

Zum matten Schluss verkündete er: »Ich bin mit mir im Reinen.« Für mich wirkte Joschka nie weniger überzeugend als bei solchem Schmus. Politiker wollen sich in der Niederlage gern besonders abgeklärt geben, doch reichte es meist nur zu einem besiegten Grinsen.

Fischer ist ein Film mit Überlänge. Bis endlich der Abspann kam, blieb mancher Verdruss nicht aus. Im *stern* verkostete der Minister a. D. 2006 noch für eine süffige Reportage deutschen Riesling. Bier ist für *underdogs*, das Schlotzen erlesener, mit Nostalgie verschnittener Weine das Hobby vieler Linker. Bei einem guten Tropfen lässt sich der Trauer darüber Herr werden, dass eine Jugendpartei einfach nicht in die Jahre kommen sollte. Die entmystifizierten Grünen sind die Partei der zerstörten Träume. Professor Joseph Martin Fischer hat nichts mehr von vergangenen Idolen. Marlon Brando, Robert Mitchum, John Wayne, denen wir abnahmen, dass ein Mann tun muss, was er tun muss. Wir übersahen gern ihre Rettungsringe um die Hüften. Denn wir waren bereit, mit ihnen den Schmerz über das Altwerden zu teilen. Joschka war nicht der einzige *heroe*, den man zum Fabelwesen überhöhte, der sich zunehmend entzauberte und der einen genervt zurückließ. Selber schuld, im Überschwang hatten wir vergessen, dass die Spontis allem voran parolenplappernde Maulhelden waren. Du hast uns zugetextet, wir haben dir zugehört. Damit ist endgültig Schluss.

Für den Abgesang stöbere ich wieder in der Anthologie unserer Begleitmusik, werfe mit dem Klassiker »At Last I Am Free« von »Cassiber« noch mal die Zeitmaschine an. Der Frankfurter Weltmusiker Heiner Goebbels am Synthesizer, Chris Cutler an den Drums, Alfred Harth spielt das Saxophon. Ihr hymnisches Lob der Freiheit von 1984 überdauerte Kohl, Schröder, Fischer und wird auch Angela Merkel überdauern.

Der Vizekanzler a. D., dessen Szene früher »Friede den Hütten!

Krieg den Palästen!« an Wände pinselte, bewohnt inzwischen eine Industriellenvilla im Grunewald. Ein Luxusschuppen gemäß der Sponti-Terminologie. *Bild* schätzt den Wert auf »über eine Million Euro«. Anlieger munkeln über »mehrere Millionen« und teilen mit ihm den Genuss, um die exquisite Lage beneidet zu werden. Wobei es einen reizen könnte, Fischer mit Sätzen zu triezen, die er 1985 um sich geworfen hat: »Es gehört aber zu meinem Wesen, dass ich nicht nach Eigentum strebe.« Ich bin bei der Ortsbesichtigung aus irgendeinem Grund erleichtert, dass das Geld nicht in einer Residenz steckt, sondern in einem Zeugnis der Moderne. Das Einfamilienhaus war 1929/30 fertiggestellt und von Fachblättern präsentiert worden, »Herrenzimmer« im Erdgeschoss und Treppe aus gebeiztem Eichenholz im Preis von 89 000 Reichsmark inbegriffen. Der Bau gibt sich äußerlich zurückhaltend, verzichtet »innen jedoch nicht auf die Repräsentation der älteren Landhausanlagen« mit einer »großzügigen Raumstruktur«, war zu lesen. Dass die Anschaffung einer Immobilie das empfindliche Gleichgewicht zwischen Fortschrittlichkeit und Konservativismus austariert, ist ein Verkaufsargument von Maklern. Unweigerlich beschwört Fischers Wohnsitz die besetzten Westend-Adressen herauf. Die Villa repräsentiert, wenn man so will, Joschkas letzten radikalen Akt.

Er ist von den erstaunlich kleinlaut gewordenen Wortführern der »Protest-Generation« ja nur der prominenteste, der aus gewaltigen ideologischen Verwerfungen das Beste machte, Lifestyle, persönliches Glück. Der diskrete und weniger diskrete Charme der Großbourgeoisie, hinter Alarmanlagen siedelnde Kaufkraft, manikürte Hecken, baumgesäumte Areale: Der Grunewald ist traditionell der Magnet für Reiche und die beste Adresse für die Demonstration, was man hinter sich ließ und wo man hingehört. Mancher aus seinem Kreis rümpft beim Thema die Nase und findet das Objekt degoutant. Aus der Platzwahl spricht allzu offensichtlich die Wahrheit seines großen Traums. Man hat alles erreicht, außer Sesshaftigkeit. Nun kann der Unstete Wurzeln schlagen, das verdiente Ende einer über zwanzig Jahre währenden Laufbahn im öffentlichen Dienst, sozusagen. Keine Bange also, Militanz ist auch nur ein Vorspiel auf dem Weg zum lang entbehrten Kaminzimmer.

Vor dem Umzug ins Grüne sah ich Fischer noch einmal in der

Tucholskystraße bei meiner Joggingrunde. Von Polizisten beobachtet, fuhr er mit dem Taxi vor, beiger Allwettermantel des Typs Beamtenzivil, Tragetüten links und rechts. Ich rief im Vorbeilaufen: »Joschka, jetzt laufe ich und du nimmst zu!« Der Außenminister war in Gedanken. Ich habe meine Zweifel, dass er die kleine Bosheit aufschnappte.

2006 spielen die Punk-Veteranen von »Fehlfarben« den Hit »Es geht voran« beim Comeback auf ihrer Jubiläumsplatte neu ein. Zum Protest gegen den weiteren Ausbau des Frankfurter Flughafens zählt man tausend Demonstranten, nicht mehr hundertfünfzigtausend. Im Internet wird aus Fischers Bibliothek der Titel *Kämpfer der Zukunft. Für eine sozialistische Erziehung* mit seiner Signatur angeboten. Ein Schnäppchen für 49,90 Euro. Berichte über ihn und seine fünfte Frau finden sich unter der Rubrik »Vermischtes«. Der *Kicker* erwähnt Joschkas Anwesenheit beim Weltmeisterschaftsfight von Schwergewichtler Wladimir Klitschko gegen Calvin Brock im New Yorker Madison Square Garden in einem Atemzug mit Franziska van Almsick, Boris Becker, Thomas Gottschalk. Den fließenden Übergang von Politik zu Showbusiness hatte er längst hinreichend bewiesen. Die Frankfurter Batschkapp brachte eine Musik-CD heraus. Auf dem Cover der vermummte *streetfighter*, es ist der Schnappschuss, der Fischer fast das Amt gekostet hätte. Das Booklet erhebt den Straßenkampf endgültig zum Kult, der wirksamste Schutz vor Vorwürfen. Die Kids, vertreten durch meinen vierzehnjährigen Sohn, einen wahren Grünen-Fan, rappen Joschkas Biografie bereits auf den Punkt: »Erst *über* der Hippie, jetzt *über* der Bonze!«

Wieder waren einige Monate verstrichen. In München kündigt die *Süddeutsche* Fischers Auftritt mit der Überschrift an: »Joschka Fischer doziert über die Weltpolitik«. Das klang nicht übertrieben originell, er hat sich immer für unseren Lehrmeister gehalten. Diesmal kommt er als Gastprofessor aus Princeton.

Ich zahle sieben Euro Eintritt. Wirklich ein Jammer, dass Jörg Fauser nicht mehr über das Frankfurter Gesamtkunstwerk ablästern kann, das in die festliche Aula der Ludwig-Maximilians-Universität einläuft. Er hätte notiert: »Man kann sich die Rebellion versilbern lassen, den Schatten nicht. Denn: Der Schatten ist der Zweifel.«

Ein Schmunzeln ging durch die Reihen. Der Beamer warf das Porträt eines schlanken Fischer auf die Leinwand. Es galt genau hinzusehen, um den Stargast wiederzuerkennen. Ich erschrak, weil ich vielleicht an der falschen Stelle gelacht habe. Fischer bestätigt den bewährten Thrillerkniff, wonach jeder eine Geschichte haben sollte, am besten eine andere als die vermutete. Er war bauchiger als die mannshohe Bodenvase zu seiner Rechten, der berühmte »Jo-Jo-Effekt«, vor dem der Läufer mich eindringlich gewarnt hatte. Viel Gesicht, viel Kinn würde ein Theaterintendant seufzen und die Rolle des Hansdampf rasch umbesetzen. Das Aussehen bestätigt Suchtexperten, die behaupten, Fischer könne sich nur im Extrem erleben; essend, fastend, laufend, nichtlaufend. Er gleicht einem verbrauchten, indes saturierten Alt-Linken, der an der Uni unter dem bei Sophokles' *Antigone* entlehnten Wandspruch referiert: »Der Strahl der Sonne ist das schönste Licht.«

Überraschung, diesmal machte er ein zutrauliches Gesicht, nahm mit ungewohntem Servicedeutsch sogar Einwände ernst: »Ich will versuchen, Sie zu überzeugen!« Joschka fährt die weiche Tour beim Abschied auf Raten, der uns noch manches Buch aus seiner Werkstatt bescheren dürfte. Von allen Politikern hat es keiner nötiger, sich der Nachtwelt schlüssig zu erklären.

Niemand im Saal hätte bezweifelt, dass ein weltweit operierender Ideenmakler vor uns steht. Ihn im zerknautschten Banker-Outfit überaus locker zu finden, freut einen natürlich. Den Internationalismus mit all seinen Schrecken hatte er uns früher auch schon anders erklärt. Macht nix, man liest und schreibt ja sonst fast nur über die Verlierer des Kapitalismus. Nach der Debatte kreischen draußen Mädels: »Joschka, wir lieben dich!«, und übertönen einen Burschen, der frech behauptet: »Fischer hat viel Scheiße gebaut.« Schon wird dem Vizekanzler a. D. der Schlag des chauffeurgesteuerten Autos aufgerissen. Er stiebt davon wie ein Außenminister.

Time to go: Freunde waren wir nie. Er war der Joschka.

Jürgen Schreibers Jukebox

Rio Reiser
Album: Rio I, 1986   S. 8
Titel: König von Deutschland

Janis Joplin
Album: Pearl, 1971   S. 23
Titel: Mercedes Benz

Bob Dylan
Album 1: Modern Times, 2006   S. 28
Titel: Ain't Talkin'
Album 2: The Times, They Are a Changin, 1964   S. 129
Titel: The Times, They Are A-Changin'

Sogenanntes Linksradikales Blasorchester
Album: Hört, Hört, 1977   S. 28
Titel: Rote Sonne

Cassiber
Album: The Beauty and the Beast, 1984
Titel 1: Ach heile mich   S. 28
Titel 2: At Last I Am Free   S. 193

Fehlfarben
Album: Monarchie und Alltag, 1980   S. 29/S. 195
Titel: Ein Jahr (Es geht voran)

Einstürzende Neubauten
Album: Ende Neu, 1996   S. 36
Titel: Was Ist Ist

Nick Cave & The Bad Seeds
Album: From Her to Eternity, 1984   S. 58
Titel: From Her to Eternity

The Clash
Album: London Calling, 1979   S. 71
Titel: London Calling

Sex Pistols
Album: The Great Rock'n'Roll Swindle, 1979   S. 71
Titel 1: Who Killed Bambi
Titel 2: The God Save the Queen Symphony

Simon & Garfunkel
Album: Bridge over Troubled Water, 1970   S. 83
Titel: Bridge over Troubled Water

Miles Davis
Album: Bitches Brew, 1970   S. 92
Titel: Miles Runs the Voodoo Down

Tom Robinson Band
Album: Power in the Darkness, 1978   S. 92
Titel: Power in the Darkness

Frank Zappa
Album: You Are What You Is, 1981   S. 93
Titel: You Are What You Is

Ton Steine Scherben
Album: Keine Macht für niemand, 1972
Titel 1: Rauch Haus Song (Ihr kriegt uns hier nicht raus)   S. 92
Titel 2: Keine Macht für niemand   S. 177

Talking Heads
Album: Stop Making Sense, 1984   S. 95
Titel: Take Me to the River

Boney M.
Single: Daddy Cool, 1976　　　　　　　　　　　　S. 103
Titel: Daddy Cool

Jimmy Cliff
Album: The Harder They Come, 1972　　　　　　S. 105
Titel: You Can Get It if You Really Want

Neil Young & Crazy Horse
Album: Rust Never Sleeps, 1979　　　　　　　　S. 106
Titel: My My, Hey, Hey (Out of the Blue)

The Cure
Album: Disintegration, 1989　　　　　　　　　　S. 106
Titel: Lovesong

Pretenders
Album: Get Close, 1986　　　　　　　　　　　　S. 106
Titel: I Remember You

Ry Cooder
Album: Chicken Skin Music, 1976　　　　　　　　S. 107
Titel: Stand by me

Tina Turner
Album: Private Dancer, 1984　　　　　　　　　　S. 110
Titel: Private Dancer

Joe Cocker
Album: Unchain My Heart, 1987　　　　　　　　　S. 110
Titel: Unchain My Heart

Tocotronic
Album: Wir kommen um uns zu beschweren, 1996　S. 110
Titel: Ich werde mich nie verändern

Tindersticks
Album: Waiting for the Moon, 2003　　　　　　　S. 110
Titel: You Are My Oblivion

Wintercamping in Warschau　　　　　　　　　　S. 110
Album: Demoband

Joy Division
Album: Closer, 1981   S. 118
Titel: Love Will Tear Us Apart

Richard Wagner
Der Ring des Nibelungen, Gesamtaufnahme
Wiener Philharmoniker mit Georg Solti, 1997   S. 125
Titel: Siegmund heiß' ich

Kraftwerk
Album: Autobahn, 1974   S. 152
Titel: Autobahn (Singleauskoppelung)

The Rolling Stones
Album 1: Beggars Banquet, 1968   S. 159
Titel: Street Fighting Man
Album 2: Goats Head Soup, 1973   S. 165
Titel: Angie

Joan Baez
Album: Any Day Now, 1968   S. 179
Titel: Love Is Just a Four-Letter Word

Bruce Springsteen and E-Street-Band
Album: Born In The U. S. A., 1984   S. 180
Titel: Cover Me

Sonic Youth
Album: Daydream Nation, 1988   S. 191
Titel: Teenage Riot

Literatur

Joschka Fischer: *Von grüner Kraft und Herrlichkeit*. Reinbek bei Hamburg, 1984

Joschka Fischer: *Regieren geht über Studieren. Ein politisches Tagebuch*. Frankfurt am Main, 1987

Joschka Fischer: *Die Rückkehr der Geschichte. Die Welt nach dem 11. September und die Erneuerung des Westens*. Köln, 2005

Matthias Geis, Bernd Ulrich: *Der Unvollendete. Das Leben des Joschka Fischer*. Reinbek bei Hamburg, 2004

Ulrike Heider: *Keine Ruhe nach dem Sturm*. Hamburg, 2001

Hans-Joachim Klein: *Rückkehr in die Menschlichkeit. Appell eines ausgestiegenen Terroristen*. Reinbek bei Hamburg, 1979

Sibylle Krause-Burger: *Joschka Fischer. Der Marsch durch die Illusionen*. Stuttgart, 1999

Matthias Penzel & Ambros Waibel: *Rebell im Cola Hinterland. Jörg Fauser. Die Biografie*. Berlin, 2004

Alex Wenzel, Jürgen Roth (Hrsg.). Mit Beiträgen von G. Zwerenz, D. Cohn-Bendit, H. Brandt, K. Vouigt, J. Fischer: *Frankfurt, Zerstörung, Terror, Folter: im Namen des Gesetzes*. Mega Flugschrift Nr. 1. Frankfurt am Main, ohne Jahr (1974)

Autonomie: Materialien gegen die Fabrikgesellschaft. Frankfurt am Main, 1975–1979

Pflasterstrand: Stadtzeitung für Frankfurt. Frankfurt am Main, 1976–1990

Chronik

1948	12. April: Joseph (Joschka) Martin Fischer wird in Gerabronn/Baden-Württemberg als drittes Kind des Metzgers Joszef Fischer und seiner Frau Elisabeth geboren. Die Eltern mussten als Ungarndeutsche 1946 Budapest verlassen.
1965/66	Fischer bricht das Gymnasium ab und beginnt eine Ausbildung als Fotograf, die er jedoch nicht beendet.
1967	Fischer heiratet Edeltraud (Geburtsname: Fischer) in Gretna Green/Großbritannien.
1968–1975	Fischer besucht in Frankfurt/Main Vorlesungen von Theodor W. Adorno, Jürgen Habermas sowie Oskar Negt. Er freundet sich mit dem Studentenführer Daniel Cohn-Bendit an. Als Mitglied der militanten Gruppe »Revolutionärer Kampf« (RK) beteiligt er sich an Demonstrationen und Straßenschlachten.
1977	Die Entführung und Ermordung von Hanns-Martin Schleyer durch die Rote Armee Fraktion (RAF) löst bei Fischer nach eigenen Angaben einen Erkenntnisprozess aus, in dessen Ergebnis er sich von den radikalen politischen Gruppierungen abwendet.
1981	Eintritt in die Partei Die Grünen.
1984	Nach der Scheidung von Edeltraud Fischer heiratet Fischer die Mathematikstudentin Inge, mit der er zwei Kinder hat.

1983–1985   Erstmals ziehen Die Grünen in den Bundestag ein. Fischer wird Parlamentarischer Geschäftsführer.
1985–1987   In Hessen wird eine rot-grüne Koalitionsregierung gebildet. Fischer wird zum hessischen Staatsminister für Umwelt und Energie ernannt. Seine Vereidigung am 12. Dezember 1985 in Turnschuhen, Jeans und Sportsakko wird zum Medienereignis.
1987   Die Grünen beschließen das Ende der Regierungskoalition, wenn die beabsichtigte Genehmigung des Hanauer Nuklearunternehmens Alkem nicht revidiert wird. Aufgrund dieses Ultimatums entlässt Ministerpräsident Börner Fischer aus dem Amt.
Im Dezember findet die Hochzeit mit der Journalistin Claudia Bohn statt.
1990   Die Grünen (West) scheitern bei der ersten gesamtdeutschen Bundestagswahl an der Fünf-Prozent-Hürde.
1991   Nach den hessischen Landtagswahlen wird eine rot-grüne Koalition unter Ministerpräsident Hans Eichel gebildet. Fischer wird sein Stellvertreter und Staatsminister für Umwelt, Energie und Bundesangelegenheiten.
1994   Nach den Bundestagswahlen im Oktober wählen Bündnis 90/Die Grünen Fischer und Kerstin Müller zu ihren Fraktionssprechern.
1996   Das Ehepaar Fischer gibt seine Trennung bekannt. Fischer überwindet seinen Trennungsschmerz nach eigenen Angaben mit asketischen Lebensgewohnheiten und Langläufen.
1998   Nach den Bundestagswahlen wird Fischer am 27. Oktober als Vizekanzler und Bundesminister des Auswärtigen im Kabinett der rot-grünen Koalition vereidigt.
1999   Im April findet die Hochzeit mit der Journalistin Nicola Leske statt.
2002   Nach der Bundestagswahl im September wird Fischer erneut zum Außenminister ernannt.
2003   Die Ehe mit der vierten Ehefrau Nicola Leske wird geschieden.

2005 Nach der Niederlage von Rot-Grün endet im Oktober Fischers Amtszeit.
Kurz darauf heiratet er die deutsch-iranische Filmemacherin Minu Barati.

Dank

Dieses Buch entstand mit Unterstützung zahlreicher Fischer-Freunde und zahlreicher Fischer-Feinde. An beiden mangelt es nicht. Mein besonderer Dank gilt aber Ina Weisse, die Ideen und Recherchen beisteuerte und für Zeitkolorit sorgte. Kathinka Schreiber verdanke ich wichtige Überlegungen, Material und sorgfältige Korrekturen. Namentlich sie beide haben mir beim Schreiben über latente Frankfurter Depressionen hinweggeholfen. Von den Kollegen, die auf viele Fragen Antworten wussten, schulde ich allen voran Andreas Oswald ein Dankeschön, ebenso Marina Bertrand, Dagmar Rosenfeld, Thomas Friederich, Klaus Lange und Wolfgang Prosinger. Frankfurts großer Gerichtsreporter Norbert Leppert vermittelte Hintergrundgespräche, ohne seine Fürsprache hätten Richter und Staatsanwälte nicht so offen geredet. Das Bundestagsarchiv half unbürokratisch mit Unterlagen. Mein Agent Matthias Landwehr machte aus der Idee ein Buch und war mir ein guter Ratgeber. Zwei Informanten aus der sogenannten »Fischer-Gang« steckten mir wichtige Details. Ihre Courage war nicht selbstverständlich. Nicht zuletzt danke ich allen, die mich mit Musikkassetten beschenkten und – bewusst oder unbewusst – für den Sound meiner Geschichte sorgten.